Biblioteca A

artes-literatura

9

Biblioteca A crea el espacio y el tiempo de un
encuentro, el silencio de las palabras en que nace
la lectura de una obra de autores y temas
que configuran la cultura y el saber científico
de la actualidad

LA NOVELA POLICIACA ESPAÑOLA: TEORÍA E HISTORIA CRÍTICA

José F. Colmeiro

LA NOVELA POLICIACA ESPAÑOLA: TEORÍA E HISTORIA CRÍTICA

Prólogo de Manuel Vázquez Montalbán

*La presente obra ha sido editada mediante ayuda
de la Dirección General del Libro y Bibliotecas
del Ministerio de Cultura*

ANTHROPOS
EDITORIAL DEL HOMBRE

La novela policiaca española: teoría e historia crítica / José F. Colmeiro ;
prólogo de Manuel Vázquez Montalbán. — Barcelona : Anthropos ; Santafé
de Bogotá : Siglo del Hombre , 1994. — 302 p. + 4 láms. ; 18 cm. —
(Biblioteca A ; 9. Artes-literatura)
Bibliografía p. 267-291. Índices
ISBN 84-7658-447-4

1. Novela policiaca española - Historia y crítica   I. Vázquez Montalbán, Manuel, pr.
II. Título   III. Colección
860.07-31"19"

Primera edición: septiembre 1994

© José F. Colmeiro, 1994
© Editorial Anthropos, 1994
Edita: Editorial Anthropos. Promat, S. Coop. Ltda.
   Vía Augusta, 64. 08006 Barcelona
En coedición con Siglo del Hombre Editores Ltda.,
   Santafé de Bogotá
ISBN: 84-7658-447-4
Depósito legal: B. 23.432-1994
Fotocomposición: Seted, S.C.L. Sant Cugat del Vallès
Impresión: Indugraf, S.C.C.L. Badajoz, 147. Barcelona

Impreso en España - *Printed in Spain*

A Patricia, que me ha dado tantas pistas

AGRADECIMIENTOS

Partes de algunos capítulos han aparecido en versiones anteriores. Quisiera dar mi agradecimiento a los editores correspondientes de los siguientes artículos:

«Códigos narrativos de la novela policiaca», en *Actas del V Congreso de la Asociación Española de Semiótica*, La Coruña, 1992.

«Relectura de la novela policiaca: *La gota de sangre* de Emilia Pardo Bazán», *Hispanic Journal* 10.2 (1989), 33-48.

«La novela policiaca posmodernista de Manuel Vázquez Montalbán», *Anales de la Literatura Española Contemporánea* 14.1-3 (1989), 11-32.

«Los misterios del laberinto en Eduardo Mendoza», *Romance Languages Annual* (1989), 409-412.

«Posmodernidad, posfranquismo y novela policiaca», *España Contemporánea* 5.2 (1992), 27-39.

PRÓLOGO

CONTRA LA PRETEXTUALIDAD

La novela policiaca pertenece a esa clase de expresiones culturales que constantemente han de estar pidiendo perdón por haber nacido. Se cierne sobre ella o bien la mirada ignorante de los que la reducen a una prolongación de la novela de aventuras, exigiendo que así se comporte, sin atender otras pretensiones o la de los que le dedican la sonrisa irónica que se ejerce desde las altas torres de las más altas literaturas o, finalmente, la de los que la denuncian como una conjura de la literatura «de género» contra La Literatura. No hubo problema mientras la novela policiaca se contuvo en los límites de la literatura de fórmula y entretenimiento, acompañada de todas las pretextualidades minimizadoras al uso: ediciones baratas, portadas chillonas y resúmenes de contraportada redactados por cualquier gángster del lenguaje, emparentado o no con el editor. Precisamente, el problema se plantea cuando las novelas policiacas empiezan a estar bien escritas y a ofrecer la pluridimensionalidad de una obra abierta, como la de cualquier novela sin adjetivar. Es en ese momento, diverso en el tiempo de cada cultura y cada sociedad literaria, en que la novela policiaca demuestra «pretensiones» literarias, cuando suscita la alarma entre los guardianes de la pureza de lo literario. Tal vez porque la novela policiaca contemporánea de estas características choca directamente con la perspectiva dominante que apuesta por una novela ensimismada, cada vez menos dependiente de atributos y propósitos externos a la movilización de la masa verbal: voluntad de contar una historia, argumento, personajes, trama-intriga. Estos requisitos fundamentales de la narratividad desde los tiempos de Chrétien de Troyes, lo siguen siendo de la narratividad policiaca, y parte importante de la crítica más ilustre ha aparecido empeñada durante más de dos décadas en denunciar esos recursos como cómodos sustitutivos de la investigación formal a partir de la materia prima fundamental literaria: la palabra. Se ha ligado formalismo a un vanguardismo especulativo fundamentado en la liberación de la masa pictórica recomendado por el formalismo kadinskiano, es decir, por el informalismo kadinskiano. La usurpación de la exigencia formalista por parte de los «formalistas» ha ocultado la evidencia de que hay investigación formal en cualquier procedimiento literario de modificar la herencia retórica, es decir, los hallazgos ya codificados, y yo creo tan experimental buscar la modificación de la herencia retórica de la novela policiaca, como ya a estas alturas mínimamente experimental escribir una novela sin comas, toda ella reducida a una larga, monstruosa, insana oración compuesta, que más de un caso de asfixia ha provocado en sus escasos lectores. Cuando la novela policiaca norteamericana, y en cierto sentido también Simenon, propone una nueva poética del delito, se produce un salto cualitativo en el género, que adquiere la capacidad de renovar la continuada función literaria de ayudar a conocer el comportamiento individual y social y hace trizas la tesis de que la novela tiene que renunciar a dar a conocer todo lo que queda en su exterioridad. Que una novela soporte datos de la realidad no quiere decir que por ella deje de ser una realidad ensimismada a la que nunca hay que pedirle explicaciones en función de la realidad social, personal, cosificada. Simplemente, es tan investigadora una novela que se encierra a solas con el circunloquio verbal, a manera de espiral en retorno hacia su centro emisor, como aquella novela que replantea la función de los recursos tradicionales con una ambición rigurosamente literaria.

El trabajo de José F. Colmeiro sobre LA NOVELA POLICIACA ESPAÑOLA: TEORÍA E HISTORIA CRÍTICA es una prueba de que la mirada displicente de la alta cultura ante el intrusismo de una parte cualificada de la novela policiaca contemporánea empieza a quedarse entre la obsolescencia y la miopía. Con un instrumento científico analítico de alta escuela, Colmeiro dedica buena parte de su trabajo a desmontar todos los prejuicios pretextuales que han celado la comprensión de la renovación de la novela que ha aportado el relato criminal a partir de los años treinta. El continuado intento de marcar la frontera entre género y subgénero ha llevado a la formulación de las más extravagantes y siempre interesadas tipologías literarias, inutilizadas desde la sensibilidad lectora moderna que sólo sanciona postextualmente. Sostengo desde hace tiempo que el destino final de la novela policiaca renovada es dejar de ser policiaca y obligar a ser asumida como novela a secas. El lector sancionaría un viaje literario, un viaje lector, total, lejos de la aprehensión unidimensional de la policiaca. Esta actitud lectora postmoderna se corresponde con la libertad de escribir y por lo tanto de leer que caracteriza el por algunos considerado *impasse* creativo entre dos oleadas de vanguardismo, la ya agotada y despiadadamente engullida por el metabolismo de la sociedad de consumo y una futura que llegara a lomos de quién sabe qué jinetes salvadores de la tesis del crecimiento continuo del espíritu. Yo reconozco la validez de la postmodernidad precisamente en lo que tiene de reconocimiento de la validez de todos los códigos hasta que no demuestren su invalidez y creo que esta disposición es precisamente lo vanguardista hoy y aquí. No reconozco en cambio la validez de la ahistoricidad del discurso postmoderno, que enmascara, en mi opinión, una interesada instalación política en el final de la Historia. Quisiera que se tuviera esta matización en cuenta cuando el lector llegue a las abundantes páginas que generosamente Colmeiro dedica a mi obra, postmoderna en cuanto al eclecticismo tecnológico, pero rigurosa y voluntariamente historificadora. No sé si sonará a auto de fe, pero yo no creo que la Historia haya terminado, precisamente porque terminaría en muy mal, injusto, indecente momento.

Tras un fundamental y en el futuro imprescindible estudio de la poética de la novela policiaca, en busca de una posible gramática objetiva del género, Colmeiro aplica su metodología analítica al género policiaco en España. Enuncia todas las posibilidades de novela policiaca, pero apuesta por aquélla con ambición literaria, estableciendo los elementos de sustrato que van a condicionar evoluciones diferentes a otras literaturas nacionales. No es lo mismo partir de Edgar Allan Poe que de Pedro Antonio de Alarcón y la aportación del naturalismo al relato criminal, que en España encarna la condesa de Pardo Bazán, también está marcada por las peculiaridades del naturalismo español. Tras el paréntesis de la guerra y de la inmediata postguerra, las colecciones populares contribuyen a la desliteraturización del género y los dos intentos posteriores de literaturizarlo se hacen, en mi opinión y creo que también es la de Colmeiro, desde una escasa voluntad de construir un género policiaco «a la española». Tanto la excelente novela *El inocente* de Mario Lacruz, como la serie Plinio de García Pavón, no se planteaban literaturizar y españolizar un género. *El inocente* es una novela sobre la extrañeza, sobre la extranjería de la conducta, emparentada con una de las obsesiones de la novela existencialista, y la serie Plinio es una propuesta de renovación de la novela costumbrista. He hablado de la propuesta poética planteada por la novela negra norteamericana de los Hammett, Chandler, Chester Himes, Patricia Highsmith y algunos más y no es otra que encontrar la estética literaria de una sociedad hipercapitalista e hipercompetitiva en la que el delito no quiere ser comprendido en clave lúdica (novela enigma) o en clave naturalista (como acto de excepción temperamental o psicótico), sino en íntima conexión con la organización misma de una sociedad lobuna e instalada en la doble moral y la doble verdad. La sociedad española de los años sesenta empezaba a parecerse a cualquier otra sociedad neocapitalista y en los años noventa ha llegado al puerto de la modernidad, que no es otra cosa que la homologación dentro de las pautas políticas, económicas y culturales del sistema. Sólo esta sociedad homologada podía hacer verosímil un relato criminal *ad hoc* y ésta es la condición fundamental de que apareciera una nueva propuesta de novela policiaca española, separando, en mi opinión, muy claramente, mis objetivos de los de Eduardo Mendoza o de los demás directamente asumibles como novelistas policiacos españoles: Martín, Madrid, Martínez Reverte, Pérez Merinero, Juan Antonio de Blas, José Luis Muñoz, Manuel Quinto, David Serafín, Julián Ibáñez y el resto de autores mencionados o glosados por Colmeiro.

Excelentes los capítulos dedicados al análisis de *El inocente*, de mi obra y de la de Mendoza. Entre el ludismo y el testimonio, yo no puedo enmascarar mi obsesión testimonial, aunque parapetada tras las gafas de la ironía. En cambio Mendoza, en mi opinión, no llega a entrar en el género, se queda en la frontera de una exquisita parodia, como Cervantes se quedó en la frontera de la parodia de la novela de caballerías. En el caso de

Marsé, su desguace de la novela policiaca se limita a la arquitectura de la intriga y Juan Benet se aplica en *El aire de un crimen* a benetizar el relato criminal una vez en la vida, como un alarde de que él también es capaz de escribir una novela policiaca. Que Benet se dejara tentar por un acercamiento merodeante al género no es una prueba de seducción, sino en el fondo de desdén aristocrático, ejercido precisamente por el más importante cabeza de fila de la «novela ensimismada» española. Y de aproximaciones lúdicas también hay que hablar cuando se censa entre los policiacos a Juan José Millás, como autor de *Papel mojado*. En el futuro que Colmeiro augura como prometedor para la novela policiaca española, yo creo percibir una desaparición de todas las pretextualidades que dificultan la comprensión de una operación de injerto novelesco y una pretextualidad más es el adjetivo «policiaco». ¿Se atrevería alguien a aplicarlo a Gadda, Sciascia, Durremnatt, Greene? El día en que dentro de una misma colección, con la misma encuadernación, con redactores inteligentes de solapas podamos competir policiacos y no policiacos, ese día el injerto de lo policiaco dentro de la lógica interna de la novelística española habrá cumplido su mejor cometido. Lo que no excluye que se sigan escribiendo excelentes novelas policiacas que lo son por una expresa voluntad unidimensional.

M. VÁZQUEZ MONTALBÁN

INTRODUCCIÓN

Se hace difícil hablar de la Novela Policiaca Española si por Novela policiaca española debe entenderse el conjunto de obras literarias de ficción caracterizadas no sólo por la unidad de su género sino además por la coherencia de su nacionalidad. En ese sentido es muy dudoso que a lo largo de la historia haya nacido y existido, se haya producido en España una serie de novelas policiacas con características peculiares capaces de distinguirlas de las de otros países [...] que se haya producido una novela policiaca española distinta [...] dotada de ciertas circunstancias que le confieran una personalidad autónoma y diferenciada.

SALVADOR VÁZQUEZ DE PARGA,
«La novela policiaca española»

En cuanto a «La novela negra española» no existe. Hay buenos especialistas en el género, pero dos o tres granos no hacen granero.

MANUEL VÁZQUEZ MONTALBÁN,
«No escribo novelas negras»

Haber dicho hace una docena de años que buena parte de la mejor novela policiaca se escribía en español hubiera sonado no como una herejía, sino como un acto de simple estupidez desinformada. Hoy, una afirmación como ésa puede sostenerse con pruebas abundantes.

PACO IGNACIO TAIBO II, «La "otra" novela policiaca»

Hasta hace muy poco tiempo la novela policiaca había sido generalmente reducida a la categoría de un género ínfimo, reconocer su lectura (a escondidas) resultaba vergonzante, era impensable que pudiera ser objeto de la atención académica seria. «Literatura de ferrocarril», «literatura de kiosko» o «subliteratura» eran términos corrientemente empleados en España para referirse a ella. A pesar de que la novela policiaca todavía arrastra en buena parte esta serie de prejuicios negativos, en años recientes estas posturas tradicionales han ido dejando paso a nuevas perspectivas críticas más abiertas ante la heterogeneidad del hecho literario. Estos nuevos enfoques teóricos han empezado a dirigir su atención hacia áreas que habían sido previamente marginadas por los árbitros de la cultura oficial, como es el caso de la novela policiaca, y han comenzado a resituar sus coordenadas.

La novela policiaca, por su parte, no se ha mantenido tampoco estable e inmutable a lo largo del tiempo, como una parcela perfectamente definida y delimitada. Más bien al contrario, ha tenido múltiples transformaciones, ha traspasado las barreras convencionales entre géneros y categorías literarias y ha cruzado incluso las tradicionales fronteras nacionales. Frente al largo monopolio de los países anglosajones, y en menor medida de Francia, hoy se puede detectar un auge importante de narrativa policiaca en Latinoamérica (caso de Argentina, México, o Cuba) y en la Europa oriental y meridional, áreas que han estado tradicionalmente situadas en los márgenes del género policiaco. Como resultado de todo esto, la situación de la novela policiaca hoy dista mucho de estar resuelta definitivamente. Quedan todavía muchas áreas virtualmente inexploradas.

En España la situación de la novela policiaca es particularmente confusa y problemática; apenas hay acuerdo entre sus comentadores y la desorientación parece generalizada. Es un hecho que en los últimos años ha surgido un creciente interés por el fenómeno de la «novela policiaca española». Cada vez se habla, se lee y se escribe más sobre la «novela policiaca» o la «novela negra española», y sin embargo —o quizás como consecuencia— todavía reina una gran confusión a su alrededor. Muchos críticos hablan de un «boom» a gran escala, otros menos optimistas ven un fenómeno todavía embrionario aunque con buenas expectativas cara al futuro o una moda incierta, mientras que los más escépticos llegan a poner en cuestionamiento hasta su misma existencia. Esta amplia gama de reacciones críticas revela la falta de un terreno en común sobre el que se basan sus apreciaciones. En tales circunstancias tiene sentido preguntarse si se puede hablar propiamente de una «novela policiaca española», empezando por determinar qué entendemos exactamente por tal ubicuo término.

Esta cuestión básica tiene a su vez una doble dimensión; por una parte, se hace necesario definir de una manera lo más coherente y completa posible el concepto de género: ¿qué es una novela policiaca? A esta pregunta inicial en seguida se le añaden otras muchas: ¿se puede hablar de una novela policiaca o debe referirse a varias series policiacas? ¿Son «novela policiaca» y «novela negra» términos equivalentes? ¿Dónde empieza exactamente una y acaba la otra? ¿Qué entendemos por la noción de «género»? ¿Qué significado tienen estas categorías genéricas? ¿Es la novela policiaca parte de la literatura sin adjetivos o pertenece a una categoría aparte? ¿En qué sentido puede la novela policiaca ser una literatura «popular» o «subliteraria»? ¿De qué manera se relaciona la literatura policiaca con la sociedad en la que surge y con su lector? También es necesario convenir sobre qué criterios se han de utilizar para decidir estas cuestiones previas y quiénes han de ser los responsables de ellas —¿los autores, la crítica, los lectores o las editoriales?—. Éstas son sólo algunas de las cuestiones previas que es necesario clarificar para centrar el objeto de nuestro estudio. En cuanto a la segunda parte del problema, es preciso rastrear a través de la literatura española las diversas manifestaciones que históricamente ese género ha tenido en España. Deben analizarse las diversas circunstancias históricas y culturales en que se produce su surgimiento. Igualmente se debe plantear su situación con respecto a los modelos extranjeros importados. ¿Se trata de imitación o parodia, rehabilitación o subversión de los esquemas narrativos originales? ¿Tiene esta novela policiaca española algunas características distintivas que la individualicen? Sólo así se podrá determinar si efectivamente existe un *corpus* definido de novela policiaca en España.

La primera parte del libro plantea cuestiones teóricas generales que atañen a la delimitación del campo de estudio y a la definición del género policiaco. En primer lugar, se trata de situar el *corpus* narrativo que nos concierne dentro del amplio espacio cultural al que éste pertenece; asimismo, se procede a un replanteamiento de los géneros literarios tradicionales y a un examen de su aplicación al estudio de la novela policiaca y a sus diferentes modalidades. Por su parte, la definición del género policiaco exige primeramente una clarificación terminológica que abarca a los subgéneros que lo integran. Aunando los avances proporcionados por la narratología y la crítica socio-cultural se analizan las fórmulas narrativas o convenciones literarias básicas que componen las diferentes tendencias de la novela policiaca (lo cual permite el análisis de los diferentes tipos de poética, ideología y mitología colectiva que estas fórmulas construyen). Este proceso escrutinador se complementa posteriormente con el análisis de ciertos arquetipos literarios universales, como la figura heroica o antiheroica, que aparecen recurrentemente en la novela policiaca. Por último, se esboza una gramática de la estructura narrativa de la novela policiaca, presentando los códigos narrativos que le son propios y las diversas estrategias a nivel de discurso en las que reside su especificidad. Esta aproximación teórica al género policiaco que emprendemos de manera multilateral en la primera parte de la obra permite una mayor comprensión del objeto de nuestro estudio y sienta las bases para la lectura crítica de la novela policiaca española que habremos de acometer seguidamente.

La segunda y más extensa parte de la obra se concentra, efectivamente, en una lectura crítica de las diversas manifestaciones que la novela policiaca ha tenido en España a lo largo de los tiempos. En contra de lo que pueda parecer a primera vista, la novela policiaca en España tiene una historia propia que contar; ciertamente se trata de una historia truncada y a saltos, con momentos de gran efusión y otros de letargo, y es precisamente esta falta de continuidad lo que impide hablar de una tradición autóctona establecida. Este estudio sigue la desigual trayectoria de la novela policiaca española desde sus tímidos inicios en la segunda mitad del siglo XIX y principios del XX (Alarcón, Pardo Bazán, Joaquín Belda), su lento desarrollo durante la posguerra y su gran auge en los años de la transición y la democracia. En él se ponen de relieve las diversas coordenadas socio-culturales que han condicionado la trayectoria del género en España (modas literarias, flujo editorial, situación política y económica, problemas sociales). Se analiza la recepción del género policiaco extranjero entre el público español, así como el fenómeno de las traducciones y «adaptaciones» de novelas policiacas foráneas. A lo largo del estudio se presta atención a figuras «mayores» y «menores», aunque lógicamente un trabajo de estas características sólo permite un análisis detallado de las figuras más representativas de cada grupo. Se examina la relación que tiene esta novela policiaca con el resto de la producción literaria nacional y lo que aquélla representa dentro de ese panorama.

En los últimos años han surgido nuevas colecciones especializadas que dan cabida a un caudal de libros de autores españoles, sus libros alcanzan cifras de ventas respetables, sus autores ganan premios importantes, son traducidos a lenguas extranjeras, se hacen adaptaciones televisivas y cinematográficas; hay un creciente interés por parte de la crítica, se organizan conferencias y simposios en torno a esta temática, se escriben artículos y monografías dedicadas a la novela negra. ¿Existe por fin una novela policiaca española?

I
TEORÍA

1

POÉTICA DE LA NOVELA POLICIACA

> La novela policiaca [...] es la primera y única forma de literatura popular en la cual se expresa cierto sentido poético de la vida moderna.
>
> The detective story [...] is the earliest and only form of popular literature in which is expressed some sense of the poetry of modern life.
>
> G.K. CHESTERTON, «A Defense of Detective Stories»

> Toda novela policiaca, antigua o nueva, necesita al menos un hecho criminal motivador de la trama, una encuesta que garantice intriga y suspense y un progresivo desvelamiento de la verdad. Con estos tres requisitos se puede hacer literatura —mala o buena— y subliteratura, a la vez buena y mala. En realidad, todo aquello son convenciones literarias como pueden serlo la sintaxis, el formato rectangular de las páginas, el monólogo interior o el *collage* a lo John Dos Passos.
>
> JUAN MADRID, «Novelas de todos los colores»

Literatura y subliteratura. Literatura culta y popular

Para enmarcar la situación de una modalidad literaria específica como la novela policiaca dentro del amplio espacio cultural formado por la totalidad de manifestaciones literarias, se hace imprescindible una clarificación previa de las coordenadas que tradicionalmente delimitan y parcelan dicha totalidad. Es necesario revisar los presupuestos teóricos en que se fundamentan estas delimitaciones y analizar sus consecuencias. Gran parte de la crítica actual todavía parece aceptar como un hecho incontestable la tradicional distinción entre arte culto o elevado y arte popular o bajo. Teóricos de contrarias posiciones ideológicas y con diferentes estrategias críticas ante la creación literaria, estudiosos del discurso culto o de la cultura de masas, coinciden en su mayoría al señalar en el conjunto de la producción literaria una dicotomía básica formada por estos dos planos aislados por definición el uno del otro. Esta oposición entre una literatura culta y otra popular —basada mayormente en criterios sociológicos— se ve reforzada generalmente por otra división —sustentada esta vez en principios estéticos— que hace coincidir el discurso culto con la «literatura» (de valor artístico *a priori*) y el popular con la «subliteratura» (carente de mérito artístico). Según esta doble concepción de la producción literaria, la dimensión social de una obra (su adscripción elitista o popular) implica invariablemente un prejuicio valorativo determinado *a priori* (positivo o negativo respectivamente). Sin embargo, la realidad del hecho literario es mucho más compleja que la división entre literatura de kiosko y literatura de librería y no admite fácilmente estas simplificaciones. Como ha observado John Cawelti, esta concepción tradicional se revela errónea y fútil al no distinguir, sino confundir, los dispares criterios sobre los que está basada:

> Cuando los eruditos empezaron a interesarse por las novelas populares, las novelas policiacas, etc., pensaban en ellas como subliteratura. Este concepto reflejaba la distinción tradicional entre cultura de élites y cultura de masas. Desafortunadamente, era un concepto demasiado vago para su uso analítico. Incluso si se pudiera determinar dónde acababa la literatura y empezaba la subliteratura, una distinción que normalmente dependía de los gustos individuales del crítico, el término sugería que el objeto de estudio era una forma degradada de algo mejor. Como tantos conceptos que han sido aplicados al estudio de la cultura popular, la idea de subliteratura confundía inextricablemente problemas normativos y descriptivos.

> When scholars were first interesting themselves in dime novels, detective stories, etc., they thought of them as subliterature. This concept reflected the traditional distinction between high culture and mass culture. Unfortunately it was really too vague to be of much analytical use. Even if one could determine where literature left off and subliterature began, a distinction that usually depended on the individual tastes of the inquirer, the term suggested only that the object of study was a debased form of something better. Like many concepts that have been applied to the study

of popular culture, the idea of subliterature inextricably confused normative and descriptive problems [«Concept of Formula», 83-84].

Esta confusión de criterios parece estar presente en toda la crítica tradicional que ha querido ver en la distinción social entre la «élite» y las «masas» una diferencia cualitativa insalvable. La idea de que la literatura de masas es una forma inferior de la literatura elitista, para la cual constituye además una constante amenaza o presagio de su posible contaminación y degradación, es central en el influyente estudio de Ortega y Gasset *La rebelión de las masas* y ha sido recogida, mantenida y ampliada por críticos de diversas orientaciones.[1] Manteniendo esencialmente la misma postura elitista, Dwight MacDonald incorporó al lenguaje crítico tradicional una nueva distinción al utilizar los conceptos de *Highbrow* y *Lowbrow* propuestos por Van Wyck Brooks y crear el de *Midbrow* para referirse a esa creciente literatura «contaminada» (*Midcult*) a medio camino entre la literatura culta (*High Culture*) y la popular (*Masscult*). Esta postura elitista no está asociada exclusivamente con una tendencia crítica, sino que se extiende a lo largo de todo el espectro de metodologías críticas frente al hecho literario.[2]

Por el contrario, las manifestaciones críticas opuestas a esta tradición elitista son todavía relativamente recientes. En 1954 Lea Lowenthal preveía la necesidad de desafiar las insatisfactorias nociones de la crítica tradicional:

Una defensa teórica del arte popular parece posible solamente por medio de la refutación, o por medio del cuestionamiento de las presuposiciones básicas de los defensores del arte «genuino». Por ejemplo, se podrían cuestionar las presuposiciones predomi-

1. Véase al respecto F.R. Leavis y Denys Thomson, *Culture and Environment* (Londres, 1933); Denys Thomson (ed.), *Discrimination and Popular Culture* (Londres, 1964) y Richard Hoggart, *The Uses of Literacy* (Londres, 1957); Bernard Bell, *Crowd Culture* (Nueva York, Harper, 1952); Deric Regin, *Culture and the Crowd* (Filadelfia, Chilton, 1968).

2. Van Wyck Brooks, *America's Coming of Are* (1915). Dwight MacDonald, *Against the American Grain* (Nueva York, Random House, 1962). Su teoría de las tres culturas ha tenido gran influencia dentro de la crítica elitista tradicional; Edward Shills adoptaba posteriormente los términos «refined», «mediocre» y «brutal», realizando un explícito juicio de valor, en Rusell Nye, *The Unembarrassed Muse* (Nueva York, Dial Press, 1970).

nantes sobre la función del arte culto; se podrían cuestionar las presuposiciones implícitas que arrancan de Montaigne y Pascal de que las producciones populares sirven solamente para gratificar las necesidades más bajas; finalmente, ya que la condena a los productos populares siempre ha estado asociada con la condena a los medios de comunicación de masas propiamente dichos, se podría uno preguntar si estos medios están irrevocablemente predestinados a servir de vehículos a productos inferiores.

A theoretical defense of popular art seems to be possible only in the form of rebuttal, or in the form of questioning of the basic assumptions of the defenders of «genuine» art. For example, one might question prevalent assumptions about the function of high art; one might question the implicit assumptions stemming from Montaigne and Pascal that popular productions serve only to gratify lower needs; finally, since the condemnation of popular products has always been associatad with a condemnation of the mass media as such, one might ask whether the mass media are irrevocably doomed to serve as vehicles of inferior products [*Literature and Mass Culture*, 47-48].

Susan Sontag encabeza un grupo de jóvenes críticos que en los años sesenta emprende el revolucionario camino señalado por Lowenthal. Sontag propone que la nueva función del arte (entendido ya no como una operación mágico-religiosa o una técnica de representar y comentar la sociedad secular, sino como un instrumento capaz de modificar las conciencias y organizar nuevos modos de sensibilidad), junto con los nuevos materiales y medios de expresión empleados (artísticos y no artísticos, manufacturados y masivos) apuntan hacia la definitiva desaparición de las fronteras tradicionales entre cultura «alta» y «baja» en su sentido tradicional.[3] En este mismo punto coinciden con Sontag otros críticos como Ray Browne y John Cawelti. El primero cree que las particulares características del arte de nuestro tiempo, al igual que la nueva sensibilidad cultural que le acompaña, obligan a adoptar una visión más amplia y más completa de los fenómenos culturales y artísticos. Browne se enfrenta a la polarización vertical de las culturas (alta/baja) y afirma que todas las manifestaciones culturales forman parte de un continuo horizontal e indivisible con diferentes énfasis pero

---

3. Susan Sontag, «On Culture and the New Sensibility», en *Against Interpretation* (Nueva York, Farrar, Strauss and Giroux, 1966), 293-304.

sin separaciones entre sí; así pues, las diferencias estéticas son de grado pero no de clase.[4]

Siguiendo esta línea, habremos de revisar primeramente las coordenadas básicas que han venido delimitando tradicionalmente la producción literaria; nos guía en este objetivo la necesidad de resituar las demarcaciones que separan la literatura «culta» de la «popular» empezando por el cuestionamiento de la validez de esos mismos conceptos y el desvelamiento de los intereses ideológicos que los sostienen. Resulta obvio, por una parte, que se producen fenómenos artísticos cuya complejidad requiere un mayor esfuerzo o educación por parte del receptor y que esto restringe el alcance de la audiencia a una minoría selecta, al igual que existen otras manifestaciones artísticas que se dirigen abiertamente a un público masivo. Estos hechos, fácilmente comprobables en muy diversas épocas, culturas y medios artísticos, son los que sustentan la estratificación promovida por la crítica elitista tradicional de la expresión artística en compartimentos estancos e inamovibles, divorciándose un arte culto (minoritario, elevado, noble) de un arte popular (masivo, bajo, envilecido). Dicha separación elitista refleja una visión de la sociedad igualmente dividida en grupos sociales perfectamente delimitados e invariables y asimismo conlleva una valoración absoluta de superioridad hacia el primero de los dos términos.[5]

Sin necesidad de negar la distinción real que pueda existir entre uno y otro bloque es preciso observar lo erróneo de los planteamientos anteriores que simplifican pero no aclaran convenientemente la cuestión. Aun aceptando la distinción entre una «literatura culta» cuyo discurso es restringido a una minoría educada y una «literatura popular» destinada a un público mayoritario, un estudio diacrónico ha de advertir que la inscrip-

---

4. Un panorama general de aproximaciones críticas a este problema se puede encontrar en Ray B. Brown (ed.), *Popular Culture and the Expanding Conciousness* (Nueva York, John Wiley and Sons, 1973); véase también la más reciente antología crítica de Bob Ashley, *The Study of Popular Fiction. A Source Book* (Filadelfia, University of Pennsylvania Press, 1989).

5. Lawrence Levine en *Highbrow/Lowbrow: The Emergence of Cultural Hierarchy in America* (Cambridge, Harvard University Press, 1988) ha analizado el origen de las jerarquías culturales en función de la creación de jerarquías sociales y económicas y su implantación en la sociedad norteamericana en el paso del siglo XIX al XX, haciendo hincapié en la variabilidad y permeabilidad de los cánones culturales, siempre producto de las ideologías del momento.

ción de una obra literaria en uno de los dos grupos antitéticos e invariables no puede ser concluyente ni definitiva puesto que frecuentemente su pertenencia a uno u otro grupo varía según el momento histórico y el criterio taxonómico empleado. La creación artística, al igual que todo hecho cultural, no se manifiesta estéticamente como un bloque inamovible; la obra literaria es esencialmente dinámica, animada por la pluralidad de ángulos interpretativos y valorativos continuamente en transformación. La recepción del hecho literario se encuentra en un proceso constante de cambio y movimiento, transciende lo estático e inamovible. De ello se deduce que todo intento de fijar categórica y definitivamente a una obra literaria trae consigo una simplificación de las verdaderas dimensiones de la misma. Recordemos, a modo de ejemplo, cómo los romances y canciones tradicionales que formaban parte del *corpus* de la literatura popular durante el medioevo, ascienden de categoría tras la aparición de la imprenta al ser recogidos y antologados como objeto digno de estudio durante el Renacimiento. La novela como género ha experimentado grandes altibajos en la estimación crítica según las épocas. En sus orígenes en España la novela (picaresca, cervantina, pastoril), que reunía característicamente elementos cultos y populares en su composición, gozaba de una gran difusión en todos los estratos sociales (ya como público lector culto o como audiencia inculta). Sin embargo durante el siglo XVIII la novela, carente de patrones clásicos, pasó a ser considerada por la minoría culta como un género menor, de entretenimiento, indigno cuando no inmoral, relegado a la literatura popular y por definición de inferior calidad. Solamente con la revolución industrial del siglo XIX y el ascenso de la burguesía como clase dominante logra la novela establecerse como literatura elevada y culta (la de la nueva minoría dominante).[6]

Paralelamente, un análisis sincrónico de la situación resaltaría que dicha explosión industrial, que trajo consigo el abaratamiento de los costes de edición, el aumento de la producción de grandes tiradas de novelas y folletines y el desarrollo de un sistema de comunicaciones ferroviarias nuevo, hizo factible la apari-

---

6. Véase sobre el importante aspecto social de la obra literaria J.F. Botrel y S. Salaún (eds.), *Creación y público en la literatura española* (Madrid, Castalia, 1974); Maxime Chevalier, *Lectura y lectores en la España de de los siglos XVI y XVII* (Madrid, Turner, 1976).

ción de un mercado masivo para esta manifestación artística. El hecho de que escritores como Dickens, Balzac o Galdós utilizaran el mismo medio artístico y los mismos canales de distribución para dirigirse simultáneamente a una minoría selecta y a un público masivo demuestra, además de la multiplicidad de niveles de lectura de una obra literaria, que la cohabitación de la literatura culta y la popular puede, y frecuentemente consigue, borrar o al menos difuminar las barreras existentes entre una y otra.[7] Esto no es nuevo ni exclusivo del siglo XIX. Tanto el teatro de Shakespeare como el de Lope de Vega lograron una comunicación perfecta con una minoría culta y un público masivo. A su vez, en nuestros días no resulta excepcional que Gabriel García Márquez haya logrado mantener un discurso elevado y alcanzar el estatus del *best-seller*. Por otra parte, una de las características del arte posmoderno contemporáneo consiste en la interfecundación del arte culto y el popular, como se puede comprobar en la obra de John Barth, Umberto Eco, Manuel Puig o Manuel Vázquez Montalbán.[8] A la vista de estos hechos no podemos sino conceder que la división categórica y absoluta de los términos alto/bajo, culto/popular aplicados a la obra literaria pecan de una estrechez de miras evidente. Por una parte, el criterio ordenador tras esta división es susceptible de modificación a través del tiempo, lo cual anula su valor absoluto y universal; por otra parte, esta tajante división niega teóricamente la posibilidad de comunicación entre ambos grupos.

En contra de esta visión tradicional, hemos de concebir una organización que reconozca la existencia de fronteras movedizas y franqueables entre una literatura elevada y otra popular; al verse éstas obligadas a convivir en un mismo espacio y momento histórico, necesariamente han de tender a encontrarse —re-

7. Véanse al respecto los trabajos de Francisco Yndurain, *Galdós, entre la novela y el folletín* (Madrid, Taurus, 1970); Antonio Salvador Plans, *Baroja y la novela de folletín* (Cáceres, Universidad de Extremadura, 1983); Alonso Zamora Vicente, *Valle-Inclán novelista por entregas* (Madrid, Taurus, 1973).

8. Sobre la integración del arte culto y el arte masivo en la estética posmodernista véanse los estudios de Andreas Huyssen, *After the Great Divide. Modernism, Mass Culture, Postmodernism* (Bloomington, Indiana UP, 1986); Tania Modleski (ed.), *Studies in Entertainment. Critical Approaches to Mass Culture* (Bloomington, Indiana UP, 1986); Linda Hutcheon, *A Poetics of Postmodernism. History, Theory, Fiction* (Nueva York, Routledge, 1988) y Fredric Jameson, *Postmodernism or The Cultural Logic of Latre Capitalism* (Durham, Duke University Press, 1991).

chazándose o apoyándose— en un juego de influencias mutuas y circulares ilimitadas. Esta productiva relación frecuentemente se ha pretendido explicar como una vía de circulación de un solo sentido (entendiendo la literatura popular como la degeneración de la literatura culta), olvidando o ignorando que se trata de un fenómeno recíproco.

En nuestra actualidad esta correlación es quizás especialmente evidente; la revolución que ha supuesto el vertiginoso establecimiento de los medios de comunicación de masas (radio, cine, televisión, prensa, publicidad) como vehículos ideológicos controladores de poder ha transformado de manera radical la sociedad moderna. La instantaneidad y largo alcance de estos medios contribuyen a homogeneizar grupos sociales anteriormente mucho más distanciados. Es innegable la imposibilidad de escapatoria del hombre contemporáneo al influjo omnipresente de los medios de comunicación de masas. La literatura culta se ha divulgado masivamente a través de estos medios de comunicación, y al mismo tiempo ha ido absorbiendo elementos propios de la cultura de masas, destilándolos y adaptándolos a su propia idiosincrasia. En ese sentido el temor de Ortega y Gasset ante el acercamiento del arte elevado al arte de masas, y viceversa, ha sido ampliamente superado por la realidad. Hoy con mayor intensidad quizás que nunca observamos en la obra literaria contemporánea el resultado de un creciente fenómeno de interfecundación entre géneros y subgéneros, y entre la literatura elevada y la literatura masiva.

Todo lo anterior no debe entenderse como un ataque a la distinción metodológica entre una literatura restringida y una literatura de masas —según explicamos anteriormente— ni tampoco como una defensa *a priori* del igual valor de ambas. Evidentemente existen diferencias generales de peso entre las dos y resulta útil una clasificación que imponga unas coordenadas orientativas. Es preciso insistir en la constante necesidad de revisión de estas demarcaciones, reconocer la creciente transgresión de fronteras como fenómeno característico —y no como excepción— y abogar por una estrategia crítica capaz de contemplar la obra literaria (culta o popular) como un fenómeno específicamente literario (artístico). Llamamos la atención sobre el hecho de que la orientación crítica sociológica —un campo teórico de importancia que tan sólo recientemente ha empezado a ser reconocido en el ámbito del hispanismo— se ha preocupa-

do casi exclusivamente del análisis del texto literario como arte-
facto ideológico, olvidándose del contenido artístico del medio.[9]
En el caso de la «literatura popular», el enfoque marxista de
gran parte de esta crítica tiende a realzar en ocasiones de manera mecanicista el efecto alienante de la cultura de masas, su
efecto divulgador de la cultura elevada y su radical tendencia al
mantenimiento del *status quo* de la sociedad, pero, con muy
contadas excepciones, pasa por alto irremediablemente lo específicamente artístico, el aspecto literario del texto. La razón de
esta falta es excusada por la supuesta ausencia de contenido
propiamente artístico en el dominio de la «literatura popular».
Parece lógico pensar que, si de una manera generalizada los límites alto/bajo no están tan claros como se pensaba y si éstos se
ven continuamente cruzados, al menos en teoría es posible encontrar algún valor artístico en obras situadas en la periferia de
la «literatura popular».

Partimos de la base de que la taxonomía sociológica de la
literatura en forma disyuntiva (alta/baja, noble/popular) ha de
ser relativizada y que la división de ésta desde una perspectiva
estética (literatura/subliteratura) no se superpone necesariamente de una manera exacta sobre la primera.[10]

En general se suele asociar lo «literario» (artísticamente superior) con la «literatura culta» y lo «subliterario» (artísticamente inferior) con la «literatura popular». Sin embargo, una obra
literaria «popular» puede alcanzar un notable nivel artístico propio de la «literatura» (por ejemplo, los versos de una canción

---

9. En este sentido ha sido pionero excepcional Andrés Amorós con su *Sociología de la novela rosa* (Madrid, Taurus, 1968) y posteriormente *Subliteraturas* (Barcelona, Ariel, 1974). Un panorama general del trabajo aún por realizar se puede
encontrar en J.F. Botrel y S. Salaün (eds.), *Creación y público en la literatura española, op. cit.*

10. Utilizamos aquí el término «subliteratura» en el mismo amplio sentido que
Marc Angenot da a los términos «paralittérature» o «infralittérature» para referirse
a «una masa irregular de objetos culturales que parecen no tener otra cosa en
común que su pretendida ausencia de valor estético» («une masse hétéroclite d'ob-
jets culturels qui semblent n'avoir d'autre chose en commun que leur absence
prétendue de valeur "esthétique"»), en «Qu'est-ce que la paralittérature?», en *Le
roman populaire: Recherches en paralittérature* (Quebec, Les Presses de l'Université
du Québec, 1975). Preferimos utilizar esta denominación siguiendo la práctica ini-
ciada por Andrés Amorós (véase nota 9) y Francisco Yndurain, quien plantea la
oposición entre «subliteratura» y «literatura literaria», en su «Sociología y literatura», *De lector a lector* (Madrid, Biblioteca Estudios Escelicer, 1973), 277-289.

popular), y a su vez una obra «culta» puede reunir escasos méritos artísticos y acercarse a la «subliteratura» (tal es el caso de la obra de propaganda servil). La esquemática representación de la «literatura popular» y la «literatura culta» como dos conjuntos diferentes perfectamente delimitados no suele admitir —en el mejor de los casos— más que una intersección parcial de ambos conjuntos que origina un tercer conjunto intermedio, pero que mantiene esencialmente la división categórica entre «culto» y «popular». Una visión radicalmente distinta es la propuesta por Ray Browne:

> Todos los elementos de nuestra cultura (o culturas) están íntimamente relacionados y no son mutuamente exclusivos unos de otros. Constituyen un largo continuo. Quizás la mejor figura metafórica para todos sea la de una elipsis extendida o una lente. En el centro, de mayor tamaño y transparencia, se encuentra la Cultura Popular, la cual incluye la Cultura de Masas.
> A cado extremo de la lente se encuentran las Culturas Alta y Folk, ambas fundamentalmente similares en muchos aspectos y con una gran cantidad de elementos en común, pues ambas tienen una visión directa y una percepción periférica amplia. Las cuatro derivan unas de otras en gran manera y de múltiples modos, y las líneas de demarcación entre cualquiera dos de ellas son indeterminadas y móviles.

> All elements in our culture (or cultures) are closely related and are not mutually exclusive one from another. They constitute one long continuum. Perhaps the best metaphorical figure for all is that of a flattened ellipsis, or a lens. In the center, largest in bulk and easiest seen through is Popular Culture, which includes Mass Culture.
> On either end of the lens are High and Folk Cultures, both looking fundamentally alike in many respects and both having a great deal in common, for both have a direct vision and extensive peripheral insight and acumen. All four derive in many ways and to many degrees from one another, and the lines of demarcation between any two are indistinct and mobile [*Popular Culture and the Expanding Consciousness*, 21].

Proponemos un similar esquema organizativo capaz de dar cabida a las innumerables y variadas posibilidades de interacción entre las obras literarias; éstas podrán hallar su lugar en un amplio espectro en cuyos extremos tenderán a concentrarse las obras de signo más claramente «popular» y «culto» respectivamente, mientras entre ambos polos se irán situando aquellas obras que en mayor o menor grado de intensidad se acercan o alejan de los mismos. La línea divisoria literatura/subliteratura no se ha de situar entonces en el invisible límite entre ambos grupos, sino que atravesará oblicuamente la totalidad del espectro literario.

No ignoramos la problemática que esta organización presenta. La adscripción sociológica de la obra literaria en un espacio determinado, y sobre todo la determinación estética de su pertenencia a un grupo preciso, siempre resultan, por sus inumerables variables, debatibles y arriesgadas y dependen, en última instancia, del criterio personal y arbitrario del intérprete/lector/crítico. No debe contemplarse esto como un punto débil del argumento propuesto, sino como una necesidad ineludible para hacer justicia a la naturaleza dinámica de la obra literaria —relacionada estrechamente, como hemos visto, con la múltiple lectura de la misma—. Esta necesidad impuesta por las propias constricciones de la disciplina que estudiamos, la cual rechaza la organización clasificativa típica de las ciencias exactas, puede incluso suponer la ventaja de poner límites a la propia delimitación del acto crítico, liberando a éste de una excesiva rigidez sin invalidar absolutamente el esquema general.

Es necesario saltar definitivamente el trecho que separa el análisis socio-histórico del análisis estético formalista, tomando lo mejor de cada uno y superponiendo el uno sobre el otro, para escapar de una visión crítica parcial e incompleta de la literatura. Abordar la particular problemática que se cierne en torno a la narrativa policiaca desde esta doble perspectiva histórica y crítica puede no sólo resolver gran parte de la confusión existente en cuanto a su ubicación en el marco de la literatura en general, sino también aclarar aspectos de la obra literaria pertinentes a nuestra discusión.

Por su génesis y posterior desarrollo la novela policiaca se sitúa mayormente en la intersección de la literatura culta y popular. Parece incontestable la opinión generalizada que atribuye la paternidad de esta nueva modalidad narrativa a Edgar Allan Poe, debido a sus tres narraciones de carácter más claramente policiaco en las que hace su aparición como protagonista el detective parisino Auguste Dupin («The Murders of the Rue Morgue», «The Purloined Letter» y «The Mystery of MarHe Roget»). Por su temática, escenario y atmósfera de crimen, misterio y terror, estos cuentos impregnados de elementos sobrenaturales e irracionales, están íntimamente relacionados con la tradición de la «novela gótica» europea (Horace Valpole, Mary Wollstonecraft Shelley, E.T.A. Hoffmann) de especial auge durante el Romanticismo, cuya influencia se hizo sentir más allá del ámbito de la «literatura popular» en poetas como Coleridge, Wordsworth o Byron. Las narraciones policiacas de Poe se relacionan de una manera más tangencial con la literatura de temática propiamente criminal —como las novelas de crímenes, los relatos de bandoleros, las «causas célebres», o los «Newgate Calendars» ingleses, pertenecientes todos ellos al ámbito de la «literatura popular»— cuyo énfasis y única razón de ser está en la explotación de los elementos sensacionalistas en torno al crimen, y no en la lucha de lo racional contra lo sobrenatural, que es el motivo central de estas narraciones de Poe. Estos cuentos aparecieron originalmente en revistas populares de considerable distribución, destinados indudablemente a un público mayoritario. Poe publicó en 1841 «The Murders in the Rue Morgue» en *The Graham's Magazine*; al año siguiente publicó «The Mystery of Marie Roget» en las páginas de *The Ladies Companion*. En 1844 apareció «The Purloined Letter» en las páginas del anuario *The Gift: 1845*. Aparte de alguna edición aislada, estos cuentos no fueron reimpresos en vida de Poe en las colecciones populares de la época.[11] La invención de Poe no llegó a cuajar como «literatura popular». Prueba de ello es que Poe no persistió en esta nueva forma narrativa y su creación no tuvo inmediata continuación en otros escritores; solamente cuarenta años más tarde, cuando Conan Doyle utilizó el modelo de Dupin para la creación de su Sherlock Holmes en *A Study in Scarlet* habría de convertirse la novela policiaca en verdadera «literatura popular». Las narraciones policiacas de Poe, incorporadas a una colección de sus cuentos publicada bajo el título de *Tales of Mystery and Imagination* tampoco tuvieron una favorable acogida entre el público culto. Sin duda fue la cuidada traducción de estos cuentos al francés llevada a cabo por Baudelaire (*Histoires extraordinaires*) la que contribuyó decisivamente a su propagación por los círculos intelectuales europeos, en donde se apreció enorme-

---

11. Para una detallada documentación de las publicaciones de estos cuentos de Poe véase Howard Haycraft, *Murder for Pleasure* (Nueva York, Biblo and Tannen, 1972), 1-27.

mente su valor artístico mucho antes de concebirse la noción de «novela policiaca», como lo atestigua Alarcón en sus «Juicios literarios y artísticos» (*Obras completas*, 1774-1777). Todos estos factores hacen posible la calificación de las narraciones policiacas de Poe como «literatura», a la vez que las sitúan en ese campo neutral donde se cruzan la «literatura culta» y la «literatura popular».

El éxito masivo de las historias de Conan Doyle protagonizadas por Sherlock Holmes supuso el afianzamiento de la novela policiaca como forma narrativa específica, la novela-enigma, capaz de llegar tanto a una audiencia mayoritaria poco exigente como a un público minoritario intelectual.[12] Esta novela, caracterizada por su concentración en la resolución de un enigma misterioso, pone a su servicio todos los demás elementos novelísticos (dicción, caracterización, verosimilitud, profundidad, simbolismo, etc.). Su preocupación central se aleja así del ámbito de la «literatura», pues coincide con el mismo principio subliterario que sostiene fenómenos tales como el acertijo, la adivinanza, el juego de azar o el crucigrama.

Esta literatura generó toda una serie de imitaciones que, desarrollando la fórmula sin salirse del estricto esquema inicial y progresivamente haciendo de las reglas del juego un fin en sí mismo, alcanzó su «edad de oro» ya en nuestro siglo durante la época de entre guerras (Agatha Christie, Dorothy L. Sayers, Ellery Queen).[13] El hecho curioso de que este tipo de novela gozara de la particular predilección de la clase intelectual (profesores, abogados, médicos, etc.) ha venido sustentando desde entonces la noción del carácter intelectual de la novela policiaca

---

12. Las ediciones en inglés de las novelas y cuentos de Conan Doyle fueron numerosísimas desde 1887, fecha de la publicación de *A Study in Scarlet* (unas veinte ediciones entre 1887 y 1900); *The Sign of the Four* tuvo once ediciones en su primer año (1890) y se reeditó otras doce veces durante la década. Para una documentación detallada de las múltiples ediciones de las aventuras «canónicas» protagonizadas por Sherlock Holmes véase Ronald de Waal, *The World Bibliography of Sherlock Holmes* (Hamden, Hachon Books, 1980).

13. Para un análisis histórico del fenómeno véase Howard Haycraft, *Murder for Pleasure, op. cit.*, 112-180; A.E. Murch, *The Development of the Detective Novel* (Nueva York, Philosophical Library, 1958), 218-245; Julian Symons, *Historia del relato policial* (Barcelona, Bruguera, 1982), 141-206; Leroy Lad Panek, *An Introduction to the Detective Story* (Bowling Green, Bowling Green State University Popular Press, 1987), 120-143; Salvador Vázquez de Parga, *De la novela policiaca a la novela negra* (Barcelona, Plaza y Janes, 1986), 116-179.

«clásica». Lo cierto es que esta novela distaba mucho de ser exclusiva de un público selecto; su alcance era universal y traspasaba todas las fronteras sociales y nacionales. Por otra parte, su supuesto carácter intelectual no constituye prueba fehaciente de dignidad literaria. En última instancia un juego de ajedrez o un problema matemático no son más «literarios» que un juego de azar o un crucigrama.

En conclusión, la novela policiaca tradicional se situaría a medio camino entre la «literatura culta» y la «literatura popular», si bien el carácter esencialmente formulaico y epigónico de una gran parte de sus productos la inclina frecuentemente hacia la «subliteratura». Indudablemente se dan casos individuales en que el propósito único de la obra no consiste en la resolución de un enigma, sino que este motivo es utilizado como esquema o andamiaje sobre el cual construir una obra «literaria». Tal es el caso de las mejores novelas de Chesterton, cuyo tema central es el libre albedrío y la elección entre el bien y el mal desde una perspectiva moral, el de los relatos policiacos de Pardo Bazán, preocupados por el aspecto humano y social del crimen, o el de las narraciones de Simenon, quien inaugura dentro del género la introspección sicológica de los personajes. Estos autores aúnan una ambición «literaria» a una obra de interés multitudinario.

Durante la «edad de oro» del período de entreguerras la novela policiaca sufre una transformación radical en Estados Unidos. Autores como Dashiell Hammett y posteriormente Raymond Chandler crean una nueva escuela de novela policiaca a partir de un tipo de relato sensacionalista extremadamente popular, el relato *tough* o *hard-boiled* de acción trepidante, personajes «duros» y adosado de grandes dosis de sexo y violencia, característico de las revistas *pulp* (impresas en papel barato) que incluían tanto relatos del Oeste como narraciones policiacas. Estos autores, junto con otros tales como Horace McCoy, James Cain y Chester Himes, lograron transformar esta novela «popular» y «subliteraria» en un vehículo artístico de crítica social. A través de la técnica objetivista del realismo crítico se emprende con gran dignidad literaria la cruda exposición de los males endémicos de la sociedad americana. Curiosamente, fue en Francia nuevamente donde se advirtió por vez primera la excelencia de esta nueva narrativa. De sobra es conocida la admiración de la obra de Dashiell Hammett por parte de André Gide y André Malraux o la de los escritores existencialistas Albert Camus y Jean Paul Sartre hacia la obra de James Cain y Horace McCoy.[14] Este interés crítico produjo el término de *roman noir*, con el cual se intentaba distanciar cualitativamente a esta narrativa de la novela policiaca mayormente «subliteraria» de corte clásico, y se extendió al terreno cinematográfico como *cinema noir* (Huston, Hawks, Hitchcock). Evidentemente, esta tradición ha tenido infinidad de imitadores, la mayoría de los cuales no ha solido sobrepasar la barrera de la «subliteratura», si bien ha habido un número estimable de creativos sucesores (Ed McBain, Jim Thompson, Patricia Highsmith, Ross MacDonald, Donald Westlake).

Un cuadro panorámico sobre la situación de la novela policiaca en el marco de la literatura en general debe también incluir el uso «culto» de fórmulas policiacas por parte de autores establecidos en el canon literario. De manera harto sintomática, escritores de todas las lenguas y de prestigio ampliamente reconocido han recurrido conscientemente a este género desde una gran variedad de perspectivas (Borges en Argentina, Robbe-Grillet en Francia, Graham Greene en Inglaterra, Dürrenmatt en Alemania, Gadda, Sciascia y Eco en Italia, Eduardo Mendoza y Manuel Vázquez Montalbán en España).

Según hemos visto, el campo de la novela policiaca se extiende a todo lo largo del espectro del panorama literario, desde el discurso más restringido hasta el más mayoritario, si bien por lo general no suele concentrarse en los extremos «culto» y «popular» sino en las zonas intermedias. Entre la elevada «novela policiaca metafísica» de Jorge Luis Borges («La muerte y la brújula», «El jardín de los senderos que se bifurcan») o de Robbe-Grillet (*Les gommes*) y los seriales policiacos de consumo masivo (hoy tanto más los visuales que los impresos), se extiende una enorme producción literaria cuyo alcance social y permanencia desafía las nociones tradicionales de arte «culto» y «popular» (Poe, Doyle, Chesterton, Simenon).[15] Asimismo, no se puede

14. Veáse *Journal d'André Gide* (París, Gallimard, 1950), 13, 138, 142; Allene Talmey, «París Quick Notes / About Sartre, Gide, Cocteau, Politics, / The Theatre, and Inflation», *Vogue*, 109 (15 enero, 1947), 92, citado en David Madden (ed.), *Tough Guy Writers of the Thirties* (Carbondale, Southern Illinois University Press, 1968), 240.

15. Howard Haycraft acuñó el término de «metaphysical detective story» para referirse al carácter filosófico de las novelas policiacas de G.K. Chesterton en

afirmar que la novela policiaca sea cualitativamente inferior a cualquier otro tipo de novela, genérica o no. En ella se encuentran una gran cantidad de obras mediocres, muchas obras de un nivel medio aceptable, y algunas obras maestras.[16] Como irónicamente apuntó Raymond Chandler en su célebre ensayo «The Simple Art of Murder» la única diferencia cualitativa entre la novela policiaca y el resto de la producción novelística estriba en una diferencia cuantitativa: «La novela policiaca común y corriente probablemente no es peor que la novela común y corriente, pero nunca se ve la novela común y corriente. Jamás llega a publicarse» («The average detective story is probably no worse than the average novel, but you never see the average novel. It doesn't get published» [521]). En este ensayo se plantea el desarrollo de la novela policiaca en España centrándose en el análisis crítico de sus múltiples manifestaciones «literarias» a lo largo del espectro entre lo «culto» y lo «popular».

Géneros y subgéneros literarios

Al igual que la clasificación de la literatura en estrictas categorías sociológicas o estéticas, la ordenación tipológica de la misma presenta, a la vez que ciertos atractivos desde el punto de vista metodológico, grandes dificultades desde el analítico. Si bien es sabido que el valor de un texto literario reside especialmente en su individualidad, en su particular ordenación de temas y estructuras, no por ello es menos cierto que una obra nunca ocurre en un vacío literario. Efectivamente, todo texto se

---

su *Murder for Pleasure, op. cit.*, 76. Aquí empleamos el término en un sentido más restringido que designa la literatura postmodernista (postmoderna) experimental según Michael Holquist, «Whodunit and Other Questions: Metaphysical Detective Stories in Postwar Fiction», en Glenn N. Most y William W. Stowe (eds.), *The Poetics of Murder* (San Diego, Harcourt Brace Jovanovich, 1983), 149-741. Véase también William V. Spanos, «The Detective and the Boundary: Some Notes on the Postmodern Literary Imagination», *Boundary*, 2.1 (1972), 147-168 y Stefano Tani, *The Doomed Detective. The Contribution of the Detective Novel to Postmodern American and Italian Fiction* (Carbondale, Southern Illinois University Press, 1984).

16. El criterio selectivo, evidentemente, siempre será subjetivo y arbitrario, pero críticos especializados tan dispares como Haycraft, Landrum, Symons y Vázquez de Parga coinciden, por ejemplo, en el estatus clásico de los cuentos policiacos de Poe y de Borges, o de las mejores novelas de Hammett y Chandler.

origina y manifiesta sobre el telón de fondo formado por el conjunto de toda la literatura anterior (y posterior). Necesariamente se ha de relacionar, por su similitud o desemejanza, con otros textos literarios. La noción de «intertextualidad» pone de manifiesto que en cada texto se da, más allá de fuentes o influencias literarias, todo un conjunto de relaciones con otros textos literarios, ya sean implícitas o explícitas, voluntarias o involuntarias, de manera independiente a su atribución particular. Para comprender la especificidad de un texto es preciso ponerlo en el contexto del resto de la literatura. Por lo general, el lector crítico no se enfrenta desarmado e inocente ante un texto, sino que realiza su lectura con un conocimiento de la historia de la literatura que le hace percibir en cada nuevo texto semejanzas y desemejanzas con respecto a otras obras anteriores, presencias y ausencias, elementos de continuidad y de cambio. Por el común conocimiento de la tradición literaria poseído por autor y lector se produce en el proceso de escritura/lectura un contrato tácito entre ambos, no formulado explícitamente, pero basado en la aceptación de unas convenciones determinadas (tabús literarios, licencias poéticas, técnicas narrativas, etc.) que mediatizan los mecanismos de lectura. De la aceptación de este contrato depende en buen grado la verosimilitud de la obra (amén del talento del autor y capacidad del lector). Evidentemente, el autor puede no cumplir las condiciones del contrato y tratar de engañar al lector o de jugar con él, lo cual no hace sino demostrar la existencia real de unas normas no formuladas que en un momento dado son factibles de ser transgredidas.

La clasificación de géneros literarios responde a la necesidad de ordenar las relaciones que se producen entre los textos, de identificar sus convenciones, de sacarlos de su aislamiento y devolverlos a la tradición literaria en la que se originan, para lograr una comprensión más total de los mismos. Tradicionalmente se ha abordado la clasificación tipológica de la literatura de dos maneras diferenciadas, las cuales dan origen a dos tipos de categorías que Todorov ha definido como géneros «teóricos» y géneros «históricos». Por una parte, encontramos una clase de categorización global que, a partir de una teoría general de la literatura, intenta crear un número definido de categorías capaz de abarcar todas las obras literarias. Este tipo de planteamiento teórico *a priori*, cuyos orígenes se remontan a Platón y Aristóteles con su distinción de tres categorías fundamentales (Lírica,

Épica y Drama), ha sido históricamente validado, con la añadidura moderna de la novela, por toda la tradición crítica. Esta tendencia tipológica global ha sido renovada por Northrop Frye en *The Anatomy of Criticism* desde el punto de vista de los mitos y arquetipos. A pesar del enorme efecto que las teorías de Frye han tenido por su innovador contenido, la posibilidad de su aplicación literal al estudio de los géneros literarios ha sido bastante limitada. Esto es debido principalmente a la falta de lógica interna y a las inconsistencias que aparecen entre sus distintos criterios tipológicos, a la vez que por la naturaleza no estrictamente literaria de los mismos. Así han tenido ocasión de explicarlo largo y tendido Thomas Kent en «The Classification of Genres» y el propio Todorov, quien en su exposición teórica sobre los géneros literarios resume su crítica de Frye aduciendo que, para éste, «literature becomes no more than a means of expressing philosophical categories» (*The Fantastic*, 16). Sin embargo, la difícil aplicabilidad literal de su tipología no impide que sea de utilidad, como veremos más adelante, en relación a la demarcación de arquetipos ideológicos dentro de cada subgénero. Más recientemente, Hernadi ha emprendido en *On Genre* la construcción de un sistema clasificatorio global a partir de la división clásica de los cuatro géneros (los cuales denomina «modos temáticos», «modos dramáticos», «modos narrativos» y «modos líricos») que se sitúan respectivamente en los extremos del eje retórico de la comunicación autor-lector (polos autorial e interpersonal) y del eje mimético de la representación (polos dual y privado). Cada uno de estos géneros está a su vez compuesto de cuatro modalidades que son determinadas por la presencia dominante de una de esas perspectivas en combinación. La validez práctica de este esquema dotado de gran movilidad queda, sin embargo, disminuida al acercarse a la obra literaria. Las cuatro subdivisiones de cada género primario no forman propiamente subgéneros capaces de relacionar y agrupar a una serie de obras, sino que más bien consisten en modos de expresión complementarios que perfectamente pueden cohabitar en una misma obra (por ejemplo, las cuatro variedades dentro de los «modos narrativos»: la «relación», el «discurso citado directamente», la «narración sustitutiva» y el «monólogo interior»). Como en todo sistema teórico de clasificación concebido a partir de un esquema lógico y abstracto, en él prevalecen las categorías ideales, simétricas, en oposiciones binarias, de indudable atractivo estético, pero todavía demasiado alejadas de la obra literaria viva.

Existe una segunda aproximación a la clasificación de las categorías literarias que sigue un curso inverso a la anterior. Esta tendencia «histórica» parte de la observación de los textos literarios mismos para llegar, tras un proceso inductivo, a la fijación de unas normas generales que conforman a los géneros. Esta tradición se remonta al período neoclásico en que los teóricos ilustrados (Boileau en Francia, Luzán en España) proponen una sistemática revisión de la historia de la literatura y a partir de ella erigen una serie normativa de modelos genéricos clásicos contra los que se ha de medir todo el resto de las obras literarias. Su preocupación por el ajustamiento de toda obra a los principios de los modelos clásicos ha dejado una huella indeleble en el desarrollo posterior del estudio de los géneros literarios que llega hasta nuestros días. Tampoco este acercamiento está libre de errores importantes. El principal problema estriba en que con mucha frecuencia este tipo de estudio de los géneros se limita a una descripción rigurosamente preceptiva, a manera de decálogo, de los principios y normas que rigen a cada género, cuya importancia es superior a la especifidad de la obra literaria.

Todas estas tendencias tienen en común un problema intrínseco al concepto de género que plantean. Al concebir sus categorías olvidan el doble funcionamiento sincrónico y diacrónico de los géneros, inclinándose por una perspectiva estética o una evolutiva, o situándose totalmente al margen. Precisamente en esa dualidad característica de los géneros reside la dificultad de abarcarlos simultáneamente desde dentro y desde afuera, de estudiar en ellos la parte y el todo.

Para salvar este obstáculo creemos que no se han de entender los géneros en su sentido tradicional como categorías absolutas que se identifican con grupos cerrados de obras, sino como conjuntos de convenciones específicas compartidas. Jonathan Culler ya expresó de manera convincente con anterioridad este punto de partida de la tipología convencional:

> Los géneros ya no son clases taxonómicas sino grupos de normas y expectativas que ayudan al lector a asignar funciones a varios elementos en la obra, y así los géneros «reales» son aquellos conjuntos de categorías o normas requeridos para dar cuenta del proceso de lectura.

Genres are no longer taxonomic classes but groups of norms and expectations which help the reader to assign functions to various elements in the work, and thus the «real» genres are those sets of categories or norms required to account for the process of reading [*The Pursuit of Signs*, 123].

Esta noción de género resulta especialmente útil para describir las relaciones entre diversos textos literarios en su uso de convenciones textuales. De esta manera, un género está básicamente formado por el conjunto de convenciones no formuladas de manera explícita, aunque extrapolables teóricamente a partir del examen de los elementos distintivos comunes en varios textos. De acuerdo con el grado de amplitud de estas convenciones van a surgir unas categorías de orden general y otras categorías más particulares. Todorov distingue entre unos géneros «elementales» caracterizados por la presencia o ausencia de una característica singular, y unos géneros «complejos», definidos por la coexistencia de varias características (*The Fantastic*, 15). Pertenecen al grupo «elemental» los géneros «teóricos» amplios y generales comentados anteriormente («épica», «prosa», «modos narrativos», etc.). Los géneros «históricos», al ser mucho más restrictivos, forman parte del grupo «complejo» (novela picaresca, libros de caballerías, novela del Oeste). Así pues, un género «complejo» particular (novela picaresca) es casi siempre en realidad un subgénero de un género «teórico» (novela).

Las condiciones óptimas para determinar las convenciones que forman un determinado género histórico complejo vendrían dadas por la comparación y contraste de un texto prototipo (anterior al género propiamente) con la primera utilización del mismo como modelo. Para que se produzca el nacimiento de un género es imprescindible la interacción de una obra germinal y una obra fecundadora de la primera. El caso de la novela picaresca resulta ejemplarmente claro al respecto. La mera publicación del *Lazarillo* no «crea» por sí misma las convenciones del género picaresco. Solamente con la aparición de *Guzmán de Alfarache* unos cincuenta años más tarde, por su aprovechamiento de ciertos elementos característicos de la obra anónima anterior, se crean unas convenciones relativas a la perspectiva, la temática, el medio-ambiente, la estructura y el tono de la obra a partir de las cuales se desarrolla plenamente el género. Así, podría formularse el género como: el relato autobiográfico de las fortunas y adversidades de un protagonista antihéroe marginal, de moralidad ambigua, que sobrevive gracias a sus astucias y pequeños delitos, con una estructura episódica relacionada con el servicio a sucesivos amos y el cambio de ambientes y gentes, y una negra crítica amarga a la sociedad tras una máscara de autoburla. El género picaresco admite la agrupación de estas convenciones con mayor o menor énfasis en cada una de ellas. Sobre el mismo molde se pueden producir variaciones distintivas (por ejemplo, el pícaro protagonista se hace pícara y del servicio a amos sucesivos se pasa al servicio a los hombres, ya sea amantes, maridos o clientes de prostitución encubierta) pero manteniendo una cierta fidelidad hacia el género. Nos encontraremos, así, con obras que encajan perfectamente dentro de las convenciones del género aun y cuando traen innovaciones importantes (novelas del género de la novela picaresca, como *El buscón*, *Estebanillo González* o *El periquillo Sarniento*) y otras obras que cumplen las convenciones del género sólo parcialmente (novelas influidas por el género o de gusto picaresco, como *Fray Gerundio* o *El lazarillo de ciegos caminantes*). Mientras las novelas propiamente picarescas quedan confinadas en general a un período histórico determinado (Siglo de Oro en España, siglo XVIII en Europa y América) se pueden rastrear las convenciones del género en muchas obras contemporáneas (caso de Baroja o Cela, Twain o Hemingway).

Desafortunadamente para el investigador literario, no siempre será posible determinar con precisión los elementos característicos de un género, como en el caso de la picaresca, a partir de un texto modelo original y la primera utilización del mismo como referente. Sin embargo, es metodológicamente posible distinguir las características de un género basándose en el análisis de un número limitado de textos y aislando sus convenciones particulares. Está por hacer un estudio global de los géneros literarios «complejos» fundamentado en la investigación de los agrupamientos y combinaciones de las convenciones literarias (de tema, estructura, lenguaje, tono) y en la ruptura de las mismas. Tal estudio podría ayudar a explicar mejor los fenómenos «híbridos» de obras que combinan convenciones de varios géneros, a la vez que los factores que conducen a la configuración de un nuevo género literario.

Quizás los trabajos más aproximados a ese ideal totalizador se hayan confinado al ámbito de la «literatura popular», por su mayor y más evidente componente formulaico, aunque de ninguna manera exclusivo, pues, si bien en distinto grado, toda literatura es en esencia formulaica. Este aspecto de la obra literaria ya fue advertido por los teóricos formalistas rusos, empeñados en descubrir, aislar y estudiar los procedimientos distintivos del arte poético. En sus trabajos seminales Vladimir Propp hizo un análisis comprehensivo de las estructuras narrativas del cuento popular, de sus normas y convenciones, por considerarlo uno de los prototipos más universales de toda la narrativa. Propp aisló 31 «funciones» o tipos de acciones de los personajes de acuerdo a su función dentro del cuento y 7 «esferas de acción» correspondientes a sus respectivos ejecutantes. Su trabajo hallaría eco con teóricos estructuralistas como Greimas, que desarrolla y refina los planteamientos de Propp, y Todorov, que predica una «gramática» de las formas literarias. Todorov plantea y pone en práctica su teoría especialmente en el campo de la literatura fantástica, y, de forma menos extensa, en el de la novela policiaca. Su teoría parte de una división radical entre la «literatura popular», que se ajusta sumisamente a las reglas de su género, y la «literatura», que crea nuevas reglas al romper con las anteriores. Según Todorov, la homología clasificatoria de las ciencias naturales o de la lingüística sólo puede aplicarse en sentido estricto al estudio de las formas literarias «populares» o «de producción masiva», pues cada una de sus manifestaciones individuales no modifica la categoría a la que pertenece, al igual que un organismo individual no modifica a la especie, ni una *parole* modifica a la *langue*. Por el contrario, Todorov afirma que la obra auténticamente «literaria» sí modifica la suma de las obras posibles, cada nueva obra altera la especie:

> La obra mayor crea, en un sentido, un nuevo género y al mismo tiempo transgrede las reglas previamente válidas del género [...] Como regla, la obra maestra literaria no cabe dentro de ningún género, excepto quizás el suyo propio; pero la obra maestra de la literatura popular es precisamente el libro que mejor encaja en su género. La novela policiaca tiene sus normas; «desarrollarlas» es también decepcionarlas: «mejorar» la novela policiaca es escribir «literatura», no novela policiaca.

> The major work creates, in a sense, a new genre and at the same time transgresses the previously valid rules of the genre [...] As a rule, the literary masterpiece does not enter any genre save

perhaps its own; but the masterpiece of popular literature is precisely the book which best fits its genre. Detective fiction has its norms; to «develop» them is also to disappoint them: to «improve upon» detective fiction is to write «literature,» not detective fiction [*The Poetics of Prose*, 43].

Como toda generalización, esta categorización absoluta de Todorov, es en el mejor de los casos simplificadora, cuando no errónea y contradictoria. Pasamos por alto su distinción radical entre «literatura» y «literatura popular», en la que la dicotomía alta/baja, culta/elevada se superpone exactamente sobre la dicotomía literatura/subliteratura, distinción que ya ha sido discutida y rebatida ampliamente más arriba. Baste añadir que su división, basada en la presencia o ausencia en la obra de elementos transgresores de las convenciones formulaicas, presenta el grave problema del argumento circular. Para Todorov, una obra «de género» (como las novelas policiacas, los folletines o la ciencia ficción) es «popular» porque sigue las convenciones que marcan al género; por lo tanto, una obra «popular» no puede transgredir las normas del género sino dejando de ser «popular». Este planteamiento se cae por su propio peso. Igualmente, un género dado, como categoría abstracta que agrupa una serie de convenciones determinadas, no tiene por qué pertenecer *a priori* obligatoria y exclusivamente a una categoría de la polaridad «literatura»/«literatura popular». Serán las obras individuales que manifiestan características de un género, en todo caso, las que se deban someter a escrutinio. El caso de la novela policiaca tradicional parece contradecir especialmente la teoría de Todorov, pues una de sus convenciones comúnmente aceptadas es precisamente la creación constante de nuevas normas, infringiendo las anteriores. Todos los decálogos y normativas que han intentado prescribir las reglas a las que se debe ajustar una novela policiaca (mayormente prohibiciones), como los célebres de S.S. Van Dine, han sido sistemáticamente ignorados y transgredidos. El concepto esencial de *fairplay*, de juego limpio del autor con el lector, quizás el más defendido por los puristas del género tradicional, es prácticamente imposible de encontrar incluso entre aquellos autores que más confiesan su devoción por él (Dorothy L. Sayers, Ellery Queen). La razón de ello está en la necesidad central del género de causar sorpresa, de explorar nuevas posibilidades, de mantener en vilo al lector engañándole, en un continuo «más difícil todavía». Las contradicciones internas de los postulados de Todorov se evidencian en su análisis del proceso de evolución de la novela policiaca y la consiguiente formación de subgéneros, un proceso eminentemente transgresor y transformativo:

> Podríamos decir que en cierto momento la novela policiaca sobrelleva como carga injustificada las limitaciones de este o aquel género y las elimina para constituir un nuevo código. La regla del género es percibida como una limitación una vez que se convierte en pura forma y ya no está justificada por la estructura del todo. Así, en novelas de Hammett y Chandler, el misterio se había convertido en un puro pretexto, y la novela negra que sucedió a la novela problema lo eliminó, para elaborar una nueva forma de interés, el suspense, y para concentrarse en la descripción de un medio ambiente.

> We might say that at a certain point detective fiction experiences as an unjustified burden the constraints of this or that genre and gets rid of them in order to constitute a new code. The rule of the genre is perceived as a constraint once it becomes pure form and is no longer justified by the structure of the whole. Hence in novels by Hammett and Chandler, mystery had become a pure pretext, and the thriller which succeeded the whodunit got rid of it, in order to elaborate a new form of interest, suspense, and to concentrate on the description of a milieu [*Poetics of Prose*, 52].

Las convenciones que Todorov aísla dentro de la tradición de la novela policiaca son aquéllas referentes a su estructura narrativa, en detrimento de otras relativas a su temática, lenguaje, tono o intención, y en base únicamente a aquéllas configura varios géneros particulares. Todorov caracteriza a la novela policiaca clásica por la superposición de dos planos temporales correspondientes a dos historias narradas: una primera «historia del crimen» ausente que termina donde comienza la «historia de la investigación» realizada por el detective, la cual progresivamente va dejando al descubierto la primera hasta llegar a la solución del misterio; su preocupación central es averiguar *lo que ha ocurrido* (Doyle, Christie). Por el contrario, la novela policiaca de la «serie negra» funde ambas historias en una sola, subordinando el elemento de misterio (la curiosidad o búsqueda de respuestas) al suspense (expectación) proporcionado por la acción, en un clima de violencia desatada; su interés radica en *lo que va a ocurrir* (Chester Himes, Hadley Chase). A estas dos tendencias Todorov suma la «novela de suspense», que combina las propiedades de ambas, mantiene el misterio, a la vez que el suspense, y las dos historias (si bien la segunda ocupa el lugar central), cuyo interés recae tanto en el pasado como en el futuro. Dentro de la «novela de suspense» Todorov distingue dos subgéneros; un primer tipo que sirvió de transición entre la novela policiaca clásica y la novela policiaca de la serie negra, que él denomina «la historia del investigador vulnerable», en la que el detective está integrado en el universo de los otros personajes y no se limita a un papel de observador distanciado (Hammett, Chandler); y un segundo tipo coetáneo de la serie negra, al que llama «la historia del sospechoso como detective», que intenta restituir el crimen personal de la novela policiaca clásica y suprimir el crimen profesional propio de la novela policiaca de la serie negra, manteniendo la estructura de esta última (William Irish, Patrick Quentin).

Esta clasificación no sólo resulta incompleta sino también contradictoria, pues en la descripción de Todorov se confunden las diversas estructuras narrativas que originan los subgéneros policiacos. La distinción realizada entre la estructura que fusiona las dos historias suprimiendo la primera (como en la «serie negra») y la que subordina la segunda historia a la primera (característica de la «novela de suspense») no es constante. Así, por ejemplo, Todorov utiliza indistintamente las novelas de Hammett y Chandler para ejemplificar uno de los dos tipos de la «novela de suspense» («la historia del investigador vulnerable»), y también para ilustrar que la supresión de la primera historia no es una característica obligada de la novela de la «serie negra». De esta manera quedan invalidadas las distinciones particulares entre los varios subtipos y se anula la viabilidad de la utilización de la unicidad o separación de las dos historias como criterio distintivo. Finalmente, que el investigador sea policía oficial, privado o *amateur* (no profesional, sino forzado por las circunstancias) no ha sido jamás un elemento distintivo de género, al igual que tampoco el tipo de crimen cometido, si bien se puede observar que uno u otro suelen ocurrir con mayor frecuencia en géneros determinados.

La tipología presentada por Todorov apenas ayuda a clarificar el ya de por sí confuso género de la novela policiaca. La raíz del problema está en el criterio teórico único que Todorov elige para sostener sus distinciones, las cuales no encajan totalmente con los subgéneros históricos señalados; el mismo Torodov es consciente de esta deficiencia, al sugerir otros puntos de vista que pudieran complementar su clasificación original, pero que no llega a explorar:

> Desafortunadamente para la lógica, los géneros no están constituidos de conformidad con las descripciones estructurales; un nuevo género es creado alrededor de un elemento que no era obligatorio en el anterior; los dos codifican elementos diferentes. La novela negra contemporánea ha sido constituida no alrededor de un método de presentación sino alrededor del medio ambiente representado, alrededor de personajes y comportamientos específicos; en otras palabras, su caracter constitutivo reside en sus temas.

> Unfortunately for logic, genres are not constituted in conformity with structural descriptions; a new genre is created around an element which was not obligatory in the old one: the two encode different elements... The contemporary thriller has been constituted not around a method of presentation but around the milieu represented, around specific characters and behavior; in other words, its constitutive character is in its themes [*Poetics of Prose*, 47-48].

Lamentablemente, el propósito clasificatorio de Todorov no consigue cuajar de manera satisfactoria, a pesar de lo acertado de su planteamiento general. Su posterior definición de los géneros discursivos (más allá de los literarios) afina su concepción del género como «una codificación históricamente confirmada de propiedades discursivas» («a historically attested codification of discursive properties»), sugestiva noción que queda sin desarrollar (*Genres in Discourse*, 19). La aportación teórica de Todorov sobre los géneros literarios sin embargo no debe ser minimizada, ya que ha supuesto un importante avance en su desarrollo. En lo que respecta al género policiaco, la esencial dualidad estructural del relato policiaco defendida por Todorov, aunque de poca utilidad como único criterio demarcador de subgéneros, es un claro elemento distintivo del género policiaco cuya importancia habremos de estudiar más adelante.

La ordenación de los géneros narrativos «populares» o de alcance masivo desde la perspectiva proporcionada por el estudio de las convenciones formulaicas que los componen alcanza su mayor ejemplificación en la obra de John Cawelti.[17] Este crítico propone dos interpretaciones del término «fórmula». En primer lugar, una «fórmula» es un estereotipo cultural referido a una cultura y período particulares, fuera de los cuales se pierde su significado (como el estereotipo de la *rubia virginal* en la sociedad estadounidense del siglo XIX). En un sentido más amplio, las «fórmulas» son también arquetipos o tipos de trama comunes a muchas culturas diferentes. Sintetizando ambas interpretaciones Cawelti propone la siguiente definición operativa: «Las fórmulas son modos en los que temas y estereotipos culturales específicos han sido incorporados en arquetipos más universales» («Formulas are ways in which specific cultural themes and stereotypes become embodied in more universal story archetypes» [6]). Este concepto de «fórmula» permite dos tipos de acercamiento al estudio de los géneros literarios. Por una parte, posibilita un análisis descriptivo de las características generales de grandes grupos de obras individuales a partir de la combinación de materiales culturales y patrones de trama arquetípicos, que sirve para iluminar histórica y culturalmente las fantasías colectivas de grandes grupos de personas y a la vez determinar las diferencias de las mismas de una a otra cultura o período. Por otra parte, partiendo de la concepción de los géneros como conjuntos de limitaciones y posibilidades artísticas, permite un análisis estético de obras individuales según el éxito o fracaso de su adhesión a una fórmula, o por el contrario, de su desviación de la misma. Quizás el aspecto más innovador de esta visión resida en el hecho de que, mientras para Todorov esta última posibilidad (la transgresión de la norma) era la única opción de la verdadera «literatura», para Cawelti es posible la creación de literatura de gran valor estético a través del cumplimiento de las «fórmulas» de un género. Una obra literaria puede utilizar incluso las convenciones más manidas de un género y dotarlas de nueva vida, siempre y cuando se tengan «las habilidades para dar nueva vitalidad a los estereotipos y la capacidad de crear nuevos toques de trama o marco que estén todavía dentro de los límites formulaicos» («the abilities to give new vitality to stereotypes and the capacity to invent new touches of plot or setting that are

---

17. John Cawelti, *Adventure, Mystery and Romance: Formula Stories a Art and Popular Culture* (Chicago, University of Chicago Press, 1976).

still within formulaic limits» [10-11]). Las consecuencias de su análisis van mucho más allá de la mera organización de los géneros literarios «populares»; más que intentar definir los límites entre los géneros literarios (Misterio, Aventura, Romance) trata de explorar los condicionantes culturales y los logros artísticos de obras individuales concebidas desde dentro de un género. Su tratamiento del género de «Misterio», y dentro de él la novela policiaca, que él subdivide básicamente en novela policiaca clásica y novela policiaca *hard-boiled*, y sobre el que habremos de detenernos más adelante, marca un hito contra el que habrá de compararse todo trabajo posterior sobre el tema.

Más recientemente, Gary Hoppenstand ha propuesto una nueva ordenación de los géneros narrativos «populares» o de alcance masivo, basado directamente en los postulados de Cawelti. Sin embargo, Hoppenstand difiere de su antecesor, con diversa fortuna, en varios aspectos fundamentales. El primero de ellos es su campo de aplicación; en su tríada inicial distingue los géneros de Misterio, Fantasía y Romance/Aventura (añadiendo el segundo y unificando los dos últimos a la ordenación de Cawelti), pero Hoppenstand opta por concentrarse en el género de Misterio, analizando minuciosamente las diversas ramificaciones de esta categoría particular. Su discrepancia con Cawelti es rotunda y radical en cuanto al objetivo que persigue su análisis de la obra literaria, y es quizás ahí donde radica su mayor deficiencia. Si para Cawelti el doble acercamiento descriptivo/estético hacia las fórmulas literarias posibilitaba el entendimiento de las coordenadas culturales e históricas en las que se mueve una obra particular a la vez que de sus propios logros artísticos, para Hoppenstand solamente tiene validez el acercamiento sociológico: «La cuestión del valor artístico no se combina bien con la teoría de la función social, ya que la primera se basa de manera excesiva en el gusto individual y menos en función de la audiencia masiva» («The question of artistic value does not blend well with the theory of social function, since the former relies much too heavily upon individual taste and less on mass audience function» [31]). Sospechamos que su rechazo de todo juicio estético de una obra literaria «popular» objeto de estudio, a pesar de escudarse en lo subjetivo y arbitrario del gusto crítico, tan sólo revela su creencia en la falta de valor estético de la misma, que es la opinión generalizada de la crítica de tendencia sociológica. Para Hoppenstand, la creación de fórmulas literarias es necesariamente dependiente y posterior a la creación de «mitos», entendidos según la definición de H.N. Smith como «construcciones intelectuales que fusionan concepto y emoción en una imagen» («intellectual constructions that fuse concept and emotion into an image»), cuyo objetivo es explicar la realidad y resolver incertidumbres vitales;[18] cada uno de ellos «inventa progresivamente, a partir de un caos flotante de inéditas partículas de datos potencialmente sin sentido, una sociedad» («incrementally invents, out of a free-floating chaos of untold particles of potentially meaningless data, a society» [14]). En ese sentido, el proceso de creación de mitos y el de la construcción de fórmulas son maneras complementarias del proceso de entendimiento de la realidad social, o lo que es lo mismo, de la construcción de la sociedad. Para su labor investigativa estima que la literatura «popular» es su mejor campo de acción, pues «los mitos y las historias populares son estructuras universales dentro de las cuales sus participantes identifican y sitúan sus propias experiencias vitales» («myths and popular stories are universal structures within which their participants identify and locate their own life experiences» [16]).

Hoppenstand visualiza la estructura de una fórmula narrativa en forma piramidal. En la base de la pirámide se acumulan una serie de «motivos» particulares, o símbolos simples, equivalentes a la primera noción de «fórmula» como estereotipo cultural expresada por Cawelti; para Hoppenstand, «el motivo es el símbolo escrito de un objeto que funciona como catalista de un relato» («the motif is the written symbol of an object that functions as a catalyst of a story» [22]); en la novela del Oeste, por ejemplo, aparecen los «motivos» del sombrero blanco y del sombrero negro para designar metafóricamente al bueno y al malo, el revólver de seis tiros para simbolizar el poder o la virilidad del protagonista. Un peldaño más arriba se sitúan los «motivos complejos» que combinan varios «motivos» simples, equivalentes al segundo concepto de «fórmula» como arquetipo de trama: «el motivo complejo es la más pequeña unidad de acción en un relato, y podría correctamente denominarse "símbolos en acción"» («the motif-complex is the smallest unit of

18. Henry Nash Smith, *Virgin Land* (Cambridge, Harvard University Press, 1950), 13.

action in a story, and might correctly be termed "symbols in action"» [22]), como por ejemplo el episodio de la persecución o el de la confrontación. La combinación de varios «motivos complejos» da origen a una «subfórmula», la cual constituye la base primaria del relato mismo; así encontramos la «subfórmula» del relato del ferrocarril, la del rancho ganadero, la del pistolero, etc. Estas «subfórmulas» pertenecen a la «fórmula» del *Western* o novela del Oeste, que junto a las «fórmulas» de la novela histórica (de guerra o contemporánea) y a la «fórmula» de la novela de sexo-dinero-poder configuran el género de Romance/Aventura. A pesar de lo debatible de esta clasificación en sus ejemplos concretos, ésta es de muy útil aprovechamiento en sus términos generales. No se han de entender sus partes como categorías absolutas; sus definiciones no pretenden ser estáticas, ya que estas categorías «son flexibles, fluyen y se mezclan en sus fronteras [...] se extienden, en parte, por la función de "bloques de construcción" de los motivos complejos» («they flex and flow and merge with the boundaries of each other [...] [they] expand, in part, by the "building block" function of motif complexes» [32]).

Hoppenstand cree, como Cawelti, que la labor del crítico es recorrer en sentido inverso el proceso de creación de fórmulas y mitos, aislándolos y reduciéndolos a su estado indivisible más puro, para llegar a entender los fantasmas colectivos que caracterizan a una cultura determinada, pero, y aquí se aleja de Cawelti, prescinde de toda evaluación propiamente literaria. Su proceso de reducción identifica como primer mito original el que responde al conflicto esencial entre la vida y la muerte, lo permanente y lo cambiante, dilema que resulta particularmente evidente en la literatura «popular»: «Todas las variedades de la ficción de fórmula popular tratan primariamente de asuntos sobre la vida y la muerte. La constitución básica de la ficción radica en el conflicto, y el más básico de los conflictos es la vida contra la muerte [...] El mito y la ficción funcionan como educadores de la supervivencia» «All varities of popular formula fiction primarily deal with issues of life and death. Fiction's basic constitution is comprised of conflict, and the most basic of conflicts is life against death [...]. Myth and fiction function as educators of survival» [17]). Desde esta innovadora perspectiva Hoppenstand define el género de Misterio como:

[...] una colección de fórmulas y subfórmulas que atraviesan linealmente exploraciones morales de la crisis de la muerte humana y que, o bien 1) mantienen el control de la muerte sobre la acción del individuo y del grupo, o 2) proveen de una explicación religiosa o secular de la muerte que celebra el poder de la vida.

[...] a collection of formulas and sub-formulas that linearly traverse moral explorations of the human death crisis and that either 1) uphold death's control of individual and group action, or 2) provide a religious or secular explanation of death that celebrates the power of life [32].

La dialéctica de esta subclasificación está sustentada básicamente en la oposición ocurrente entre lo racional y lo irracional en su búsqueda de una explicación a este dilema vital. A partir de esta dialéctica se producen una serie de respuestas cuyo diferente grado de racionalidad/irracionalidad configura un espectro de categorías diferenciables. A cada uno de los extremos se sitúan respectivamente las explicaciones racionales e irracionales en estado más puro; en el polo irracional Hoppenstand coloca la fórmula sobrenatural (*supernatural*), que interpreta el misterio de la vida y la muerte de acuerdo a fuerzas sobrenaturales que se escapan al control del ser humano. La subfórmula gótica, en sus variantes de historias de fantasmas, vampiros u hombreslobo, pertenece a la fórmula sobrenatural. Por debajo de ésta, pero aún muy alejada del polo racional, figura la fórmula denominada *fiction noir*, en la que la naturaleza es representada como destino (no sobrenatural) y simbolizada por la misma sociedad urbana y sus instituciones (el gobierno, la policía, la ley): «el individuo es "atrapado" por sus propias malas acciones y sufre en manos de un sistema social todavía peor» («the individual is "trapped" by his own evil actions and suffers at the hands of an even more evil social system» [35]); tal sería el caso de las novelas de James Cain o William Irish. Progresivamente acercándose al polo racional encontramos las fórmulas de gángsters, de ladrones y de espías (*gangster, thief* y *thriller*), las cuales se subdividen de acuerdo al carácter moral de sus protagonistas (bueno/malo, carismático/oscuro) creando unas subfórmulas distintivas. En el extremo racional del espectro se sitúa, típicamente, la fórmula policiaca (*detective*), en la que el investigador da finalmente solución al misterio aparentemente irresoluble e irracional (asesinato, robo), y así devuelve la fe en la capacidad racional humana. Hoppenstand distingue cuatro sub-fórmulas básicas dentro de la fórmula policiaca de acuerdo a la relación establecida entre el investigador y su actividad: la sub-fórmula clásica, en la que típicamente el detective es un aficio-nado o *amateur*, la subfórmula policial, en la que la investi-gación es llevada a cabo por la policía oficial, la subfórmula dura (*hard-boiled*), protagonizada por un detective privado, y la sub-fórmula del vengador (*avenger*) en la que el investigador es un particular no profesional pero directamente implicado en la acción.

A pesar de la aparente coherencia interna de esta tipología, en ella se presentan algunos serios problemas. Baste apuntar que la fórmula sobrenatural, por su mismo componente irracio-nal y sobrenatural, habría de situarse más cómodamente dentro del género Fantasía, junto a la subfórmula de la ciencia-ficción o el cuento fantástico, que en el género Misterio. Añadiremos que la sub-fórmula sobrenatural es la única de las incluidas en el género de Misterio que no gira alrededor de una temática propiamente delictiva; todas las demás subfórmulas menciona-das tienen como base común el tratamiento de una acción cri-minal, principalmente el robo y el asesinato, aunque no necesa-riamente su solución. Por otra parte, el carácter supuestamente racional deductivo o científico-positivista de la novela policiaca, en la absoluta mayoría de los casos, no es más que una mera ilusión, como ya fue planteado en el célebre tratado de Regis Messac y ampliado recientemente por K. Gregory Klein y J. Ke-ller. De hecho, en múltiples ocasiones, ni siquiera existe la inten-ción de mantener la ilusión de razonamiento deductivo (el caso sintomático del *hard-boiled*). También se escapan a esta clasifi-cación las estrechas relaciones entre fórmulas y subfórmulas que en el esquema de Hoppenstand aparecen distanciadas; por ejemplo, la subfórmula *hard-boiled* tiene probablemente muchos más aspectos en común con las fórmulas de *fiction-noir*, de *gángster* y de *thriller* (medio-ambiente, atmósfera, crítica social, etc.) e incluso con ciertas subfórmulas del *western*, ajenas al gé-nero de Misterio (como las de pistoleros y forajidos) que con la subfórmula policiaca clásica.

Sin embargo, la objeción fundamental a la ordenación pro-puesta, como ya habíamos anunciado más arriba, estriba en la ausencia de un criterio propiamente artístico y en la visión de la obra literaria como un conjunto de fórmulas desposeídas de significación estética. Al no tomar en cuenta el tono y la intención artística de una obra determinada, fácilmente se cae en una peligrosa ordenación mecanicista en la que no tienen cabida aquellos fenómenos particulares en que una fórmula sirve para ser utilizada con unos fines artísticos definidos, para ser transgredida y subvertida, o para ser parodiada. Aún con estas serias objeciones, el modelo presentado por Hoppenstand va a ser de gran utilidad como punto de referencia de nuestra discusión sobre la novela policiaca española. Como habremos de observar a lo largo de este estudio sobre el desarrollo del género en España, la aceptación de fórmulas narrativas básicamente extranjeras como las policiacas es paralela a la construcción de nuevos mitos colectivos; de igual manera, las diversas fórmulas de la novela policiaca son susceptibles de ser empleadas por parte de autores autóctonos como vehículo para presentar importantes cuestiones morales y sociales, y de constituirse en obras de gran mérito literario a base de originales permutaciones.

Para este estudio resultan especialmente pertinentes ciertos elementos particulares de la teoría de Cawelti y de su reelaboración por parte de Hoppenstand. Partimos de la categorización de la novela policiaca como género complejo, definido globalmente como una narrativa ficcional cuyo hilo estructural lo forma la investigación de un hecho criminal. Dentro de esta totalidad genérica distinguiremos diferentes subgéneros (identificables con el concepto de «subfórmula» de Hoppenstand), definidos por la combinación de diversos elementos distintivos o fórmulas narrativas específicas (en el doble sentido del término «fórmula» para Cawelti y equivalentes de la noción de «motivos» —tanto simples como complejos— de Hoppenstand). Veremos a continuación la manera en que esta ordenación pone de relieve las características básicas del género policiaco.

Fórmulas narrativas de la novela policiaca

Al emprender frontalmente el estudio del género «complejo» de la novela policiaca, surge inmediatamente un problema básico de nomenclatura que es necesario abordar para aclarar la confusión existente a su alrededor. Este género, de origen esencialmente anglosajón, recibe en inglés el término genérico de *detective story* o *detective novel* (según la extensión de la narrativa) o, en un sentido más comprehensivo, *detective fiction* (que incluye a los dos anteriores), todos los cuales hacen explícita referencia a la importancia del papel central del investigador privado o *amateur*. En Francia, cuna de importantes aportaciones al género desde sus comienzos, se ha utilizado de una forma generalizada el término de *roman policier*, quizás subrayando el hecho diferencial de que en sus manifestaciones particulares más importantes (Vidocq, Gaboriau, Simenon), la investigación criminal, a diferencia de la tradición anglosajona, suele correr a cargo de la policía oficial. También en castellano se adopta el término de vasto alcance «novela», equivalente de *roman*, aunque no es infrecuente el uso de términos como «relato», «cuento» o «narración» referidos a casos individuales. Igualmente, los calificativos que más han prosperado en castellano, por encima de calcos poco afortunados del inglés como «novela detectivesca» o «de misterio», son los derivados de la expresión francesa *roman policier*; así encontramos «novela policial», de mayor uso en Hispanoamérica, y «novela policiaca» o «policiaca», de empleo más común en España, todos ellos sinónimos utilizados indistintamente. Estas distintas denominaciones del género han causado gran confusión debido a la paradoja básica que contienen; ¿cómo se puede llamar «policiaca» a una novela en la que con más y más frecuencia no aparece la policía o lo hace tan sólo marginalmente y no como protagonista? La razón está en la relación metafórica que se ha establecido por la convención entre el significante («novela policiaca») y el significado («narración de investigación criminal»), relación que se apoya en una sinécdoque del tipo «la especie por el género». De esta manera «novela policiaca» no designa solamente, como su nombre indicaría, la narración de las pesquisas policiales, sino toda narración inquisitiva alrededor del fenómeno del crimen (en la que es frecuente, pero no necesario, la participación de un detective, ya sea oficial, privado o aficionado). En áreas de una mayor claridad y uniformidad, he preferido utilizar de una manera consistente en esta discusión la expresión de «novela policiaca», históricamente ya establecida en la lengua, para referirme al género en su sentido más amplio, en el que caben por derecho propio cuentos y novelas. Por esta misma razón, dejo al margen otros términos de uso corriente en nuestra lengua para nombrar al género objeto de nuestro estudio tales como «novela criminal»

—que tan bien defendió Vázquez de Parga, pero cuyo alcance es mucho mayor al incluirse en él toda narración relacionada con el crimen— o como «novela negra», término este de especial auge en los últimos años y con frecuencia incorrectamente utilizado, el cual técnicamente acoge a cierto tipo de narraciones policiacas pero que también incluye obras no policiacas, como veremos más adelante.[19] Estos términos tienen su utilidad, pero no deben entenderse como sinónimos de «novela policiaca» en su sentido más amplio.

Tan problemática y polémica como la nomenclatura del género resulta su definición. Las grandes transformaciones que éste ha sufrido a lo largo de su historia, así como la enorme proliferación del género, han creado múltiples variedades particulares aparentemente irreconciliables que dificultan el llegar a una definición lo suficientemente específica como para ser distintiva y lo suficientemente amplia como para ser completa.[20] En esta discusión entendemos por novela policiaca toda narración cuyo hilo conductor es la investigación de un hecho criminal, independientemente de su método, objetivo o resultado. Ésta es la única característica que tienen en común los diversos subgéneros dentro de la «novela policiaca», pues ninguno de los demás rasgos supuestamente «característicos» tiene alcance universal dentro del género, bien porque éstos diferencian a una especie en particular (el crimen como enigma en el caso del *whodunit)* o porque no son indispensables (el detective como superhombre es frecuente en muchos casos, pero no obligatorio). Así, resulta metodológicamente aconsejable definir el género de la novela policiaca describiendo contrastadamente los subgéneros mayores que lo forman.

Nuevamente aquí encontramos el problema preliminar de la nomenclatura. El primer subgénero histórico de la novela policiaca —que comprende desde los inicios del género (Poe, Conan Doyle) hasta su época de mayor auge durante el período de en-

---

19. En su reciente estudio, *La novela policiaca en España* (Barcelona, Ronsel, 1993), Vázquez de Parga parece adoptar el término «novela policiaca» para referirse indistintamente al género criminal o al género policiaco en cualquiera de sus vertientes.

20. Para un panorama histórico de diferentes definiciones de la novela policiaca, véase Howard Haycraft, *The Art of the Mistery Story* (Nueva York, Biblo and Tannen, 1972).

tre guerras en este siglo (1920-1940)— se denomina en inglés, de manera poco sorprendente, como *classical* o *traditional*, o bien más particularmente como *formal detective novel*, que hace referencia al carácter marcadamente ritual, rígido, normativo y formulaico del subgénero. Las principales convenciones de este subgénero consisten en la inefabilidad e invulnerabilidad del investigador, cuyas facultades son superiores al resto de los mortales, la utilización de un método de encuesta supuestamente científico y racional, los sucesivos sospechosos inocentes, la sorpresiva resolución final del problema en que se descubre al culpable en «la persona menos sospechosa». En francés recibe comúnmente el nombre de *roman-problème*, relativo al misterio o enigma central. Para nombrar este subgénero en español se ha adoptado tanto la forma inglesa («novela policiaca clásica») como la francesa («novela-enigma»).

El segundo subgénero, cuya aparición coincide cronológicamente con la época dorada de la «novela policiaca clásica» y de la cual surge como reacción —originalmente circunscrita a los Estados Unidos— recibe en inglés, a falta de un apelativo especializado, los adjetivos de *tough* o *hard-boiled* (fuerte y duro de pelar), los cuales se utilizan normalmente para designar un estilo incisivo, unos personajes duros y una narrativa de acción violenta y trepidante, no necesariamente «policiaca». Esta carencia de una terminología especializada tiende a crear cierta confusión, y explica paradójicamente la falta de una conciencia del subgénero como tal, sobre todo en su cuna original. En Europa la fortuna de este subgénero ha sido distinta, si bien no menos confusa. Al final de la Segunda Guerra Mundial son editados en Francia por la editorial Gallimard las obras de autores *hard-boiled* norteamericanos de temática policiaca (Hammett, Chandler) y no policiaca (James Cain, Horace McCoy) bajo la común etiqueta de *série noire* (serie negra) en aparente homenaje, por una parte, a la revista norteamericana *Black Mask* que había dado a conocer los primeros relatos *hard-boiled* de Hammett, McCoy y Chandler, entre otros, y, por otra parte, a la serie de novelas de William Irish que llevaban en su título la palabra «black» (como *The Bride Wore Black Black Curtain* y *Black Angel*). A pesar de la confusión originada, esta empresa consiguió legitimar a obras y autores previamente ignorados o menospreciados, y en el proceso acuñó los términos de *roman noir* y *film noir*. Posteriormente esta terminología se adaptó directamente en España e

Hispanoamérica tomando el nombre de «novela negra», arrastrando así consigo su carga de confusionismo.

De entre el contado número de críticos que han intentado resolver esta cuestión, es Javier Coma el que ofrece una visión más clara y completa del problema, definiendo la noción de «novela negra» en su sentido más amplio y abarcador como la «contemplación testimonial o crítica de la sociedad capitalista desde la perspectiva del fenómeno del crimen por narradores habitualmente especializados»; su definición, en la que está ausente toda referencia a la temática propiamente policiaca, pone énfasis especial en «el tratamiento del crimen contemporáneo desde una perspectiva de creación literaria, lo que no impide que la novela negra, por su misma identidad de género, acoja una inmensa mayoría de producciones de escaso o incluso nulo valor estético (pero que no parten básicamente del juego deductivo, factor intrínsecamente paraliterario que determina la novela policiaca tradicional, la novela-enigma o novela-problema)» (*Diccionario de la novela*, 82). El término de «novela negra» no ha de ser identificado con «novela policiaca», como lo viene siendo corrientemente. Ambos conceptos tienen en común la temática delictiva, pero ni toda novela policiaca es «negra» (como es el caso de la novela-enigma) ni tampoco toda novela negra es «policiaca» (tal como las novelas de Cain o McCoy). En el presente trabajo, puesto que estamos limitándonos al campo de la novela policiaca, toda alusión a la novela negra como subgénero debe entenderse con el sentido restringido de «novela policiaca negra», aun cuando aquélla tenga un alcance mayor que sobrepasa las fronteras del género policiaco. Hechas estas objeciones con el fin de aclarar esta confusión terminológica, distinguiremos en nuestra discusión estos dos subgéneros de la novela policiaca denominándolos respectivamente «novela policiaca clásica» (o novela-enigma) y «novela policiaca negra» (o novela negra).

El criterio distintivo de estos subgéneros se basa en la particular problemática que articulan sus respectivas fórmulas narrativas en torno a dos elementos básicos complementarios en el orden ético y estético. Podemos definir una y otra tendencia por la peculiar relación que se establece entre el plano ético (la actitud del individuo frente a la sociedad como problema moral) y el plano estético (la presentación del rompecabezas como problema formal) a través de unas fórmulas determinadas, en el sentido específico que hemos señalado anteriormente. Estas fórmulas sintetizan la particular alquimia creada por la postura ética y el juego estético que plantea cada obra particular.

Con la publicación en 1817 del irónico y mal comprendido ensayo de Thomas De Quincey, «On Murder, Considered as One of the Fine Arts», al desasociar radicalmente la ética de la estética en torno a la temática criminal, se están sentando las bases para el desarrollo de la moderna novela policiaca. Así, De Quincey propone la suspensión de todo juicio moral ante una acción criminal y la contemplación placentera (estética) de su perfección formal:

> Todo en este mundo tiene dos lados. El asesinato, por ejemplo, puede ser tratado por su lado moral (como lo es generalmente en el púlpito y en el Old Bailey); y *ese*, lo confieso, es su lado débil; o puede ser tratado *estéticamente* como dicen los alemanes —es decir, en relación al buen gusto—.

> Everything in this world has two handles. Murder, for instance, may be laid hold of by its moral handle (as it generally is in the pulpit, and in the Old Bailey); and *that*, I confess, is its weak side; or it may also be treated *aesthetically* as the Germans call it — that is, in relation to good taste [*Works*, 5].

La propuesta de De Quincey puede no ser de «buen gusto» respecto a las «mores» de la sociedad, pero eso no le resta validez a su planteamiento estético. El asesinato, como cualquier otra acción humana, puede cometerse artísticamente, es decir, con premeditación, armonía, ingenio y poesía. Un asesinato estéticamente bello necesita «design, gentlemen, grouping, light and shade, poetry, sentiment» (4). De Quincey expande su teoría inicial en su «Postcript», de 1854, donde sostiene su creencia en la inclinación humana natural hacia la contemplación de la belleza, la base de todo arte, que se puede encontrar en todos los episodios de la vida, incluso los más negros o moralmente reprensibles:

> La tendencia a una valoración crítica o estética de incendios y asesinatos es universal [...] Y en cualquier caso, después de que hemos rendido homenaje o dado el pésame sobre el asunto, considerado una calamidad, y sin restricción, pasamos a considerarlo como un espectáculo escenificado [...] inevitablemente los rasgos esenciales (lo que estéticamente puede llamarse las *ventajas* com-

parativas) de los diversos asesinatos son revisados y evaluados. Un asesinato es comparado con otro; y las circunstancias de superioridad, como, por ejemplo, en la incidencia y efectos de sorpresa, de misterio, etc., son cotejadas y valoradas.

> The tendency to a critical or aesthetic valuation of fires and murders is universal [...] And in any case, after we have paid our tribute or regret to the affair, considered as a calamity, and without restraint, we go on to consider it as a stage spectacle. [...] inevitably the scenical features (what aesthetically may be called the comparative *advantages)* of the several murders are reviewed and valued. One murder is compared to another; and the circumstances of superiority, as, for example, in the incidence and effects of surprise, of mystery and c. [*sic*], are collated and appraised [59-60].

La novela policiaca, ya desde sus mismos orígenes con el mismo Poe, participa de esta tendencia a tratar el fenómeno del crimen como juego estético en donde el suspense, el misterio y el ingenio tienen un fin en sí mismo; ellos son, en efecto, la obra artística; su intención última no es otra que procurar la admiración y el placer del lector ante su perfección formal. Mientras lo más importante, para De Quincey, es la perfección de la ejecución del asesinato, para Poe y sus seguidores es la perfección del razonamiento lógico puesto al servicio del descubrimiento del criminal. Sin embargo, es preciso advertir que en ningún caso el juego estético de la novela policiaca llega a separarse totalmente del juicio moral, pese a lo postulado por De Quincey.

En la novela policiaca clásica, epitomizada por la obra de Conan Doyle y Agatha Christie, el componente ético (su más o menos disfrazada adhesión a la ideología dominante) siempre está presente, si bien en función y al servicio del juego estético, que siempre es el elemento central. Allí, la fórmula del juego deductivo, la investigación de la acción criminal, está fundamentada en la oposición radical entre los principios del Bien y del Mal, simbolizados en las figuras antagónicas del investigador y del criminal. El criminal transgrede las normas sociales de convivencia, atenta contra la misma constitución de la sociedad, supone una amenaza que la sociedad debe neutralizar y castigar. La función encomendada por la sociedad al investigador, policía o detective, es la de defender al sistema de los ataques de que éste es hecho objeto. La fórmula exige que la investigación conduzca a una solución final reparadora del orden social, en la cual el criminal sea descubierto y castigado. El superdetective genial de la novela-enigma acomete esta empresa fervorosamente, pero su oposición al criminal no está basada primordialmente en principios morales sino estéticos; el detective es racionalmente impasible, moralmente indiferente, ante la acción criminal. Tampoco hay lugar en él para la compasión por las víctimas; su rivalidad con el criminal es estética, resultado del enfrentamiento racional entre dos genios igualmente extraordinarios (artísticamente bellos), uno de los cuales usa su ingenio para burlar las leyes de la sociedad y el otro utiliza su genio para desenmascarar a su adversario (el archicriminal profesor Moriarty y el superdetective Sherlock Holmes); eso explica el desprecio del detective hacia los agentes de policía y guardianes del orden, típicamente mediocres y rutinarios, así como el hecho frecuente de que el detective, una vez descubierto el culpable, se despreocupe de entregarlo a la justicia. Para él, como para el lector, la investigación es un entretenimiento noble, un deporte, una vía de escape al prosaísmo de la vida cotidiana (recordemos que Sherlock Holmes sufría del *mal du siècle* y, entre caso y caso, recurría a la morfina para aliviarse). Pero eso no es todo. A pesar de que el propósito central del detective de la novela policiaca clásica no es defender el orden social imperante, su actuación siempre conlleva de manera indirecta una defensa implícita de la sociedad establecida, lo cual otorga a la obra un sentido moral muy distintivo. Encubierta bajo la apariencia de un mero juego estético la novela policiaca clásica posee una fuerte carga ideológica que, escudada en las corrientes cientifistas y positivistas (la experimentación, el proceso inductivo y deductivo, la investigación), se inclina sin ningún lugar a dudas hacia el mantenimiento del *statu quo* social. Por su total confianza en la ley y el orden burgueses, y su defensa del bienestar de clase (puesto en peligro por el avance de las clases populares) este subgénero de la novela policiaca manifiesta una postura moral conservadora que protege la estructura social. Puesto que los ataques que ésta sufre pueden ser neutralizados por ella misma utilizando medios racionales, la novela policiaca clásica tiene un efecto tranquilizador, a manera de antídoto que devuelve la seguridad individual y colectiva tras la amenaza desintegradora. Para ello y para que los móviles del crimen parezcan verosímiles, la novela policiaca de tipo clásico necesita la fórmula del «final feliz», en la que el crimen (misterio, infracción y amenaza) se resuelve perfectamente y sin ninguna ambigüedad, lo cual ofrece una visión optimista de las posibilidades de regeneración de la sociedad. Así, tras las aparentemente inocentes fórmulas narrativas de la novela-enigma se transparenta toda una mitología apologética del orden establecido jurídico-burgués.[21]

El otro gran subgénero de la novela policiaca nace en parte como continuación y en parte como reacción a la novela anterior. La novela policiaca negra supone una inversión del orden y signo de los principios éticos y estéticos. Aquí se mantiene la temática criminal como juego estético (suspense, misterio, ingenio) pero su importancia queda ahora desplazada o reducida con respecto al componente ético, que tiende a ocupar generalmente un lugar predominante. Diríamos que el problema formal del rompecabezas funciona como excusa o armazón para la articulación del problema moral de la actitud del individuo frente a la sociedad. De manera simultánea a la inversión de la relación entre los planos ético y estético, se altera la construcción de las fórmulas constitutivas. La «fórmula» del detective como superhombre con sobrenaturales poderes de observación y deducción da paso a la del detective como ser marginal curtido con una gran resistencia física y una cierta moral ambigua. El método de la investigación ya no se basa exclusivamente en el juego deductivo o inductivo (racional) desde una perspectiva alejada, sino en la involucración activa y personal del detective en los mismos hechos a investigar. El detective no puede permanecer impasible ante la acción criminal y sus víctimas, a pesar de la máscara de «hombre duro» que está obligado a llevar a manera de defensa para subsistir en una sociedad que aplasta al más débil; su característico cinismo y su afilada ironía provienen del rechazo que siente hacia esa sociedad, de la que se siente marginado; el detective duro ha perdido su inmunidad y es tan vulnerable como cualquier otra víctima; su integridad física y moral está en constante peligro; se encuentra metido de lleno en la acción y la aventura de la investigación, la cual le llega a afectar personal-

---

21. D.A. Miller ha analizado la «función policial» como característica central de la novela decimonónica (en la tradición de Dickens, Trollope y Collins), de la que la novela policiaca sería epítome singular. Véase *The Novel and the Police* (Berkeley, University of California Press, 1988).

mente. Para él, la investigación no es meramente un juego esté-tico (aunque sí pueda serlo en buena parte para el lector), sino que obedece a una particular postura ética.

La perspectiva moral del protagonista va a inundar toda la obra de una manera mucho más explícita que en la novela poli-ciaca clásica. La división rotunda típica del melodrama que en-contrábamos allí, entre los principios antitéticos del bien y el mal, representados por las figuras químicamente puras del de-tective (defensor de la sociedad) y del criminal (su agresor), re-sulta ahora puesta en cuestionamiento. El bien y el mal ya no son unos valores absolutos que se pueden aislar y relegar a unos personajes particulares (los buenos y los malos, los defensores y los agresores) sino que aparecen relativizados dentro de la socie-dad y en todos sus individuos. La novela policiaca negra parte de una desconfianza total en la sociedad y sus instituciones. La constitución de la sociedad se considera intrínsecamente injusta e inmoral, basada en el dominio del poderoso sobre el débil, del rico sobre el pobre, a través de la explotación y la violencia; la inmoralidad de esa sociedad es más palpable todavía al ir apa-reada con el fenómeno de la corrupción de los políticos (que hacen y deshacen las leyes a conveniencia de los poderosos y, si es preciso, hacen pacto con los criminales) y la corrupción de la policía (que se deja comprar al mejor postor), lo cual trae consi-go un debilitamiento de la confianza en la ley y la justicia.

Estas fórmulas narrativas de la novela negra son indicativas de una nueva mitología popular cuestionadora del orden esta-blecido. La falta de confianza ante la sociedad que detectamos en los orígenes de la novela negra (finales de los años veinte, principios de los treinta) coincide de hecho con la actitud popu-lar extendida en los años de entre guerras en los Estados Unidos a raíz de la Depresión económica y la Prohibición, la cual no sólo favoreció la corrupción entre políticos y policías sino que demostró la inhabilidad de éstos frente al fenómeno criminal e involuntariamente produjo la heroificación colectiva del crimi-nal (la figura del gángster), es decir, consiguió justamente lo contrario de lo que se proponía.

La relativización moral de la novela policiaca negra no se limita al entorno social sino que alcanza al mismo protagonista, el detective anteriormente situado más allá del bien y del mal. El detective «duro» es consciente de la naturaleza inmoral de la sociedad y de su situación particular de marginado y perdedor dentro de ella (antihéroe). Se mueve impulsado por un código de honor personal e intransferible, incomprensible para los demás por ser de un orden superior, en el que la causa de la Justicia debe triunfar, aunque para ello sea necesario (y casi siempre lo es), saltar por encima de la Ley; se opone a la corrupción que encuentra a todo su alrededor, al imperio de la ley (literalmente) del más fuerte, a la violencia cotidiana, pero sabe que para llevar a cabo su empeño justiciero y regenerador en esta sociedad no se puede ser ni un santo ni un caballero andante. Se ha de combatir la sociedad con sus mismas armas. Será necesario responder a la violencia con violencia, transgredir las leyes que obstaculizan el descubrimiento de la verdad y el triunfo de la justicia, ponerse una impenetrable armadura de cinismo e ironía que le proteja de los ataques que recibe desde todos los flancos.[22]

En definitiva, el código ético del investigador puede parecer ambiguo y cuestionable desde el punto de vista moral de la sociedad, pero sus contradicciones son coherentes y moralmente superiores en una sociedad inmoral y en perpetua contradicción consigo misma. Consecuentemente, la fórmula de esta novela rehuye el «final feliz» característico de la novela policiaca clásica; su visión es pesimista y desesperanzadora. La insatisfactoria resolución del caso criminal sólo revela definitivamente la auténtica dimensión social del delito, la complicidad inmoral de políticos, magnates y agentes del orden, la imposibilidad de regeneración de la sociedad, el absurdo de la tarea infinita del detective, que al igual que Sísifo en Hades, está condenado a no ver jamás cumplida su misión.

Los dos subgéneros principales de la novela policiaca presentan dos visiones del mundo contrarias y aparentemente irreconciliables entre sí. Ambos contienen en el plano estético, aunque en diferente grado de importancia, la fórmula de la investigación como juego formal, pero es en el plano ético donde las diferencias entre estos dos subgéneros se hacen abismales, y por consiguiente, donde se define cada uno de ellos.

A medio camino entre la novela policiaca negra y la tradicio-

---

22. Patricia Highsmith acusa esta doble moralidad característica de la fórmula del detective «negro»: «Sleuth-heroes can be brutal, sexually unscrupulous, kickers of women, and still be popular heroes, because they are chasing something worse than themselves, presumably» (51).

nal, aunque más cerca de la primera que de la última, encontramos un tercer subgénero de menor difusión al que podríamos denominar novela policiaca «psicológica» o «costumbrista», vertiente ejemplificada en la obra del escritor belga Simenon centrada alrededor del Inspector Maigret. Esta corriente se caracteriza especialmente por el énfasis que pone en la caracterización e introspección psicológica de los personajes y la importancia de la descripción de los usos y costumbres, paisajes y ambientes sociales en los que trancurre la acción. Por esa razón, es de todos los subgéneros policiacos el más cercano al realismo tradicional. Al igual que la novela policiaca negra, esta corriente psicologista o costumbrista hace hincapié en la problemática moral y social, y la restitución del orden establecido es más problemática por lo general que en la novela policiaca clásica, mientras que el elemento de enigma (central en la novela policiaca tradicional) pasa a ocupar generalmente un segundo plano. Se distingue de la novela policiaca negra, sin embargo, en la mayor interiorización de los personajes (tanto víctimas como delincuentes) y la variada descripción ambiental, con lo cual la narración adquiere un ritmo más sosegado, un tono más introspectivo y un carácter más pictórico. Por otra parte, esta vertiente no tiene en general el poder corrosivo y la dureza de la novela negra; el lenguaje no es tan crudo ni refleja con la misma intensidad la violencia urbana; la visión crítica de la sociedad es también menos feroz. El investigador de este tipo de novela no es un ser supernatural como en la vertiente policiaca tradicional ni un ser marginal como en la vertiente policiaca negra sino un ser normal, un «hombre gris», típicamente un funcionario, como es el caso del pequeño-burgués comisario Maigret, protagonista de las novelas de Simenon. Sin embargo, este investigador, al igual que el investigador de la serie negra, es esencialmente un antihéroe, como veremos a continuación.

Tipos y arquetipos

La división de los subgéneros principales de la novela policiaca con respecto al problema ético/estético central subyacente a sus diversas fórmulas narrativas podría ajustarse en lo esencial a la serie de categoría: universales que Frye ha aislado en sus estudios de los arquetipos literarios. A pesar de que la clasificación de Frye puede resultar contradictoria y engañosa por su estricta adherencia a modelos de oposiciones binarias, y su aplicación literal al estudio de los géneros literarios es limitada, como ya hemos advertido anteriormente, su tipología nos puede servir para poner de relieve las características arquetípicas de los subgéneros que aquí tratamos. Frye concibe cuatro tipos básicos de estructuras narrativas o «mitos» relacionados entre sí. En los extremos del primer eje se sitúan las formas «romántica» e «irónica» respectivamente; en los polos opuestos del segundo se hallan las formas «cómica» y «trágica». Entre cada uno de estos polos Frye distingue varias fases en distinto grado de combinación. El protagonista del «romance» es típicamente heroico e idealizado por encima del resto de los hombres (posee cualidades supernaturales), por oposición al prototipo «irónico» que es antiheroico, marginado y perdedor, situado por debajo del lector. La estructura del «romance» tiende hacia la idealización, la «irónica» hacia la verosimilitud de lo real. La estructura «cómica» celebra el restablecimiento final del orden moral y social tras haber sido transgredido y puesto en peligro por el malvado antagonista del héroe protagonista, mientras que en la estructura trágica la empresa del héroe está abocada al fracaso debido a las limitaciones o debilidades del protagonista, el cual resulta finalmente aislado de la sociedad.

Dentro de la novela policiaca es posible distinguir con cierta claridad una polarización de estas categorías que opone una tendencia «romántica» y «cómica» a otra «irónica» y «trágica», las cuales se corresponden esencialmente con las subdivisiones «clasica» y «negra» de la novela policiaca.[23] La novela policiaca clásica de la tradición Poe-Doyle-Christie es típicamente «ro-

---

23. Para Frye, que no distingue subgéneros dentro de la novela policiaca, la estructura «cómica» de la novela policiaca toma la forma particular del melodrama, entendido como «comedy without humor» (*Anatomy*, 40) que sirve como «advance propaganda for the police state» (*Anatomy*, 47), definición que tan sólo tiene aplicación genérica en el caso de la novela policiaca clásica. George Grella ha analizado brillantemente la novela policiaca clásica como «comedia de costumbres», en su «Murder and Manners: The Formal Detective Novel», *Novel*, 4 (1970), 30-48; Hanna Charley desarrolla esta teoría en su *The Detective Novel of Manners* (Londres, Associated University Press, 1981). Por su parte, Rick A. Eden defiende su concepción de la novela policiaca como sátira, horaciana en el caso de la vertiente clásica y juvenaliana en el de la vertiente negra, en «Detective Fiction as Satire», *Genre*, 16 (1983), 279-295.

mántico-cómica» por su tendencia hacia lo inverosímil, la idealización del héroe protagonista y la celebración del orden social restablecido. A pesar de la primera impresión de verosimilitud que pudiera causar el meticuloso examen de la realidad que se nos presenta realizado por el detective (en un proceso de observación, investigación y deducción) la novela «clásica» apunta en sentido contrario. Quizás el mayor artificio de esta novela resida, como anunciamos anteriormente, en su carácter falsamente científico, racional y su aparente juego inductivo/deductivo, ninguno de los cuales resiste casi nunca un análisis profundo (aunque siempre queda la posibilidad de que se haya escrito, o se escriba en el futuro, alguna novela policiaca verdaderamente racional y científica). El proceso que sigue el investigador para descubrir la verdad es analítico sólo en apariencia. En la realidad, las «deducciones» e «inducciones» del detective serían simplemente afortunadas intuiciones, hábiles conjeturas o suposiciones, cuando no fruto de la casualidad, que es una fuerza de lo irracional e inexplicable.[24] En contra de lo que muchos puedan pensar, la casualidad en la novela policiaca nunca es casual sino obligada, pues sin su reiterada intervención no podría encajarse todo perfectamente al final. Este hecho explica la imposibilidad para el lector de llegar a solucionar por sí mismo el misterio, lo cual contradice el dogma del *fair play* (juego limpio con el lector, que debe saber tanto como el propio detective) y desvirtúa su supuesto realismo, aunque no su carácter lúdico, como hábilmente apunta Stewart:

> Deberíamos agradecer que la lógica es una influencia a la cual la literatura es raramente susceptible. Los que disfrutan de la novela policiaca, sin embargo, deberían agradecer que el deseo de un hombre de confundir y la voluntad de otro hombre de ser confundido han sido más fuertes de lo que Poe y el intelecto nos dicen que es el verdadero estado de las cosas...
>
> We should be grateful that logic is an influence to which literature is rarely susceptible. Those who enjoy detective fiction,

---

24. Eco mantiene el mismo punto de vista, señalando que el proceso investigativo del detective «clásico» más que basarse en la deducción o en la inducción sigue más bien el principio de «abducción» o conjetura sentado por Pierce; para una amplia discusión de este aspecto véanse los ensayos incluidos en su *The Sign of the Three*.

however, should he thankful that one man's wish to confound and another man's willingness to be confounded proved stronger than what Poe and intellect tell us is the true state of affairs... [93].

En abierta oposición a un propósito de verosimilitud, la ausencia de sentimiento ante la tragedia o de compasión por la víctima es una característica que se extiende típicamente a todos los personajes de la novela policiaca clásica (aun los más allegados a la víctima). Asimismo, resultan poco verosímiles las convenciones del culpable como «la persona menos sospechosa» —conocida para lector y detective desde el principio pero al margen de toda duda— y la infalibilidad del detective (el caso siempre tiene una solución lógica que se explica al final). Las cualidades sobrenaturales del protagonista investigador son tan exageradas y sus rasgos humanos tan escasos que resulta imposible pasar por alto su carácter «romántico». Su fantástico supercerebro así como su falta de emociones con respecto a los demás confieren al detective un halo inhumano superior. El detective protagonista es un héroe de una pieza, sin sorpresas ni contradicciones, invulnerable física y espiritualmente. Dentro de la clasificación tipológica de Frye, el investigador sería el héroe superior a los otros hombres y a su ambiente, que es típico del relato fantástico o maravilloso (*romance* en inglés), como el santo o el caballero. Es precisamente en la tradición de este tipo de narrativa, adaptada a los tiempos modernos, donde mejor se sitúa la «novela policiaca clásica».

Quizás fue Chesterton quien primero acertó a contemplar la novela policiaca como forma contemporánea de «romance», hallando un paralelismo entre la investigación del detective y el noble motivo de la búsqueda en los libros de caballerías, detective y caballero como protectores de la justicia, y por ende, de la sociedad:

> Cuando el detective en un «romance» policiaco va solo y un poco neciamente sin temor en medio de las navajas y puños de una guarida de ladrones, ello sirve sin duda para hacernos recordar que el agente de la justicia social es la figura original y poética [...] El «romance» de la fuerza policial es así el «romance» total del hombre [...] Nos recuerda que la silenciosa e inadvertida actividad policial por la cual somos gobernados y protegidos es sólo una triunfante caballería andante.

When the detective in a police romance stands alone, and somewhat fatuously fearless amid the knives and fists of a thieves' kitchen, it does certainly serve to make us remember that it is the agent of social justice who is the original and poetic figure [...] The romance of the police force is thus the whole romance of man [...] It reminds us that the whole noiseless and unnoticeable police management by which we are ruled and protected is only a successful knight-errantry [123].

La persecución de la verdad y la justicia generalmente constituye la meta propuesta del investigador, como lo es la del caballero andante; en ambos casos, la misión individual es una «cruzada» por una causa motivada por un código de conducta superior. Esta misma idealización del detective como moderno perseguidor de la justicia o «desfacedor de entuertos» fue señalada repetidamente por Emilia Pardo Bazán, introductora del género policiaco, como de muchas otras novedades, en la literatura española, como veremos en el próximo capítulo.[25]

El detective-como-caballero reestablecedor de la Justicia es hasta cierto punto un elemento característico de la novela policiaca en todas sus formas, tanto en la vertiente «clásica» como en la «negra» o la «psicológica», puesto que obedece a la fórmula subyacente del juego inquisitivo formal. Sin embargo, es en la novela policiaca clásica donde los paralelismos son más abundantes. La función ideológica del detective en la novela policiaca clásica va más allá de la aparente búsqueda de la verdad y la justicia. La verdadera función distintiva del investigador policial (o para-policial) es la legitimización de esa operación de vigilancia «silenciosa e inadvertida» a la que se refiere Chesterton, que trae consigo la reintroducción de la ideología burguesa dominante, y la restauración de la ley y el orden. Por el contrario, la aventura del detective de la novela policiaca negra es irónica y antiheroica; la justicia rara vez es sinónimo de la ley y del orden, sino más bien todo lo contrario; su empresa está abocada al fracaso; así pues, será preciso buscar su afiliación en otra parte.

Al desprenderse la novela policiaca negra del tronco común

---

25. Véanse las colaboraciones periodísticas que, bajo el título genérico de «La vida contemporánea», Pardo Bazán realizó para *La Ilustración artística* (n.ºs 1.416 [1909] y 1.581 [1912]).

con la novela policiaca clásica y rechazar conscientemente su descuido de la verosimilitud convencional y su conformismo social, se aleja de una estructura básicamente «romántico-cómica» hacia otra fundamentalmente «irónico-trágica». En esta novela hay espacio para los más variopintos personajes de la gran urbe americana, desde los magnates, políticos y policías, a los poderosos gángsters y pequeños rufianes, toda una gama de tipos reconocibles en la vida real. Igualmente reconocible como verosímil es el marco escénico de la acción, el lenguaje coloquial de los personajes, la representación de una sociedad en que «buenos» y «malos» no siempre lo son necesariamente. Raymond Chandler resumió perfectamente la revolucionaria labor de Dashiell Hammett al romper con la tradición de la novela británica e inaugurar un nuevo tipo de novela policiaca más convincente y crítica:

> Hammett sacó el asesinato del jarrón veneciano y lo tiró al callejón [...] Devolvió el asesinato al tipo de gente que lo comete por una razón, no simplemente para proporcionar un cadáver; y con los medios al alcance de la mano, no con pistolas de duelo forjadas a mano, curare o peces tropicales. Puso a estas gentes sobre el papel y les hizo hablar y pensar en el lenguaje que usaban de costumbre para estos fines.

> Hammett took murder out of the Venetian vase and dropped it into the alley [...] [He] gave murder back to the kind of people that commit it for reasons, not just to provide a corpse; and with the means at hand, not hand-wrought duelling pistols, curare and tropical fish. He put these people down on paper, and he made them talk and think in the language they customarily used for these purposes [530].

Con toda su carga documental, quizás por su misma exageración, la novela policiaca negra acoge también otros elementos que rayan en lo fantástico, pero aún sin llegar al grado de idealización de la novela policiaca clásica. El mismo Chandler reconoce, no sin ironía, el exceso propio de los relatos «hard-boiled» originales de la revista *Black Mask* en que se gestó el subgénero policiaco «negro»:

> Indudablemente las historias sobre éstos [los «detectives negros»] tenían un elemento fantástico. Esas cosas ocurrían, pero no tan rápidamente ni a un grupo de gente tan homogéneo, ni dentro de un marco lógico tan estrecho. Esto era inevitable por-

que había una demanda de acción constante; si uno se paraba a pensar estaba perdido. Cuando tengas una duda haz que un hombre entre por la puerta con una pistola en la mano.

Undoubtedly the stories about them [hard-boiled detectives] had a fantastic element. Such things happened, but not so rapidly, nor to so close-knit a group of people, nor within so narrow a frame of logic. This was inevitable because the demand was for constant action; if you stopped to think you were lost. When in doubt have a man come through a door with a gun in his hand [XII-XIII].

El protagonista de la novela policiaca negra es un hombre de este mundo, cuya fortaleza física y moral (su «dureza») no es invulnerable a los ataques de que es objeto constantemente. En la célebre formulación de Chandler se trata de «un hombre completo y un hombre corriente y sin embargo un hombre insólito [...] un hombre de honor [...] El mejor hombre de su mundo y un buen hombre para cualquier mundo» («a complete man and a common man and yet an unusual man [...] a man of honor [...] The best man in his world and a good enough man for any world» [533]). A pesar de sus indudables y excepcionales cualidades el investigador no es un héroe en sentido tradicional. Muy al contrario, la visión «irónico-trágica» de este mundo al revés exige que el personaje central de la novela sea marginal a la sociedad. Indefectiblemente, el investigador protagonista adopta una actitud de rechazo a la sociedad, por la cual siempre será considerado como un intruso; es un perdedor nato. Su carácter, condición y actuación no son heroicos sino antiheroicos. Como diría Juan Madrid, es el antihéroe moderno de la antiepopeya de la vida urbana contemporánea («Sociedad urbana», 19).

La representación «irónica» del mundo desde la perspectiva de un antihéroe marginado resultó revolucionaria en el campo de la novela policiaca, pero no es absolutamente original en la literatura. Su irrupción en la historia de la literatura es relativamente antigua y coincidió con la aparición de la novela picaresca. De la misma manera que la novela policiaca clásica se emparentaba con los libros de caballerías, la novela policiaca negra se relaciona más estrechamente con la novela picaresca, en una doble ecuación que presenta la cara y cruz de la sociedad que las produce. La novela picaresca es además el primer precedente de la novela policiaca en la inclusión de la temática delictiva como tema literario y en la utilización de un personaje móvil con la habilidad de introducirse en los más diversos *milieux* de la sociedad, características comunes a los dos subgéneros de la novela policiaca. Este intrusionismo típico del pícaro y del detective cumple en ambos casos una función similar: sirve de excusa que permite la irrupción del ojo crítico en ciertos ambientes y grupos cerrados que normalmente no están al alcance del lector. Dennis Porter resume perfectamente esta característica:

> A través del mecanismo del héroe detective de recta moral la novela policiaca permite a sus lectores fisgonear y mirar furtivamente, entrar en casas cerradas y abrir cajones y armarios en casas ajenas [...] El lector disfruta sin culpabilidad el lujo de poder ver sin ser observado [...] El secreto de su poder reside en gran medida en el truco que hace del voyeurismo un deber.

> Through the mechanism of the morally upright detective hero the detective novel allows its readers to pry and peep, to enter locked houses, and to open drawers and cupboards in other people's homes [...] The reader enjoys without guilt the luxury of watching without being observed [...] The secret of its power resides to a large decree in the trick that makes of voyeurism a duty [240-241].

Excusados así por la necesidad, en el caso del pícaro, o por el deber, en el del detective, los dos se ven envueltos en una serie de experiencias anormales durante las cuales se produce un proceso de desnudamiento crítico de la sociedad. Barzum y Taylor definían el proceso de detección como un proceso de descubrimiento, comparando la visión del detective con la visión privilegiada de la sociedad en obras seudo-picarescas como *El diablo cojuelo*:

> Detección: Significa «destapar», es decir, descubrir lo que está escondido. En la tradición española, el Diablo ocasionalmente ofrecía a uno de sus favoritos el espectáculo de mirar dentro de todas las casas de una ciudad levantando los tejados. Los detectives son consecuentemente hijos o discípulos del diablo.

> Detection: Means «taking off», i.e., uncovering what is hidden. In the Spanish tradition, the Devil occasionally offered one of his favorites the entertainment of looking into all the houses of a town by taking the roofs off. Detectives are consequently sons or disciples of the devil [xxix].

71

Sin embargo, los paralelos de la novela picaresca con la novela policiaca van más allá en el caso de la novela policiaca negra. El detective de la «serie negra» no se limita a investigar distanciadamente las vidas de los demás; como el pícaro, no tiene más remedio que involucrarse personalmente (de ahí su vulnerabilidad). Tanto el pícaro como el detective de la serie negra, ambos prototipos de antihéroes, conocen y exploran los bajos fondos de la sociedad que habitan, y entran en contacto con delincuentes, criminales y todo tipo de seres marginales. En ambos casos, la actitud del protagonista y la intención del autor son hacer una profunda crítica social, irónica o caricaturesca, de la que no se libra ningún personaje o estamento social, incluido el propio protagonista. El humor sórdido se extiende a todos los rincones donde pícaro y detective ponen la mirada. El lenguaje tiende a reflejar esto en un estilo coloquial y desatado que desborda todos los cauces; el locuaz desparpajo característico del pícaro tiene su paralelo en los típicos *wisecracks* siempre preparados para ser producidos en el momento oportuno por el detective negro. El estilo directo y coloquial, sin embargo, es factible de un gran grado de estilización, como lo prueban la deformación caricaturesca del pícaro en *El buscón* o el uso desproporcionado del símil grotesco en las novelas de Raymond Chandler y sus epígonos. No obstante, la base de la novela picaresca y la novela policiaca negra de la escuela norteamericana (al igual que la vertiente psicológica o costumbrista) siempre se va a acercar más a una visión «irónica», no idealizada sino crítica, del entorno, por oposición a la visión «romántica» y acrítica que presentan los libros de caballerías y las novelas policiacas clásicas de la tradición británica. Al idealizado y noble héroe de una pieza se opone así el individuo desclasado y marginado, un antihéroe común, siempre ambiguo y contradictorio.

Gramática de la novela policiaca

La serie de dicotomías manifiestas en la novela policiaca es producto de la polarización de sus elementos estructurales, temáticos e ideológicos. Según hemos visto, la novela policiaca es factible de ser analizada según los particulares dualismos entre los principios del bien y del mal, del orden y del desorden, de la norma y de la infracción de la misma; de igual manera resultan contrapuestas las formas cómica y trágica, las estructuras romántica e irónica, las figuras del héroe y el antihéroe. Sin embargo, las polarizaciones que indudablemente alcanzan un máximo grado de visibilidad en la novela policiaca en su forma-Ur ideal son las efectuadas por la doble oposición, por una parte, entre el criminal y la víctima, y por otra, entre el criminal y el investigador.[26] Este antagonismo conforma una estructura dual básica compuesta de dos narrativas peculiares que Todorov ha denominado respectivamente la «historia del crimen» (lo que sucedió) y la «historia de la investigación» (cómo se descubrió). Todorov identifica además estas dos narrativas con dos aspectos complementarios que están presentes en toda obra literaria y que fueron distinguidos por los formalistas rusos como *fabula* y *sjuzet*. La *fabula* es lo ocurrido en el relato, el *sjuzet* es la manera en que éste es presentado. Estos términos son equivalentes de los utilizados posteriormente por Todorov y adoptados por los teóricos estructuralistas dedicados al campo de la narratología, «historia» y «discurso», con los que se distingue el plano del contenido del de la expresión, lo narrado de la narración, el argumento del relato de la exposición del mismo.[27] Así, la «historia» es el resultado de la reconstrucción temporal y lógico-causal del relato realizada por el lector a partir del «discurso». La teoría central de Todorov que plantea la doble correspondencia de la «historia del crimen» con la *fabula* («historia») y la «historia de la investigación» con el *sjuzet* («discurso») ha sido aprovechada por otros críticos que han desarrollado su planteamiento inicial si bien con importantes modificaciones.[28] Aceptando la

---

26. Empleamos aquí los términos «crimen», «criminal» y «víctima» con un valor genérico no reductivo; el crimen como sinónimo de delito grave contra las normas sociales, la víctima como la persona que sufre directamente las consecuencias del crimen. En la novela policiaca el crimen más común es el asesinato, por ser el más irreversible de todos, pero también se dan con menor frecuencia relatos policiacos alrededor de otros crímenes, como por ejemplo, un robo o un secuestro.

27. Véase Todorov, «Les catégories du récit littéraire», *Communications* (1966) y «Structural Analysis of Narrative», *Novel*, 1.3 (1969); Seymour Chatman, *Story and Discourse: Narrative Structure in Fiction and Film* (Ithaca, Cornell University Press, 1978) y *Coming to Terms. The Rhetoric of Narrative in Fiction and Film* (Ithaca, Cornell University Press, 1990); Gérard Genette, *Narrative Discourse: An Essay in Method* (Ithaca, University Press, 1980); Gerald Prince, *Dictionary of Narratology* (Lincoln, University of Nebraska Press, 1987).

28. Véase al respecto los trabajos de Peter Brooks, *Reading for the Plot* (Nueva York, Knopf, 1984); Donna Bennett, «The Detective Story: Towards a Definition of

dicotomía esencial de Todorov, Brooks ha añadido el concepto central de «plot» (o trama) que no se corresponde con ninguna de las dos categorías anteriores sino que consiste en la actividad interpretativa y transformadora del «discurso» en «historia» por parte del lector; la novela policiaca es, para Brooks, el paradigma de toda narrativa pues su estructura, con la investigación y reconstrucción realizada por el detective, simboliza la propia actividad hermenéutica del lector en la reconstrucción de la narrativa. Bennett, por su parte, señala acertadamente la presencia dentro de la «historia» tanto de la narrativa del crimen como de la narrativa de la investigación, aunque se equivoca al situarlas necesariamente una a continuación de la otra; las dos narrativas no siempre son sucesivas, sino que con frecuencia ambas son simultáneas, al desarrollarse paralelamente la acción criminal a la actividad investigativa (especialmente en la novela policiaca negra); ni siquiera en el caso de la novela policiaca clásica, como defiende Todorov, se cumple siempre rigurosamente esta sucesión de narrativas.[29]

El crimen y su investigación, así pues, aunque no necesariamente en ese orden específico predeterminado, son los elementos esenciales de la «historia» del relato policiaco. Sus respectivas narrativas se articulan en secuencias lineares frecuentemente superpuestas que están formadas por una serie limitada de núcleos centrales.[30] Las secuencias básicas de la narrativa del

Genre», *PTL: A Journal for Descriptive Poetics and Theory of Literature*, 4 (1979), 233-266 y de Uri Eisenzweig, «Presentation du genre», *Littérature*, 49 (1983), 16-22; «Chaos et Maitrise: Le discours romanesque de la méthode policière», *Michigan Romance Studies*, 2 (1982), 139-163.

29. Un caso ejemplar en el campo de la novela policiaca clásica en que las dos narrativas de la «historia» son paralelas es el de los relatos que contraponen una serie intermitente de asesinatos a la acción investigadora, como es el caso de *Ten Little Indians* o *Murder on the Nile*, de Agatha Christie. En tal caso las dos narrativas no se suceden sino que se superponen en su mayor parte. La simultaneidad de ambas narrativas, por otra parte, es casi imprescindible en toda novela policiaca negra.

30. Según Roland Barthes, los «núcleos» o «funciones cardinales» de un relato son aquellas unidades narrativas referentes a acciones de directa consecuencia para el desarrollo de la historia, por oposición a las unidades narrativas complementarias o «catalizadores» que cumplen una mera función hilativa no causal en la «historia», pero que tienen un importante papel en el desarrollo del «discurso», por ejemplo acelerándolo o retardándolo. Una «secuencia» es una sucesión lógica de «núcleos» unidos por una relación de solidaridad. Véase Roland Barthes, «The Structural Analysis of Narratives», en su *Image-Music-Text* (1977), 79-124.

crimen, una vez reorganizada en la «historia» por el lector de acuerdo al orden cronológico y causal de los hechos, incluyen idealmente los motivos, medios y resultados de la acción criminal, así como a sus responsables; la narrativa de la investigación, posterior o paralela en la «historia», es el proceso de indagación y revelación de la narrativa del crimen, típicamente a cargo de un investigador (a veces el único, otras el principal), cuyas secuencias principales son el examen de pistas e indicios, los interrogatorios y seguimientos a testigos y sospechosos, hasta llegar al descubrimiento del culpable, y frecuentemente, su persecución y captura. Las secuencias de ambas narrativas constituyen en definitiva lo que Barthes denomina el código proairéctico, dominado precisamente por series de acciones sustentadas en la experiencia empírica de la «realidad» que pueden ser nombradas como secuencias (tales como un viaje, un asesinato o una persecución).[31]

En el otro nivel esencial del relato policiaco, el del «discurso» o exposición de la narración, encontramos la narrativa del crimen y la de la investigación presentadas como «texto», por oposición a la reconstrucción abstracta lógico-temporal de la «historia». En contra del postulado de Todorov, la narrativa del crimen siempre está presente en el «discurso» de la novela policiaca, directamente exteriorizada por el narrador o evocada por los personajes, si bien expuesta a una serie de manipulaciones (como su inversión, fragmentación o retardación).[32] Por otra parte, el «discurso» de la investigación, sometiendo las secuencias de la «historia» de la investigación (del detective) a similares estrategias narrativas ambiguadoras, no se corresponde exactamente con la investigación del detective, sino con la inves-

31. Véase Roland Barthes, S/Z (Nueva York, Hill and Wang, 1974).

32. Aquí Bennett vuelve a diverger de Todorov al señalar la presencia de una narrativa de la investigación tanto en la «historia» como en el «discurso», idea que sin embargo queda sin desarrollar. La narrativa criminal, en su mayor parte, no pertenece plenamente al «discurso». Distingue Bennett dentro de la narrativa criminal el hecho clave, «core event», revelado parcialmente en el discurso (el crimen en sí) del resto de la narrativa evocada (motivos, medios) a la que denomina «scionarrative», por ser completamente discernible para el lector a pesar de su ausencia textual. Estos estrictos términos sólo se podrían aplicar a un tipo de relato policiaco, el de una cierta clase de novela problema o «murder mystery» de estructura invertida, que no es en absoluto sinónimo de novela policiaca, si aceptáramos previamente la problemática «ausencia» de la narrativa criminal en el «discurso».

tigación que necesariamente realiza el lector al leerla. El hecho de que el «discurso» de la investigación suela seguir con mayor o menor fidelidad los pasos del investigador ficticio de la «historia» no quiere decir que ambas investigaciones sean la misma; se trata de un lógico recurso narrativo que sirve de soporte a la investigación del lector y a la vez proporciona verosimilitud al relato.

La diferencia entre las dos investigaciones es especialmente clara al analizar el punto de vista de cada una de ellas. Se puede decir que la «historia» de la investigación (del detective) está dirigida por el investigador mismo, es su propia narrativa, mientras que el «discurso» de la investigación (del lector) está señalizado por el narrador del texto y reordenado por el lector. A través del «discurso» presentado por el narrador, el lector sigue los pasos del detective, pero su investigación por definición no puede ser igual a la del investigador ya que la perspectiva del investigador y la que el narrador ofrece al lector nunca coinciden plenamente en la novela policiaca. De hecho, todos los diferentes puntos de vista utilizados en la novela policiaca se caracterizan por la crucial separación existente entre narrador e investigador. Ni siquiera la narración homodiegética en primera persona, históricamente anterior a ninguna otra y todavía una de las formas más utilizadas en la novela policiaca, escapa a esta condición, ya sea bajo la forma del narrador testigo o confidente del investigador (el característico «Watson» de Conan Doyle o el innombrado narrador amigo de Auguste Dupin en los cuentos de Poe), ya que el narrador autodiegético protagonista de la investigación (corriente en la novela policiaca negra, como el Philip Marlowe de Chandler). En ambos casos el «discurso» de la investigación exteriorizado por el yo-narrador es restringido; en el caso del «Watson» esta perspectiva restringida está justificada por tratarse de un mero acompañante, observador inocente de la investigación del detective, cuyas finas percepciones escapan a su atención y cuyos pasos él sólo consigue comprender *a posteriori*; esta restricción cognoscitiva del narrador es naturalmente compartida por el lector y va a crear una clara separación entre el «discurso» de la investigación que a éste se le presenta y la «historia» de la investigación del detective. En el caso del detective como narrador autodiegético protagonista nos encontramos con un tipo distinto de restricción, no cognoscitiva sino autoimpuesta; las particulares características de la personalidad de este detective (reservado e introvertido por naturaleza, marginado y algo asocial, siempre lacónico en su expresión, hermético e impenetrable para los demás) justifican la ausencia en el «discurso» de mucha información necesaria que el investigador-narrador se reserva para sí mismo. Esta autorrestricción comunicativa por parte del narrador origina nuevamente una discrepancia básica entre la «historia» de la investigación del detective y el «discurso» de la investigación según se desarrolla ante el lector.

Esta misma autorrestricción comunicativa es también característica de los varios narradores heterodiegéticos posibles en la novela policiaca, tales como el narrador omnisciente tradicional (Simenon), el narrador subjetivo infiltrado en uno o varios personajes —o de omnisciencia selectiva— y el narrador objetivo externo —o dramático— (la técnica «behaviorista» de las novelas de Hammett). Todos estos narradores, con diverso grado de omnisciencia, tienen en común el hecho de que siempre comunican al lector menos de lo que teóricamente «saben» o pueden contemplar por su privilegiada posición; son siempre narradores autorrestringidos y nunca completamente fidedignos. Por esta razón, su «discurso» de la investigación siempre será distinto de la «historia» de la investigación; la investigación del lector y la del investigador pueden solamente converger al final del relato pero sin confundirse jamás. Al entender la separación entre ambas narrativas se puede explicar el extraño fenómeno actual del relato policiaco en el que a primera vista «no hay investigación», es decir, el relato cuya «historia» no contiene una narrativa de la investigación (no hay un investigador) pero cuyo «discurso», sin embargo, se organiza como una narrativa de investigación para el lector.[33]

Bajo esta perspectiva podemos aislar teóricamente los dos elementos constitutivos básicos de la novela policiaca: por una parte, al nivel de la diégesis del relato, resulta imprescindible la narrativa del crimen, lo cual conduce al evidente postulado de que toda novela policiaca gira alrededor de una temática criminal; por otra parte, siempre es necesaria, al nivel del «discurso», la narrativa de la investigación; el relato policiaco no ha de na-

33. En esta corriente se podrían situar *The Buenos Aires affair*, de Manuel Puig (Barcelona, Seix Barral, 1989) o *El aire de un crimen*, de Juan Benet (Barcelona, Planeta, 1980).

rrar meramente una investigación sino que debe ser, y presentarse como, un proceso de investigación para el lector. Si, como hemos visto anteriormente, la novela policiaca destaca por la visible presencia en la «historia» (del crimen y de la investigación) del código proairéctico secuencial de las acciones empíricas, de acuerdo a la terminología de Barthes, su «discurso», en cambio, se ordena siguiendo las exigencias de un fuerte código hermenéutico, cuya guía es la búsqueda de la «verdad» textual; su cometido central es «articular de diversas maneras una pregunta, su respuesta y la variedad de sucesos fortuitos que pueden formular la pregunta o retrasar su respuesta; o incluso, constituir un enigma y llevar a su solución» («to articulate in various ways a question, its response, and the variety of chance events which can either formulate the question or delay its answer; or even, constitute an enigma and lead to its solution» [S/Z, 17]). La función principal que cumple el código hermenéutico es la de despertar el interés del lector por medio de la presentación de una incógnita, y mantenerlo por cierto tiempo a la espectativa de su resolución o desenlace.

Evidentemente el código hermenéutico no es exclusivo del relato policiaco, dado que está presente en prácticamente toda narrativa (literaria o no literaria); por su propia naturaleza temporal, la exposición narrativa necesariamente se da en un continuo y su desenlace sólo puede ocurrir de una manera lineal. Barthes ha señalado la homología lingüística de este fenómeno, señalando que hasta la misma frase obedece los principios de este código; todo sujeto gramatical necesita de un predicado para completarse, y esto sólo puede suceder en un continuo lineal, lo cual crea un tipo determinado de espectativa en el oyente.[34] Sin embargo, el código hermenéutico en la novela policiaca obedece a unos objetivos muy particulares, que lo diferencian de los mecanismos operantes en el lenguaje y en la narrativa en general. El tipo de interés que genera el código hermenéutico de la novela policiaca no se debe a una particular estructura sintáctica o a un simple desarrollo temático; su interés reside en la intriga no como enredo meramente causal o argumental de la

---

34. Roland Barthes ha equiparado el código hermenéutico de la narrativa (en su caso literaria) con el del lenguaje, de hecho reproduciendo y reduciendo los mecanismos del código hermenéutico de un relato (*Sarrasine*, de Balzac) en una «frase hermenéutica» (*S/Z* , 84-86).

historia, sino la intriga que a lo largo del «discurso» origina la calculada manipulación informativa por parte del narrador.

Meir Stemherg distingue dos estrategias narrativas fundamentales que el autor tiene a su disposición para generar intriga en el «discurso» del relato, las cuales están directamente relacionadas con el manejo expositivo de la información. La exposición informativa es manipulable por medio de mecanismos que retardan o posponen indefinidamente su conclusión y otros que la distribuyen de manera fragmentaria a lo largo del texto. Las estrategias de retardación y fragmentación son complementarias; dado la naturaleza lineal de la narrativa, toda fragmentación de la exposición implica necesariamente una estructura retardativa, y viceversa. Ambas estructuras son especialmente visibles en la novela policiaca. Si nos fijamos en la narrativa del crimen observaremos que está diseminada a lo largo del texto; típicamente, al principio del «discurso» son expuestos los resultados de la acción criminal, sobre los que periódicamente se van añadiendo datos sueltos, reservándose para el final la exposición de los motivos y la identidad del criminal. Al mismo tiempo, entre estas unidades narrativas se interponen las respectivas unidades de la narrativa de la investigación, que retardan la resolución final. La narrativa de la investigación se ve expuesta a esos mismos dispositivos, dispersándose en las múltiples direcciones que toma la encuesta y continuamente posponiendo su propia conclusión.

De especial interés resultan las estructuras retardatorias por su variedad y abundancia en la novela policiaca. La más notoria de ellas es la estrategia que altera el orden lineal (cronológico y causal) de la narrativa, efectivamente interrumpiendo el hilo narrativo. Las interrupciones suelen implicar cambios de tiempo (*flashbacks* o anticipaciones) o cambios de espacio, y pueden abarcar en el texto desde una secuencia hasta varios capítulos. La interrupción debe ser distinguida de la digresión, la cual ocurre como una desviación momentánea de la narrativa principal a la que, sin embargo, le une un nexo natural. Las digresiones toman con frecuencia la forma de descripciones, ya sean ambientales, de paisaje, o retratos físicos. En la novela policiaca son corrientes las digresiones que ayudan a construir y dar carácter a los personajes, de entre los que destaca especialmente por su singular personalidad el investigador, a través de la descripción de sus adicciones y aficiones; las acciones más habituales como comer, fumar o beber, pueden revelar trazos de la personalidad del investigador, a la vez que contribuir a la retardación expositiva y por lo tanto a la intriga y disfrute del relato. Recordemos que Holmes fumaba en pipa, tocaba el violín y se inyectaba morfina para combatir el tedio, lo cual a su vez llenaba los tiempos muertos de la narrativa, posponiendo la resolución del conflicto; el característico hermetismo del investigador «negro» es enfatizado por el ensimismamiento con que fuma sus cigarrillos (traspasado a la pantalla en la figura mítica e impenetrable de Humphrey Bogart); Nick Charles y su esposa Nora, en *The Thin Man* de Dashiell Hammett, hacen de la consumición desaforada de alcohol en la novela un rito de provocación contra la sociedad de la Prohibición. El investigador Pepe Carvalho de Vázquez Montalbán busca sus señas de identidad en la gastronomía; las digresiones descriptivas de la preparación y degustación de sus platos, momentos de reflexión y relajación para el investigador, se convierten en fuente de intriga y placer para el lector. Otra de las estructuras retardativas de obligada aparición en la novela policiaca es la inserción de falsas pistas y falsos sospechosos que, invitando a la constante construcción de hipótesis por parte del lector, frenan la conclusión del código hermenéutico. Finalmente, existe una última estructura retardativa basada en la sintaxis y el estilo de la narración. La complicación sintáctica o estilística del «discurso» puede convertirse ocasionalmente en un eficaz recurso retardativo. Así, el frecuente uso de imágenes chocantes y símiles insólitos en las novelas de Raymond Chandler consigue frenar eficazmente la lectura del relato; el estilo poético de las descripciones y reflexiones narratoriales en las novelas de García Pavón cumplen asimismo una función retardativa; los largos períodos característicos de la retórica narrativa barroca son utilizados en las novelas de Eduardo Mendoza con un doble propósito caricaturesco y dilatorio.

La intriga del relato tiene su base en una paradoja: cuanto más se retarda la conclusión del código hermenéutico (pregunta-respuesta, enigma-solución), más se acrecienta la impaciencia del lector, acelerando así el ritmo de lectura para llegar al final. El lector se ve obligado a frenar su lectura para poder sopesar los datos que se le presentan (pistas, evidencias, interrogatorios) sin que se le escape la «pista crucial», y al mismo tiempo se ve impelido a seguir adelante para poder satisfacer su necesidad de una respuesta.[35] El texto policiaco debe conseguir un difícil equilibrio entre la cantidad y calidad de la información revelada (suficiente para despertar genuino interés en el lector, pero no excesiva, lo que haría demasiado obvia o evidente la respuesta), el período de tiempo discursivo que transcurre desde la presentación del enigma hasta su conclusión (si ésta ocurre demasiado temprano o sobreviene demasiado tarde se anula la intriga) y el atractivo para el lector de los mecanismos de retardación, los pasajes retardativos han de ser interesantes *per se*, capaces de causar deleite en el lector por sí mismos;[36] así lo prueba el hecho de que si este equilibrio falla, se invalida la principal función de la intriga que es forzar al lector a continuar leyendo hasta el final, lo cual puede inclinar al lector a saltar los obstáculos retardativos que encuentra e ir a buscar la conclusión directamente al final.

Todorov distinguía dos formas distintas en que la intriga puede tomar forma en la novela policiaca, según el interés del lector recaiga en el pasado o en el futuro del eje temporal de la «historia».[37] En el primer caso, la intriga apela a la natural curiosidad del lector por los desconocidos antecedentes de la acción, quien debe remontarse del efecto (crimen, indicios) a la causa (el culpable y sus motivos); en el segundo caso, la intriga depende de despertar un temor en el lector por el resultado de un conflicto que comporta un riesgo o peligro para los protagonistas; el lector parte de unas causas conocidas (una situación peligrosa, un en-

---

35. A este respecto Dennis Porter aduce que en la novela policiaca «todo lo que es descrito o meramente mencionado es significante porque tiene el estatus de una pista en potencia... Desde el punto de vista del arte de la narrativa, nada en una novela policiaca es insignificante porque en el peor de los casos llevará a conclusiones erróneas» («everything that is described or merely mentioned is significant because it has the status of a potential clue... From the point of view of the art of narrative, nothing in a detective story is insignificant because at worst it will mislead» [*The Pursuit of crime*, 43]).

36. Si bien es cierto que toda segunda lectura de un texto es fundamentalmente distinta a la primera, en el caso de la novela policiaca esto es especialmente evidente. Para el lector medio, cuyo único interés en el relato policiaco reside en la intriga generada por éste, no tiene sentido una segunda lectura (a no ser que haya olvidado los detalles del relato). Una vez que ha desaparecido la intriga sólo quedan los mecanismos narrativos expuestos a la vista. Evidentemente, un lector más sofisticado puede encontrar en lecturas posteriores, al menos en las mejores novelas del género, otros elementos de interés independientes del factor intriga (como caracterización, descripción, estilo, o composición).

37. Véase Tzvetan Todorov, «The Typology of Detective Fiction», en su *The Poetics of Prose* (Ithaca, Cornell University Press, 1977), 42-65.

frentamiento, una persecución) y está a la espera de ciertos efectos aún desconocidos (resolución de la crisis, victoria o derrota del investigador). En el primer caso, la intriga se caracteriza por la curiosidad, en el segundo por el suspense. Todorov identifica la intriga causada por la curiosidad (lo que pasó) con la retrospección característica, según su clasificación estructural, de la novela policiaca clásica; la intriga mantenida por el suspense (lo que va a pasar) coincide con la prospección investigativa de la novela de la serie negra. Amplificando la visión de Todorov, Sternberg explica en estos mismos términos la distinción entre los dos tipos de interés generados por la narrativa:

> El suspense y la curiosidad son emociones o estados mentales caracterizados por una expectante intranquilidad y por hipótesis provisionales que derivan de una falta de información; así ambos mantienen la atención del lector con la esperanza de que la información que resolverá o aliviará a aquéllos se encuentre más adelante. Se diferencian, sin embargo, en que el suspense se deriva de una falta de información deseada concerniente al resultado de un conflicto que ha de ocurrir en el futuro narrativo, falta que conlleva una lucha entre la esperanza y el miedo; mientras que la curiosidad se produce por una falta de información relacionada con el pasado narrativo, un tiempo en el que las luchas ya han sido resueltas, y como tal a veces conlleva un interés por la información en sí misma. El suspense, así pues, se relaciona esencialmente con la dinámica de la acción presente; la curiosidad, con la dinámica de deformación temporal.

> Both suspense and curiosity are emotions or states of mind characterized by expectant restlessness and tentative hypotheses that derive from a lack of information; both thus draw the reader's attention forward in the hope that the information that will resolve or allay them lies ahead. They differ, however, in that suspense derives from a lack of desired information concerning the outcome of a conflict that is to take place in the narrative future, a lack that involves a clash of hope and fear; whereas curiosity is produced by a lack of information that relates to the narrative past, a time when struggles have already been resolved, and as such it often involves an interest in the information for its own sake. Suspense thus essentially relates to the dynamics of the ongoing action; curiosity, to the dynamics of temporal deformation [Sternberg, 65].

A pesar de mantener la misma diferenciación básica entre el suspense, cuyo interés radica en la progresión secuencial de la «historia» (código proairéctico), y la curiosidad, cuyo interés reside en la manipulación discursiva de la «historia» a manos del narrador (código hermenéutico), Sternberg admite que ambas formas de intriga suelen aparecer juntas; de hecho, según este crítico, la curiosidad originada por la retardación expositiva, debe buscar su equilibrio en el suspense de la acción. Sin embargo, Sternberg yerra en dos aspectos importantes. Primero, ambas formas de intriga, basadas en la falta de información del lector, dependen directamente de la particular manipulación lógico-temporal del «discurso»; las dos utilizan idénticos mecanismos retardatorios de la exposición. El suspense, aunque tenga su base en la acción de la «historia», siempre obedece a las mismas estrategias dilatorias de la exposición propias del «discurso» que la curiosidad. En la novela policiaca la ocultación de información de sucesos anteriores (causa de la curiosidad del lector) siempre implica la espera de los posibles efectos que su eventual revelación habrá de producir (causa de suspense) —tales como que el culpable no repita su crimen o sea descubierto, que el sospechoso inocente se libre de culpa, o que la integridad del investigador y otros personajes en peligro sea reestablecida—. Si bien la curiosidad suele por lo general tener mayor prevalencia en la novela policiaca clásica y el suspense en la novela policiaca negra, esto no altera el hecho de que ambas formas de intriga cohabitan y se complementan en las dos vertientes del género policiaco. Teniendo en cuenta que una forma acompaña a la otra, que ambas funcionan de la misma manera y que además las dos cumplen el mismo cometido, esta diferenciación parece artificial e inútil. Quizás por esta razón, Dennis Porter prefiere referirse a ambas formas de intriga con la misma apelación de «suspense», la cual acoge tanto el «suspense de miedo» como el «suspense de una pregunta no respondida», reconociendo el hecho de que ambas formas siempre aparecen en combinación (28). Según esta concepción, Porter define el «suspense» como «un estado de ansiedad dependiente de un mecanismo de relojería» («a state of anxiety dependent on a timing device» [29]), que viene proporcionado por la estructura del relato.

La intriga, independientemente de la estrategia narrativa empleada para su consecución o del peculiar interés del lector al que se dirige, siempre cumple varios objetivos en la novela policiaca. El más primario y evidente, como ya hemos advertido, es despertar y mantener prolongadamente el interés del lector hasta el final del ciclo hermenéutico. Más aún, la intriga sirve de auténtico soporte estructural para la construcción de la narrativa, como guía que conduce el desarrollo del «discurso». La fragmentación narrativa facilita la asimilación del material presentado; su función, en palabras de Sternberg, es «endulzar la píldora expositiva» («to sugar the expositional pill» [*Expositional Modes*, 172]). Asimismo, tras el aparente objetivo primario de los mecanismos retardativos se encuentran otras razones igualmente importantes. Una de ellas es la introducción de elementos extrínsecos a la investigación propiamente dicha, «innecesarios» para su resolución, pero necesarios para crear la textura de la novela. Para Porter, son precisamente estos efectos digresivos, y no las secuencias progresivas de las acciones, los que dan carácter e individualidad a una novela policiaca: «el arte de la investigación literaria depende en gran parte de la manera en que somos desviados/divertidos mientras esperamos el inevitable desenlace» («the art of literary detection depends largely on the manner in which we are diverted while we wait for the inevitable denouement» [*The Pursuit of Crime*, 55]). Las digresiones, ya sean descripciones ambientales, reflexiones filosóficas o sociales, acciones secundarias o incluso triviales de los protagonistas, cumplen otras funciones que la meramente retardativa; producen el efecto mimético de ilusión de realidad, ayudan a la creación de un espacio novelesco y a la construcción del carácter de los personajes. Además, los elementos digresivos pueden ser apreciados en sí mismos, de manera independiente a su función contextual, por el placer que causan en el lector su pura representación, su despliegue verbal, su humor e ingenio, en definitiva su «exceso» ornamental; el placer del texto, según Roland Barthes consiste precisamente en «un exceso del texto [...] lo que en él excede cualquier función (social) y cualquier funcionamiento (estructural)» («an excess of the text [...] what in it exceeds any [social] function and any [structural] functioning» [*The Pleasure of the Text*, 19]).

La intriga es indispensable en la novela policiaca, su presencia abarca todo el «discurso» narrativo, lo dirige y conforma según su interés, pero no es necesariamente el objetivo central y único del relato. La intriga policiaca no es simplemente un fin en sí mismo, sino una estrategia narrativa de probada utilidad como armazón estructural, dentro de la que cabe, como hemos visto más arriba, toda una variedad de objetivos que configuran la sintaxis básica de la gramática de la novela policiaca.

II
HISTORIA CRÍTICA

2

EL GÉNERO POLICIACO EN ESPAÑA: DE LA «CAUSA CÉLEBRE» A LA NOVELA POLICIACA

> Para descubrir los orígenes de la novela policiaca en España, se necesita ser un poco detective.
>
> In order to discover the beginnings of the detective novel in Spain, one needs to be a bit of a sleuth oneself.
>
> PATRICIA HART, *The Spanish Sleuth*

> En Sherlock Holmes la imaginación ibérica debió encontrar un personaje cuya creación envidió. De cualquier forma, él encontró una cálida recepción y una nación de admiradores que habrían de hacerlo suyo, dotarle de cualidades españolas y finalmente, en su tratamiento, hacerle superar al propio Sherlock.
>
> In Sherlock Holmes the Iberian imagination must have found a character whose creation it envied. At any rate, he found a warm reception and a nation of admirers who were soon to take him to themselves, to endow him with Spanish qualities, and finally, in their treatment of him, to make him out-Sherlock Sherlock.
>
> PAUL P. ROGERS, «Sherlock Holmes on the Spanish Stage»

La literatura criminal

No cabe duda que la temática criminal o delictiva se ha dado en la literatura de todos los tiempos y todas las culturas. Desde *Edipo rey* a *Hamlet* o desde *Fuenteovejuna* a *La familia de Pascual Duarte*, el crimen y el delito han sido siempre objeto de gran interés tanto para el público como para el escritor, llegán-

87

dose incluso a crear a su alrededor todo un género literario como la novela picaresca. A pesar de su universalidad e intemporalidad es en el siglo XIX que el tema delictivo adquiere un protagonismo desconocido anteriormente. El tratamiento del crimen invade todo el panorama literario decimonónico, sin conocer fronteras entre naciones, y se produce a todo lo largo del espectro culto-popular. El asunto criminal es central en un gran número de obras «cultas» de la época que consideramos clásicas, como *Crimen y castigo* de Dostoievski, *Rojo y negro* de Stendhal, y casi nunca falta en las novelas de gigantes de la novela decimonónica como Balzac o Dickens. Por otra parte, acercándonos al polo «popular» del espectro, se encuentran novelas y folletines de crímenes, vidas de criminales y bandidos, causas célebres y un sinfín de narraciones que pertenecen a la literatura criminal sensacionalista. Sin duda una y otra corriente responden a unas mismas razones sociohistóricas, ya que no a unas mismas intenciones.

La temática criminal en la literatura del XIX refleja la creciente preocupación que dicho tema ha ido creando entre la población, coincidente con el creciente índice de criminalidad en la sociedad. Europa y América experimentan durante el siglo XIX la revolución industrial, fenómeno que transformará radicalmente a la misma sociedad que le ha dado origen. La explosión industrial supone la definitiva transformación de una sociedad básicamente agraria y gremial en cuanto a la ocupación de sus ciudadanos, mayormente rural por su distribución demográfica y semifeudal por su organización social, en una sociedad progresivamente industrializada, urbana y capitalista. El poder que anteriormente había sido sustentado por la aristocracia pasa ahora a manos de la burguesía. Las nuevas relaciones sociales, fundamentadas en la explotación masiva de la clase trabajadora por la burguesía, obligada a trabajar a destajo en condiciones inhumanas, insuficientemente remunerada, mal alimentada, y condenada a vivir en la miseria y el hacinamiento urbano, fomentaron el incremento del delito urbano y la conciencia pública del mismo, y consecuentemente, la inseguridad ciudadana.

Precisamente para preservar el orden público burgués se crearon los modernos cuerpos de policías como el de Scotland Yard en Inglaterra y la Súreté en Francia, y dentro de ellos la figura del inspector o detective, a cargo de la investigación de la acción criminal. Es solamente a partir de entonces que se comienzan a escribir narraciones propiamente policiacas, narraciones de la investigación policial, protagonizadas por detectives oficiales (Vidoc), aficionados (Auguste Dupin) o privados (Sherlock Holmes), que conjuran el miedo y la inseguridad de la vida moderna burguesa por medio del juego deductivo, racionalizando lo irracional (el crimen, el asesinato) y garantizando al mismo tiempo la restauración del orden temporalmente alterado por la acción criminal. La narración policiaca se debate en sus comienzos entre el idealismo del tardío romanticismo que representaba la realidad como un misterio insondable e inexplicable y el naciente positivismo que creía en el cientifismo, la experiencia empírica y la posibilidad de remontarse del efecto a la causa original, características del realismo y naturalismo. En esa misma encrucijada se encuentran tanto Balzac como Edgar Allan Poe y Pedro Antonio de Alarcón.

Pedro Antonio de Alarcón y Edgar Allan Poe

El ejemplo sobre todo de franceses e ingleses en la corriente utilización de la temática criminal como material literario (Balzac, Dumas, Dickens) impulsó sin duda el tratamiento del delito en la literatura española del XIX, el cual suele girar generalmente en torno a las aventureras vidas de bandidos o sobre crímenes pasionales de melodrama, abundantes tanto en la literatura romántica como en la realista-naturalista. La ausencia en la España de entonces (y en buena parte aún en la del siglo siguiente) de una verdadera economía industrial capitalista, de una burguesía poderosa y una demografía urbana, y como consecuencia la falta de una infraestructura policial moderna como la inglesa, francesa o norteamericana, no hizo factible la aparición de una novela policiaca española. Así pues, el buscar en la literatura española una tradición de este género en sentido estricto ha resultado, hasta hace muy poco tiempo, una empresa abocada al fracaso. Los contados casos que se podrán encontrar, como Pardo Bazán, Joaquín Belda o Mario Lacruz, aparecen aislados unos de otros, más directamente relacionados con la tradición del género en Europa o Norteamérica que con el resto de la producción literaria española, surgiendo más como anómalas excepciones que integrados en una corriente literaria.

Una excepción la protagoniza Pedro Antonio de Alarcón,

quien publicó en 1853 la novela corta *El clavo*, tradicionalmente identificada como la primera novela policiaca española. Aunque publicada originalmente en *El Eco de Occidente* en 1853, unos 12 años después de la aparición de «The Murders in the Rue Morgue» de Poe en *Harper's Magazine*, es sumamente improbable que Alarcón conociera ésta u otra de las narraciones de Poe antes de la primera redacción de *El clavo*.[1] Alarcón tenía entonces tan sólo veinte años, apenas había salido de su Guadix natal, con ocasionales visitas a Cádiz, y sus maestros, por él así declarados, eran las grandes figuras literarias de la época: Scott, Dumas, Hugo, Balzac y Sand; en aquellas fechas Poe todavía era desconocido en la Península. Quizás el primer contacto de Alarcón con la obra de Poe pudo ocurrir en su primer y corto viaje a París en 1854, donde el escritor norteamericano ya había logrado reconocimiento gracias a las traducciones y críticas que de sus cuentos habían venido haciendo E.D. Forgues y Charles Baudelaire desde 1846 en la prensa francesa.[2] De lo que no cabe duda es de que Alarcón conoció la traducción al francés de la colección de cuentos de Poe que Charles Baudelaire realizó y publicó en 1856, y que su lectura habría de impresionar enormemente al autor de *El clavo*.[3] Sin embargo, como lo afirma Englekirk, una influencia directa del autor norteamericano sobre la obra del español es dudosa:

1. No se conserva copia conocida de la primera versión original de 1853, a la que el propio Alarcón alude en su *Historia de mis libros*, en *Obras completas* (Madrid, Aguilar, 1973). La versión más antigua que hemos localizado es una rara edición de la novela hecha en Granada en 1854 por la imprenta de don Miguel de Benavides, la cual no debe ser muy diferente de la redacción original del año anterior.

2. En 1846 aparecieron casi simultáneamente dos imitaciones distintas de «The Murders in the Rue Morgue» en la prensa parisina (en los folletines de *Commerce* y *Quotidienne*). El consiguiente proceso judicial por plagio dio a conocer al gran público francés el nombre de Poe. El mismo año de 1846 vieron a su vez la luz las primeras versiones en francés the «The Mystery of Marie Roget» y «The Purloined Letter». En los siguientes diez años anteriores a que Charles Baudelaire publicara sus *Histoires extraordinaires* (París, 1856), Forgues y Baudelaire fueron traduciendo para la prensa otros cuentos de Poe, de lo cual se deduce que éste era una figura conocida ampliamente. Un estudio pormenorizado sobre la recepción de la obra de Poe en Francia se encuentra en George Davis Morris, *Fenimore Cooper et Edgar Allan Poe d'après la critique française du dix-neuvième siècle* (París, Larose, 1912).

3. Sobre la reseña escrita por Alarcón acerca de la traducción de Baudelaire de los cuentos de Poe, véase más adelante pp. 95-96.

Un estudio cuidadoso de las *Narraciones inverosímiles* de Alarcón nos convence, sin embargo, de que a pesar de las muchas reminiscencias de Poe que surgen como resultado de los temas utilizados, los pensamientos y emociones despertados y el estilo en el que están escritos los cuentos, Alarcón, en estos primeros escritos, no ofrece sino un interesante caso de una afinidad literaria y nada más.

A careful study of Alarcón's *Narraciones inverosímiles* convinces one, however, that in spite of many Poesque reminiscences that arise as a result of the themes used, the thoughts and emotions aroused, and the style in which the tales are written, Alarcón, in these early writings, offers but an interesting case of a literary affinity and nothing more [*Edgar Allan Poe in Hispanic Literature*, 125].

El propio Alarcón nos ofrece en su *Historia de mis libros* su propia versión sobre el origen de esta novela corta:

El clavo es, por lo tocante al fondo del asunto, una verdadera causa célebre, que me refirió cierto magistrado granadino cuando yo era muy muchacho. Como algunas otras novellillas mías, primero la escribí y publiqué muy sucintamente, y la desarrollé después en ediciones sucesivas [*Obras completas*, 10].

Efectivamente, la novela de Alarcón, subtitulada precisamente «causa célebre», parece deber más a la tradición francesa de las causas célebres de la primera mitad del siglo XIX, narraciones de famosos procesos judiciales criminales que a la propia novela policiaca. El origen de la anécdota central de *El clavo* parece también venir del otro lado de los Pirineos, a pesar de que a Alarcón le pudiera llegar por medio de ese «magistrado granadino» al que hace referencia. Ya Pardo Bazán había observado perspicazmente el parecido de esta novela con una narración olvidada de Hyppolite Lucas, sospechando su origen en una causa célebre anterior, suposición que recientemente ha confirmado Jorge Campos.[4] José Montesinos también se inclina

---

4. El estudio crítico-biográfico de Emilia Pardo Bazán «Pedro Antonio de Alarcón» fue originalmente, publicado en el *Nuevo Teatro Crítico* (n.ᵒˢ 9, 10, 11 y 13 [1891-1892]) e incluido en sus *Obras completas* vol. 3 (Madrid, Aguilar, 1973). En su edición de *El clavo y otros cuentos* (Madrid, Anaya, 1984) Campos alega que la base de «El clavo» coincide esencialmente con el relato «Le clou» de Hippolitte Lucas publicado en el *Almanach Prophétique*.

a pensar que la deuda, quizás ignorada, de Alarcón tiene su origen no tanto en Poe como en Francia:

> Recuerdo haber leído, siendo muchacho, una colección de cuentos folletinescos de G. Toudoze, traducida al castellano con el título *Las pesadillas*, que corresponde exactamente al del original francés (*Les cauchemars*, 1889), y en ella cierta historia que coincidía en lo esencial con la de Alarcón. Sin que sea del todo imposible que el autor francés imitara al español, es muy improbable, y lo más verosímil que ambos relatos remonten a una fuente común... [*Pedro Antonio de Alarcón*, 90].

Parece claro que a pesar de que Alarcón no conociera los relatos policiacos de Poe cuando escribió las primeras versiones de *El clavo* en cambio sí conocía a fondo la tradición gótico-romántica de la literatura criminal de su época (por ejemplo los *Crímenes célebres* de A. Dumas) tradición de la que Poe habría de ser uno de sus más ilustres representantes. La temática policiaca ya estaba presente anteriormente, pero fue Poe quien la convirtió definitivamente en fórmula narrativa. No se trata, pues, de una extraña coincidencia ni de una mera imitación, sino que ambos autores fueron partícipes de una misma sensibilidad cultural, un mismo *Zeitgeist*, y una tradición literaria (*Zadiq* de Voltaire, los cuentos de Hoffmann, las novelas de Balzac) que desembocan en el surgimiento de la moderna novela policiaca.

A pesar de estas coincidencias, ni el talento ni la repercusión del autor español podrán equipararse a los del norteamericano. De hecho, como ha indicado Montesinos, «la parte policiaca de la novela es sumamente pobre» (*Pedro Antonio de Alarcón*, 93); la trama policiaca de *El clavo* (descubrimiento del crimen, investigación del delito, descubrimiento de la culpable) es muy floja en su mantenimiento de la intriga y el suspense. La triple trama de misterio en que se basa la intriga de la historia (más complicada en la versión posterior de 1856 y la definitiva de 1880) tiene una resolución de fácil pronóstico: las tres mujeres misteriosas de la novela son en realidad una sola mujer; la desconocida dama que había encantado al narrador-protagonista (Felipe, a partir de la versión de 1856) resulta ser la misma que había enamorado y abandonado a su amigo juez Joaquín del Zarco (a cargo de la investigación del crimen), y la misma que éstos buscaban por haber cometido el asesinato de su marido Alfonso Gutiérrez del Romeral. Éstas y otras muchas casualidades ponen en constante peligro la necesaria suspensión de la incredulidad por parte del lector. El culpable no resulta ser «la persona menos sospechosa», como es costumbre en la novela policiaca, sino al contrario, la más esperada. La intriga de la historia depende menos de la investigación que de la atmósfera en que ésta se desarrolla, en la que no faltan ninguno de los típicos ingredientes románticos: noches oscuras, tempestades, relámpagos, apariciones misteriosas, visitas a cementerios, campanas lúgubres y grandes pasiones.

El melodramático desenlace en el que la criminal recibe el perdón momentos antes de ir a ser ajusticiada para morir acto seguido de muerte natural resulta, para Joan Estruch, «un folletinesco final, más propio de un drama de Zorrilla que de un relato que se pretende basado en un suceso real» (*El clavo y otros relatos*, 16). Para Montesinos, *El clavo* «es un cuento amatorio, cuento romántico, en que la fatalidad —una casualidad que se desfleca en mil casualidades— representa el papel más importante. El tema de *El clavo* en substancia es el tan romántico de la fuerza del destino» (*Pedro Antonio de Alarcón*, 94). Alarcón quiso darle a la Providencia un papel protagonista por encima de los propios humanos no permitiendo que el criminal escapara a su justo castigo en vida. En ese sentido apuntan los títulos de varios capitulillos en su versión definitiva: «El hombre propone...» (cap. IX), «Fatalidad» (cap. XI), «Travesuras del destino» (cap. XII), «Dios dispone» (cap. XIII). Del mismo modo afirma el juez investigador Joaquín del Zarco que «en medio de estas rutinas judiciales, hay cierta fatalidad dramática que no perdona. Más claro: cuando los huesos salen de la tumba a declarar, poco les queda hacer a los tribunales» (*Obras*, 67).

He ahí la mayor diferencia de esta novela de Alarcón con respecto a la novela policiaca; sus presupuestos ideológicos subyacentes son radicalmente distintos. El investigador de la novela policiaca clásica representa la capacidad racional humana de llegar a la resolución de un misterio inexplicable (un crimen) siguiendo la fórmula de un proceso analítico que toma la forma del juego deductivo, a través del cual lo sobrenatural e irracional puede ser analizado y explicado racionalmente. En la novela de Alarcón, por lo contrario, el magistrado Zarco encargado de la investigación triunfa en su cometido porque se alía no a la Razón y a la Ciencia sino a la Providencia; desde su posición de árbitro de la justicia humana Zarco se convierte en el vehemente brazo ejecutor de la justicia divina. Así se expresa el investigador al tomar conciencia de su deber en la versión de 1854:

—Dios mío! exclamó, reconozco como siempre tu Providencia! He aquí un espantoso crimen que iba a quedar impune, y que tú haces saltar del seno de la tierra a los ojos de la ley...! [*El clavo*, 24].

Y así en la definitiva de 1880:

¡Cumpliré con mi deber, tanto más, cuanto que parece que el mismo Dios me lo ordena directamente al poner ante mis ojos la taladrada cabeza de la víctima! ¡Ah! Si... ¡Juro no descansar hasta que el autor de este horrible delito expíe su maldad en el cadalso» [*El clavo y otros relatos*, 40].

La casualidad, la fatalidad y la Providencia son elementos sobrenaturales que aparecen como un *Deus ex machina* repetidamente en la novela y no pueden ser objeto de una explicación racional.

A pesar de estas objeciones, en *El clavo* se encuentran innegables elementos policiacos, si bien un tanto ensombrecidos y debilitados por la carga folletinesca y melodramática que contrarresta el necesario suspense en una historia de misterio.[5] In-

___

5. La mayoría de los críticos que se han fijado en esta obra de Alarcón coinciden al observar el carácter protopoliciaco de la misma, si bien divergen más en cuanto a su compleja adscripción concreta a un género. Anthony Clarke opina que se trata de «un ejemplo aislado de un género híbrido, más vinculado a la *cause célèbre* y la novela de intrigas, que al relato detectivesco propiamente dicho» («Doña Emilia Pardo Bazán y la novela policiaca», 379). Juan Paredes Núñez insiste en esta idea pero resalta que es «sin duda alguna, por su interés dramático, un importante precursor de la novela policiaca» («El cuento policiaco en Pardo Bazán», 13). Lou Charnon-Deutsch opina que «by subtitling his work "causa célèbre", Alarcón gives us license to expect the unexpected, to search for clues to foretell or retrospectively explain an ending which satisfy our curiosity», pero que la obra «does not provoke a feeling of suspense in an adult reader, despite its fixation on crime» *(The Nineteenth-Century Spanish Story*, 110). Joan Estruch afirma que «no se le puede quitar el mérito de inaugurar en nuestra literatura culta la temática policial, por más que se presente envuelta en una endeble y romántica historia de amor» *(El clavo y otros relatos de misterio y crimen*, 16). Finalmente, para Patricia Hart, el seguimiento sistemático de pistas hace de este relato «clearly a detective tale, whatever else it may also be» *(The Spanish Sleuth*, 18).

dudablemente, esta novela posee la misma duplicidad estructural que señaló Todorov en la novela policiaca tradicional. En la novela de Alarcón se superponen dos historias inseparables que juntas configuran una totalidad narrativa; hay una historia del crimen (ausente pero tangible) y una historia de la investigación del crimen, la cual intenta recomponer la primera. El método de encuesta (descubrimiento de la víctima, recogida de pruebas físicas, interrogatorios y declaraciones, seguimiento de pistas y solución lógica del crimen) coincide esencialmente con las fórmulas del relato policiaco. Es curioso comprobar que el papel del narrador-protagonista es el de amigo y comparsa del auténtico investigador (Zarco) actuando como intermediario entre éste y el lector, fórmula característica de la novela-enigma inventada por Poe, redescubierta por Conan Doyle en su célebre pareja Holmes-Watson, y utilizada desde entonces hasta la saciedad en el género policiaco. ¿Habría Alarcón quizás conocido las historias de Auguste Dupin antes de la redacción de su novela en 1854, se basaría acaso Poe en alguna fuente conocida para Alarcón y desconocida para nosotros, o se trataría nuevamente de una mera coincidencia técnica?

No podemos responder tajantemente a esa pregunta pero quizás no sea una mera casualidad el hecho de que fuera precisamente Alarcón el primer comentador español sobre la obra de Poe de que tenemos noticia. Efectivamente, el 1 de septiembre de 1858 en su columna habitual del diario *La Época* «Diario de un madrileño», Alarcón ofrece sus muy favorables impresiones tras la lectura de los cuentos de Poe. Posteriormente aparecerá modificado ligeramente con el título de «Carta a un amigo» e incluido en sus *Juicios literarios y artísticos* de 1883, donde se hace eco del revuelo que había causado hacia 1857 la circulación por los círculos literarios de Madrid de varias copias de las *Histoires extraordinaires* de Edgar Allan Poe en su traducción francesa a cargo de Baudelaire. Alarcón no repara en alabanzas para con la colección de cuentos del maestro norteamericano, reflejando el entusiasmo originado entre el público lector español, y observando, quizás algo exageradamente, que «esos diez o doce ejemplares habrán pasado a estas horas por más de doscientas manos» (*Obras completas*, 1.774). Advierte Alarcón de la inminente aparición de dos versiones en castellano de estas *Historias extraordinarias* de Edgard A. Poe, publicadas en Barcelona y Madrid respectivamente, de las cuales tan sólo la edición publicada en Madrid ha sido efectivamente comprobada.[6] Los comentarios crítico-biográficos de Alarcón acerca de Poe no tienen demasiado interés pues no son excesivamente originales, estando calcados en su mayor parte de la introducción de Baudelaire a la obra del escritor norteamericano, pero traslucen una genuina admiración por el genio del escritor norteamericano.

La obra narrativa de Poe, al contrario de su poesía, fue recibida tras su publicación en la Península con gran éxito de crítica y público, y sus colecciones de relatos fueron reimpresas con mucha frecuencia, contándose entre 1858 y 1900 hasta 18 ediciones de sus cuentos. Sin embargo, el embrión de relato policiaco contenido en «Murders in the Rue Morgue», «The Mystery of Marie Roget» y «The Purloined Letter» fue desaprovechado, quizás pasando desapercibido entre los demás cuentos del autor igualmente extraordinarios, inverosímiles y misteriosos, y no tendrá continuidad hasta ya cruzado el umbral del nuevo siglo.

Sherlock Holmes en España

Si el ejemplo de narración policiaca que ofrecían los cuentos de Poe no tuvo continuación inmediata en nuestras letras, el desaprovechamiento de su invención no fue ni mucho menos exclusiva española. Casi medio siglo separa la publicación original de los cuentos de Poe protagonizados por Auguste Dupin de la aparición de su más cercano continuador, Sir Arthur Conan Doyle, con su celebérrimo Sherlock Holmes, dado a conocer públicamente en la novela *A Study in Scarlet* en 1887.[7]

---

6. *Historias extraordinarias* precedidas por un prólogo crítico-biográfico por el Dr. Landa (Madrid, Luis García, 1858). Esta colección contiene traducciones de dos relatos policiacos de Poe: «The Murders in the Rue Morgue» y «The Purloined Letter». Una detallada bibliografía de las sucesivas ediciones de la obra de Poe en España se puede hallar en John De Lancey Ferguson, *American Literature in Spain* (Nueva York, Columbia University Press, 1916), 229-236. Posteriormente su trabajo ha sido ampliado por John Eugene Englekirk en su *Edgar Allan Poe in Hispanic Literature* (Nueva York, Instituto de las Españas en los Estados Unidos, 1934).

7. El desaprovechamiento de la invención de Poe es relativo. La serie dedicada al policía Lecoc por el francés Emile Gaboriau (de 1863 a 1873), las obras del británico Wilkie Collins, especialmente *The Moonstone* (1868), y la novela *The Leavenworth Case* (1878) de la norteamericana Anne Katherine Green son algunos

Igualmente, poco más de medio siglo separa *El clavo* de las siguientes incursiones en el género policiaco realizadas por autores españoles, como tendremos ocasión de comentar más adelante.

Pocos años después de haberse iniciado el presente siglo comenzaron a publicarse en España, tímidamente al principio y en flujo creciente después, traducciones de novelas policiacas extranjeras, provenientes en su mayoría de Inglaterra y más ocasionalmente de Francia y Estados Unidos. En el período que va de la mitad de la primera década hasta el comienzo de la Primera Guerra Mundial la traducción y edición de novelas policiacas foráneas alcanza un primer momento de auge espectacular. A juzgar por la abundancia en las ediciones de estas traducciones debemos pensar que obtuvieron una inmediata popularidad entre el público español. De entre todos los autores extranjeros protagonistas de esta «invasión» destaca inmediatamente por la abundancia de su obra publicada, su repercusión popular y su influencia en los autores locales, el autor británico Sir Arthur Conan Doyle.[8] El éxito obtenido por este autor en España fue inmediato y prácticamente coetáneo con la fiebre holmesiana extendida por el resto de Europa.[9] La primera edición española

---

ejemplos de la influencia de las narraciones policiacas de Poe antes de la aparición de las historias de Conan Doyle, pero ninguno de estos autores consiguieron crear un concepto de género en el público como lo haría el escritor escocés a partir de 1887. Véase Julian Symons, *Historia del relato policial, op. cit.*, 64-87; y Salvador Vázquez de Parga, *De la novela policiaca..., op. cit.*, 40-49.

8. Antonio Palau y Dulcet en su *Manual del librero hispanoamericano* (Madrid, Librería anticuaria, 1923) menciona en el apartado dedicado a este autor solamente la publicación de su *Guerra en Sudáfrica* aunque añade que «Conan Doyle es el creador de una literatura sensacional, que a pesar de asemejarse a la de Edgard Poe, obtuvo un enorme éxito en todo el mundo. En España existen multitud de ediciones económicas, continuamente en reimpresión». En una posterior edición del *Manual* (Madrid, Librería Palau, 1948) se mencionan hasta 50 ediciones diferentes de sus obras, aunque desgraciadamente la mayoría de ellas no nos informan sobre su fecha de publicación. En su informativo estudio «Sherlock Holmes on the Spanish Stage», *The Modern Language Forum*, 16.3 (junio, 1931), Paul Patrick Rogers comenta al respecto: «It is not surprising that such a product of invention as the super-detective should also have caught the fancy of a people so fertile minded as the Spanish» (88). «The detective's appeal to the Spaniard probably lay in the fact that, like Don Juan, he was a superbeing [...] but the interesting feature of his Spanish vogue is that in fiction and in drama he was elaborated, if not improved, upon» (90).

9. En pleno fervor holmesiano en España se llegó incluso a lanzar un sello

que conocemos de sus obras es de 1906, que corresponde a su novela *Estudio en rojo* reimpresa de nuevo en 1908, aunque es posible que algunas de las traducciones de Conan Doyle publicadas en España sin fecha impresa fueran algo anteriores; en 1907-1908 aparecen las *Aventuras de Sherlock Holmes* en ocho volúmenes, y en este último año se publican otras catorce novelas del autor en varias editoriales.[10] En 1908 y 1909 hacen su aparición las primeras traducciones en lengua catalana de las aventuras de Sherlock Holmes, publicándose sus cuentos policiacos con periodicidad semanal durante siete meses.[11] En 1909 se editan seis novelas más de Conan Doyle en español y otras seis aparecen en 1912, cinco lo hacen en 1913, tres en 1914 y trece en 1915. A partir de entonces se observan todavía frecuentes ediciones pero bastante más espaciadas, como si ya hubiera cedido un tanto la fiebre inicial.

Las aventuras de Sherlock Holmes, sin embargo, no llegaron a España exclusivamente de la mano de Conan Doyle. Hacia 1909 ya eran corrientes las versiones dramáticas de la aventuras de Sherlock Holmes llevadas al teatro.[12] También las novelas apócrifas fueron frecuentes; en 1908 aparecieron cuatro volúmenes de historias detectivescas traducidas del alemán que utilizaban del personaje de Conan Doyle «poco más que el nombre del

---

de correos con la efigie de Sherlock Holmes, según lo atestigua Juan del Rosal en *Crimen y criminal en la novela policiaca* (Madrid, Instituto editorial Reus, 1947), 67.

10. Estos datos editoriales, así como las sucesivas referencias a publicaciones de novelas policiacas durante esta época, han sido recogidos de los volúmenes anuales de la revista *Bibliografía Española* entre 1900 y 1923. El número de ediciones de estas obras no es de ninguna manera absoluto, y posiblemente fuera bastante más elevado en la realidad, pero los datos son suficientes para poder estimar la creciente popularidad del género policiaco en esta época.

11. Bajo el título de *Literatura sensacional* aparecieron 30 números desde el 17 de julio de 1908 al 5 de febrero de 1909 (año 1, n.ᵒˢ 1-24; año 2, n.ᵒˢ 25-30), según se recoge en Ronald de Haal, *The International Sherlock Holmes* (Hamden, Harchon Books, 1980), 49.

12. En España, como en Francia por esas mismas fechas, el auténtico éxito de Sherlock Holmes parece haberse producido precisamente en el teatro, a partir de traducciones de obras como la de William Gillette, y de manera totalmente independiente de Conan Doyle, quien mantuvo una política abierta de «laissez faire». Véase al respecto el artículo de Paul Patrick Rogers anteriormente mencionado (88). Emilia Pardo Bazán se refiere en varias ocasiones al éxito de público de estas adaptaciones teatrales desde sus habituales colaboraciones periodísticas en *La Ilustración artística* (n.ᵒˢ 1.416 [1909] y 1.581 [1912]).

protagonista» y en 1911 aparece el resto de la serie bajo el título de *Memorias íntimas del Rey de los Detectives* (43 fascículos), lo cual es indicio de su enorme popularidad en España.[13]

En esta primera época de auge se rescata también a autores policiacos del siglo anterior como Poe, cuyas narraciones policiacas no habían sido editadas en España desde 1887, publicándose «Murders» y «The Purloined Letter» cinco veces entre 1908 y 1918, fecha de la primera edición española de sus *Obras completas*.[14] También en 1918 ve la luz la primera traducción al catalán de «Murders», realizada al igual que la posterior de *Històries extraordinàries* por el escritor catalán Carles Riba.[15] Al mismo tiempo que son rescatados otros escritores policiacos del siglo anterior como Wilkie Collins (dos novelas suyas aparecen en 1906) y Emile Gaboriau (otras dos en 1913 y una más en 1915), otros muchos nuevos participaron de este período de auge. Edward Philips Oppenheim, quien obtendría una renovada popularidad en los años treinta y cuarenta, publica *El misterio de «El nido del Alcón»* en 1909, *Falsa evidencia* en 1910 y *Odio siciliano* en 1912 con la casa Sopena de Barcelona. En 1909 también con

---

13. La serie original se titulaba *Detektiv Sherlock Holmes und seine weltberühmten Abenteuer* cuyos diez primeros volúmenes se publicaron en 1907 y los restantes 146, en 1910. Según *The Times* estas obras eran «the free creations of a mythological fancy, rather like the Eastern legends of Alexander the Great, preserving little association with the original beyond the name»; para *The Bookman* representan «the imaginative work of hack writers» (en Richard Lancelyn Green, *The Uncollected Sherlock Holmes* [Harmondsworth, Penguin, 1983], p. 110).

14. La relación de Poe con Conan Doyle ya era puesta de manifiesto cuando se publica hacia 1912 una traducción de «Murders», «The Purloined Letter» y «Maelzel's Chess-Player» bajo el título de *El precursor de Sherlock Holmes* (París/Buenos Aires, Casa Editorial Hispano-Americana), en la que se incluye una introducción a cargo del traductor E. Ramírez Ángel sobre el parentesco entre Dupin y Holmes. En ella se detallan con singular retórica las características esenciales de ambos protagonistas, y por extensión, del género policiaco: «Ambos poseen cualidades excepcionales —las mismas de las que, según los citados novelistas, más sus imitadores, parecen carecer prefectos, agentes, esbirros y alguaciles— que les permiten desenredar un enigma, encontrar una pista segura y desechar una falsa, descubrir a un criminal, aclarar una incógnita, hacer patente lo intrincado, posible lo inverosímil, diáfano lo turbio, luminoso lo lóbrego y, en definitiva, castigar el vicio, la astucia o la tunantería, logrando que el bien, manantial fecundo de conquistas y adelantos, triunfe una vez más» (9-10). Los demás detalles bibliográficos sobre Poe aparecen en los trabajos anteriormente señalados de Fergurson (228-236) y Englekirk (478-485).

15. Edgard A. Poe, *Els assassinats del Carrer Morgue* (Barcelona, Editorial catalana, 1918).

Sopena aparece *Martin Hewitt, detective* de Arthur Morrison, siempre dentro de la línea marcada por Conan Doyle.

Una novedad dentro del género policiaco llega de Norteamérica en 1911 con la extensa serie protagonizada y firmada por «Nick Carter», pero en realidad escrita en equipo por un colectivo variable en su composición. Estos cuentos aparecidos en los populares *dime-novels* de finales de siglo rebosaban, como herederos de la tradición *tough* de los *westerns*, grandes dosis de acción y violencia (característica que habrá de distinguir el género en su vertiente americana), y son precedente de la posterior novela negra de los años veinte. Un total de 63 novelas (cortas y largas) de «Nick Carter» fueron publicadas por Sopena en ese año, a las cuales se añadirían al menos otras cuatro al año siguiente. En 1913 se publica la versión dramática que había sido llevada al escenario el año anterior de *El misterio del cuarto amarillo* de Gaston Leroux, que instaura el enigma del cuarto cerrado como fórmula del género policiaco, ya anunciada en «Murders» de Poe.

También es en esta época que se introducen en España las novelas del tipo de «ladrón de guante blanco» relacionadas íntimamente con el género policiaco, pues sus protagonistas son descendientes directos del Doctor Moriarty, el archicriminal enemigo de Sherlock Holmes. Esta ramificación, o quizás inversión, de la novela policiaca también tuvo una enorme aceptación entre el público español. Precisamente al cuñado de Conan Doyle, Ernest William Hornung, se debe la creación de este prototipo, el sofisticado caballero ladrón A.J. Raffles. Dentro de la colección de «La Novela Ilustrada» aparecen en 1908 dos de las primeras aventuras protagonizadas por Raffles. En 1911 la editorial F. Granada de Barcelona publica cuatro novelas de Hornung y otras seis más lo hacen al año siguiente. Estas novelas serían igualmente llevadas al teatro. En la editorial Gallach, también de Barcelona, aparecen en 1914 cinco novelas de Pierre Souvestre y Marcel Allain protagonizadas por el criminal Fantomas y su perseguidor el inspector Juve, conocidos ya a través del teatro, a las que se le suma en 1915 *Hazañas de Fantomas*.

Esta primera invasión de literatura policiaca extranjera por varios frentes (los nuevos y los precursores, la investigación policiaca y la aventura criminal) creó rápidamente entre el público y la crítica españoles el concepto de un género nuevo, capaz de satisfacer a un considerable número de lectores a juzgar por las constantes ediciones de estas obras. Dicha implantación del género en España es confirmada por las repetidas referencias que al respecto hace Pardo Bazán en sus artículos de *La Ilustración artística*.[16] Esta situación presentaba un ambiente propicio para la aparición de novelas policiacas de factura española. En realidad, como veremos seguidamente, esta posibilidad se tradujo mayormente en una gran cantidad de imitaciones y adaptaciones teatrales de los modelos anglosajón y francés, escritas sin aspiraciones literarias para satisfacer a un público popular no demasiado exigente, y solamente en algunos casos muy aislados se produjeron resultados de lograda originalidad y de mérito literario, como veremos más adelante en el caso de Joaquín Belda y Emilia Pardo Bazán.

Sin duda el medio que más contribuyó a la popularización de la literatura policiaca en España, y el más utilizado por los autores españoles de esta temática en la época, fue el teatro. Así expresaba Pardo Bazán en 1909 dentro de su habitual página de «La vida contemporánea» el éxito popular de las primeras versiones dramáticas de aquellas obras policiacas:

> Con bastante retraso, como suelen llegar aquí las modas literarias, ha llegado la de las novelas de Conan Doyle, a favor de las aventuras del archifamoso polizonte de afición Sherlock Holmes, llevadas a escena en un teatro de Madrid, y que han proporcionado llenos hasta los topes a la empresa, diversión sin fin a los chiquillos, esparcimiento honesto a la gente formal y, en suma, un triunfo al género romancesco-policiaco [*La Ilustración artística*, 1.416, 122].

Los ingredientes melodramáticos y sensacionales de la novela policiaca prometían la feliz adaptación de ésta al escenario. En el mismo artículo opinaba Pardo Bazán que estas obras policiacas salían bastante mejoradas (más verosímiles) después de su adaptación dramática y atribuía parte de su éxito a claves precisamente teatrales:

> [...] porque el teatro obliga a condensar, y porque las palabras las pronuncian hombres y mujeres de carne y hueso. Cada acto tiene que superar en interés al anterior, y no hay medio de saltar

---

16. Véase nota 5.

hojas y averiguar así «en qué queda». Los ojos auxilian para la ilusión, y la *mise en scene*, cada día más esmerada, contribuye también a que se diviertan los espectadores, aun habiendo pasado de los catorce años [122].

Esas palabras también se podrían aplicar perfectamente a las imitaciones españolas que vinieron a continuación, y explican su continuado éxito de público.[17] En ellas, el principal soporte de la intriga gira en torno al descubrimiento del culpable asesino, como en el clásico *whodunit*, aderezado con elementos folletinescos de gran sensacionalismo. La innovación más destacada de estas obras es la mezcla no-ortodoxa de personajes de distinta procedencia (Holmes y Raffles, o Holmes y Fantomas), que con frecuencia adquieren características distintas de las originales.[18] Al menos desde 1908 se venían publicando esos dramas policiacos de manufactura española, a medio camino entre el melodrama y la zarzuela musical.[19] En 1918 aparece la colec-

---

17. Da prueba del enorme alcance de estas adaptaciones españolas el comentario aparecido en *The Bookman*, 41 (1915) con el título de «Señor Sherlock Holmes en su descripción de las estanterías de las librerías españolas: «There will be found, behind gaudily coloured covers, a Señor Sherlock Holmes of Iberian appearance and deportment, who is the hero of an endless series of adventures, the very titles of which would be enough to mystify and astonish Sir Arthur Conan Doyle. These paper-covered books are printed in Barcelona, they represent the imaginative work of hack writers, and they are sold by the tens and hundreds of thousands [...] At the top of the cover there is a portrait of the creator of the science of deduction, a portrait which in general conforms to the picture first drawn almost a quarter of a century ago by Dr. Doyle in the pages of *A Study in Scarlet* but so unconsciously yet subtly altered by the crude artist that it is a Spaniard whom we see instead of the lean, athletic Englishman of the original invention» (118).

18. Así comentaba Paul Patrick Rogers: «It is to be expected that among a people so fond of drama as are the Spaniards, these two characters (Holmes y Raffles) would not for long remain off the stage after their introduction into the country in fiction. Whereas in France Sherlock Holmes stage life moved through one play [...], in Spain he was taken up by several native dramatists. These writers were not always content to preserve the detective's identity as it was given to them, but often sought to make him outdo himself. It may or may not seem curious that Holmes and Raffles came to be associated in crime and detection» (89).

19. Gonzalo Jover publica en 1908 dos dramas: *Holmes y Rafles* (la parte del desafío entre el famoso «detective» y el astuto ladrón. Fantasía melodramática en cinco cuadros); y *La garra de Holmes* (20.ª parte de *Holmes y Rafles*), ambos estrenados el 15 de junio de ese año en el Teatro Martín. Enrich Tomasich y Rafael Martínez Nacarino publican: *Crimen misterioso* (juguete cómico-lírico en un acto, original. Música del maestro Ignacio Busca, Madrid, R. Velasco, 1908). José Salvador Bonet publica *El traficante en cadáveres o astucias de un detective* (trajicomedia

ción «La Novela Policiaca» dedicada exclusivamente como reza en las contraportadas a las «mejores y más sensacionales obras del teatro policiaco» escritas por plumas españolas, y estrenadas todas ellas con anterioridad.[20] Todo esto viene a corroborar nuestra impresión de la enorme familiaridad con el género policiaco por parte de la audiencia española de principios de siglo.

Joaquín Belda y la parodia del género: *¿Quién disparó?*

En el panorama español de aquel período destacan, dentro del campo de la novela policiaca en sentido estricto, los autores Joaquín Belda y Manuel A. Bedoga.[21] De especial interés resulta Belda, no sólo por la temprana fecha de la publicación de su primera novela *¿Quién disparó?* (1909) sino por tratarse de uno de los primeros casos de parodia del género desde coordenadas

---

en 7 actos, dividida en ocho cuadros, inspirada en una novela inglesa. Barcelona, Viuda de J. Solé y Piqué, 1908). Luis Millá y Guillermo X. Roura estrenan en el Teatro Moderno de Barcelona en 1908 *La captura de Raffles o el triunfo de Holmes*, melodrama moderno, en un prólogo, cinco actos y once cuadros, y al año siguiente se representa su *Nadie más fuerte que Sherlock Holmes* (2.ª parte de *La captura de Raffles*) en el Teatro Arnau. Heraclio S. Viteri y Enrique Grimau de Mauro presentan en el Coliseo Imperial de Madrid, en 1912, una obra inspirada por Maurice Leblanc titulada *La aguja hueca (Lunin y Holmes)*. Luis de Larra y Manuel Fernández de la Fuente publican en 1912 *El cuerno del delito* (comedia en tres actos). Gonzalo Jover y Enrique Arroyo estrenan en 1915, en el teatro Trueba de Bilbao, *La tragedia de Baskerville* (drama dividido en cinco actos, el último dividido en dos cuadros, arreglo de la novela *El perro de Baskerville*). Emilio Graells Solar y Enrique Granados publican *Hazañas de Sherlock Holmes* (melodrama en seis actos. Barcelona, Biblioteca Teatro Popular, 191[?]). M.S. Sucarrats publica *El vendedor de cadáveres o El timo a «la Gresham»* (melodrama en siete actos y ocho cuadros. Barcelona, Biblioteca Teatro Mundial, 1916).

20. Al menos diez obras de imitación o adaptación fueron publicadas en esta colección, escritas por José María Martín de Eugenio, A. Mori, Carlos Allen-Perkins —y el tándem formado por Gonzalo Jover y Enrique Arroyo—, obras melodramáticas con grandes dosis de enredo situadas convencionalmente en Inglaterra, Estados Unidos o Francia según el modelo imitado (Sherlock Holmes, Nick Carter, Fantomas) e indistintamente subtituladas «drama policiaco», «episodio policiaco», «comedia policiaca», o «melodrama policiaco de espectáculo».

21. Joaquín Belda, *¿Quién disparó? Husmeos y pesquisas de Gapy Bermúdez* (Madrid, Biblioteca Hispania, 1909 [3.ª ed.]) y *Una mancha de sangre* (Madrid, Biblioteca Hispania, 1915); Manuel A. Bedoga, *Aventuras de un millonario detective* (Madrid, Rodríguez del Llano, 1915) y *Mack-Bull contra Nick Carter. Aventuras de un millonario detective* (31.ª y 41.ª serie; Madrid, Antonio Marzo, 1916).

típicamente españolas. El uso paródico del prototipo del detective superdotado e infalible en el humorístico personaje de Gapy (Agapito) Bermúdez demuestra a las claras el enorme grado de familiaridad del público español con el género policiaco. Esta idea se ve reforzada por la constante apelación a la complicidad del lector con el autor frente a las convenciones establecidas del nuevo género. Belda intercala paródicas referencias intertextuales a las más repetidas y conocidas fórmulas del género heredadas de Poe y Conan Doyle (el carácter supernatural del detective y las excéntricas aficiones que lo humanizan, la ineficacia de la policía oficial y la superioridad del policía *amateur*, el narrador observador coprotagonista a lo Watson) e incluso se deleita en incorporar humorísticas reflexiones metaficcionales sobre el arte de componer una novela ateniéndose a los imperativos del género:

> Volvamos ¡oh lector paciente! a la lúgubre noche del 7 de Mayo. Sin esta inalienable facultad que tienen los novelistas de retrotraer a capricho la narración y contar en el capítulo trigésimosegundo lo que lógicamente debió ser contado en el segundo o tercero, no existirían la mayor parte de las novelas, y sobre todo de las novelas policiacas. Es uso frecuente en ellas que el lector (si lo hay) ignore todo hasta que se acercan los últimos capítulos, y entonces el autor, con saña premeditada, se lanza a levantar el velo que oculta la verdad, y una vez levantado, todo se explica como al final de los sainetes. Sigamos pues el patrón impuesto, ya que nos hemos propuesto innovar, y continuando el desarrollo de ese conjunto de incongruencias que hay en el fondo de toda novela, penetremos en la Sacramental de San Isidro [203].

Mientras para Vázquez de Parga la novela de Belda «no pasa de ser una parodia de novela de enigma, donde se mezcla el humor absurdo con el humor popular, sin otro contenido y sin otro fin que provocar la risa» («La novela policiaca española», 27), Patricia Hart considera esta obra «the most interesting attempt at full-length detective intrigue early in the twentieth century» (*The Spanish Sleuth*, 21), afirmación matizable si tenemos en cuenta la más abundante y compleja obra policiaca de Pardo Bazán, contemporánea de la novela de Belda. Observa Hart que la intención eminentemente paródica del autor disminuye considerablemente el interés policiaco de la obra:

¿Quién disparó? is more madcap than mystery, and Bermúdez
is more spoof than Sleuth. There is not really a logical investiga-
tion process in the book; instead, the plot is an excuse for social
satire with its roots in both the picaresque tradition and *costumbrismo* [*The Spanish Sleuth*, 22].

Para Hart, ésta es una obra característicamente «española»,
ambientada en un Madrid castizo habitado por personajes de
zarzuela, con múltiples referencias a la picaresca clásica (especialmente en la vertiente caricaturesca de Quevedo), mezclando
humor y parodia policiaca de una manera algo semejante a
como lo hará posteriormente Eduardo Mendoza. Efectivamente,
en la obra abundan los pasajes narrativos llenos de verbosidad
explosiva y desenfadada debidos a un narrador que hace las veces de Watson y que no excluye a nadie, ni a él mismo, de su
caricatura que raya en el despropósito y el absurdo, en una línea
similar a la del picaresco antihéroe mendoziano:

> Era un hombre mundano y frecuentaba los salones, sobre
> todo los de limpiabotas, pues, pulcro como una abadesa, nada
> odiaba tanto como el polvo de calzado y la sopa de fideos. Pero
> ante todo y sobre todo, Gapy Bermúdez, o Agapito, que era su
> nombre de pila, era un artista músico colosal: los escasos ratos
> que sus trabajos policiacos le dejaban libres los consagraba el *de-
> tective* a Orfeo, y aficionado desde el claustro materno a los intru-
> mentos de cuerda, había vacilado en sus mocedades entre el arpa
> eólica y el bombardino, hasta que por fin, en un rapto de éxtasis,
> se decidió por la guitarra [50].

En esta obra se pueden observar ya varias características
particulares que irán reapareciendo en el desarrollo de la novela
policiaca española: la burla paródica de la rigidez formal del
patrón clásico, la mezcla heterodoxa de lo policiaco y lo humorístico, la ausencia de tratamiento serio (racionalista, científico)
del método de encuesta y el intento de superación de la esquemática fórmula policiaca por medio de su «literaturización» (estilización, autorreflexividad, expresividad del lenguaje, penetración social o psicológica, costumbrismo, ambigüedad moral).
    De menor interés es su otra contribución al género policiaco,
Una mancha de sangre, novela también paródica de las convenciones genéricas, la cual comienza prometiendo ser un típico
caso de cuarto cerrado (con un argumento folletinesco y enreda-

do en la que todo resulta misterioso e irreal) y luego da lugar a una interminable y aparentemente inútil persecución del protagonista por Madrid y sus alrededores. Al final se descubre que los invisibles perseguidores no eran tales, sino que se trataba de un equipo cinematográfico rodando una película policiaca, el cual utilizaba al protagonista sin éste saberlo para lograr un mayor realismo. La inverosimilitud del argumento sería acaso más llevadera si fuera acompañada de la gracia y humor que caracterizaban su anterior novela y aquí están ausentes. El resultado final, así pues, es el de un divertimento no especialmente divertido.

Emilia Pardo Bazán ante la novela policiaca

Sin duda la contribución más señalada dentro de la novela policiaca española de principios de siglo pertenece a la pluma de Emilia Pardo Bazán, quien publicó durante esa época unas diez narraciones policiacas, de entre las cuales habremos de destacar más adelante la novela corta *La gota de sangre* (1911) por su mayor envergadura.

La actitud de Pardo Bazán frente a la implantación masiva del género policiaco entre los lectores y espectadores españoles a principios de este siglo responde a impulsos contrarios de atracción y repulsa. Al mismo tiempo que censura a este nuevo género por sus insatisfactorias deficiencias, no puede dejar de sentirse atraída por las posibilidades aún inutilizadas de ese nuevo medio, aparentemente idóneo para abarcar los problemas sociales y psicológicos alrededor del crimen, que siempre fueron de gran interés para la autora. No es de extrañar que fuera precisamente esta autora una de las pocas personalidades literarias españolas de su época interesadas en ahondar en este género. Harto conocido es su valiente afán por explorar nuevos caminos, abierta como estaba a las corrientes intelectuales europeas del momento, que la llevarían a convertirse en una de las principales fuerzas introductoras en España, ciertamente no sin grandes dificultades, del Naturalismo francés, la novela rusa y las ideas feministas. Contra similares adversidades, Pardo Bazán emprende desde la crítica y la creación literaria la exploración de un género nuevo, popular y menospreciado como la novela policiaca.

Su interés por la temática policiaca, sin embargo, va más allá de la pasajera moda popular y deja entrever una preocupación suya más amplia por la criminalidad en todos sus aspectos sociales y psicológicos.[22] Buena prueba de ello dan los numerosos cuentos escritos por la autora en torno a la patología criminal, el robo, el crimen misterioso, el asesinato rural o la contienda entre familias, dedicando además a esta temática la mayor parte de sus colecciones de «Cuentos trágicos» y «Cuentos dramáticos».[23]

De especial interés resulta la larga serie de colaboraciones periodísticas que bajo el título de «La vida contemporánea» escribe para *La Ilustración artística* durante veinte años, realizando una crónica minuciosa de la criminalidad en la sociedad española de su época desde una postura crítica y reformista.[24] El hilo común en sus observaciones es la conciencia de la básica deficiencia del sistema social existente como causa principal del fenómeno del crimen. Pardo Bazán no duda en juzgar culpable en muchos casos antes a la sociedad que al delincuente:

> Léanse despacio las noticias de crímenes en nuestra patria. ¡Qué a menudo resulta vagamente simpático el criminal! [...]
> ¿No es cierto que todos estos criminales habían nacido para el bien [...] y que no son ellos, es el estado social el que delinque?
> Hasta en los delitos no pasionales; hasta en los atentados a la propiedad, suele delinquir la sociedad por mano del individuo. Si no se educa y prepara al hombre para ganarse la vida; si a la mujer se le cierran los caminos por donde iría a conquistar el pan

---

22. Anteriormente Pérez Galdós ya había dado pruebas de su profundo interés por el caso policial, planteando serias cuestiones relativas al sistema jurídico-penal y a la responsabilidad social ya como cronista de «causas célebres» desde las páginas de los diarios de la época (*La Prensa* de Buenos Aires, en 1888 y 1889), ya como materia prima para sus novelas, especialmente *La incógnita* y *Realidad* escritas en esas mismas fechas, en las cuales se infiltran y mezclan con el crimen central casos reconocibles como el crimen de la calle del Barto (aludiendo al célebre crimen de la calle de Fuencarral comentado en sus crónicas). No podemos decir, sin embargo, que se traten de auténticos relatos policiacos. Véase Denah Lida, «Galdós, entre crónica y novela», *Anales Galdosianos*, 13, 61-77 y «El crimen de la calle Fuencarral», en *Homenaje a Casalduero* (Madrid, 1972).

23. Sirvan de muestra de su amplia variedad cuentos como «Crimen libre», «Pena de muerte», «Un destripador de antaño», «La puñalada», «Casualidad», «La confianza», «En coche-cama», «En el presidio», «Presentido», «El esqueleto», «Hacia los ideales», en *Obras completas*, vol. I-II (Madrid, Aguilar, 1964), y III (Madrid, Aguilar, 1973).

24. Pardo Bazán colabora para *La Ilustración artística* entre los años 1885 y 1916.

honradamente, se hace germinar la delincuencia... [*La Ilustración artística*, 995, 58].

La comprensión que Pardo Bazán manifiesta hacia el criminal como ser humano maltratado por la sociedad, falto de educación y de oportunidades para salir adelante, no oculta su firme repulsa del acto criminal en sí, que la sociedad en su totalidad debe perseguir y castigar. La mitificación de la figura del criminal a los ojos del pueblo le parece una aberración de una sociedad enferma.[25]

La responsabilidad de la sociedad ante el hecho criminal llama especialmente la atención de Pardo Bazán cuando es una mujer quien sufre sus consecuencias. Como abierta defensora de los derechos de la mujer en una sociedad insensible a dicha problemática, Pardo Bazán denuncia la injusta situación de desigualdad que la mujer padece ante la ley en todos sus frentes —de los cuales el jurídico-penal no es excepción. La autora reivindica los derechos inalienables de la mujer, de todas las mujeres, independientemente de su estado o condición; y se enfurece ante la situación de la mujer, víctima de presuntos «crímenes pasionales», que se encuentra desvalida ante una ley y una opinión pública que excusan y amparan con la impunidad a los «esposos calderonianos» que se toman la justicia por su mano; incluso la mujer que por cualquier razón no se conforma a las pautas marcadas por el sistema social ha de ser amparada por la sociedad. La ley, según esta autora, debería defender al más débil y castigar al que de su situación se aprovecha: «Si la mujer es un ser débil y excepcional, toda violencia contra ella debiera ser penada con severidad terrible» (*La Ilustración artística*, 1.269, 266). En tales injustas condiciones, la mujer que comete una acción criminal no deberá ser juzgada con el mismo rigor que en unas condiciones de verdadera igualdad. Pardo Bazán arguye provocativamente que una sociedad que niega los derechos fundamentales a la mujer no tiene fuerza moral para exigir el acatamiento a sus normas: «mientras la mujer no disfrute de la plenitud de los derechos civiles, no deben aplicársele las últimas sanciones penales» (*La Ilustración artística*, 1.456, 762).[26]

La postura moral de Pardo Bazán en torno a la cuestión cri-

---

25. Véase *La Ilustración artística*, n.º 1.117, p. 346.
26. Estos temas los trató ampliamente en *La Ilustración artística*, n.ᵒˢ 1.003, 1.029, 1.095, 1.269 y 1.315.

minal, guiada por los principios de responsabilidad y comprensión en la relaciones interpersonales, la compasión y la tolerancia, está en conflicto con los principios morales del orden legal vigente, basados en una serie de leyes y derechos sociales. Esta posición comprometida de la autora parece confirmar la tesis central de Carol Gilligan en *In a Different Voice* sobre el desarrollo moral de la mujer, quien generalmente tiende a plantearse los problemas morales en esos mismos términos psicológicos de comprensión y responsabilidad, a diferencia del hombre, quien contempla los conflictos morales más bien en términos lógicos de leyes y derechos. Efectivamente, Pardo Bazán desplaza la problemática moral del terreno de la lógica formal (justicia humana) al terreno de la lógica psicológica (justicia natural), haciendo un replanteamiento moral con una voz propia y marcadamente diferente a la de la sociedad de la época. Este mismo ángulo moral habrán de tomar sus obras de ficción al presentarnos la enfrentada elección moral ante la cuestión delictiva con respecto a la sociedad por parte de los protagonistas novelescos.

Las injusticias de la sociedad denunciadas por la autora desde la perspectiva de la mujer y la víctima, no sólo no son corregidas por el sistema sino que se ven amplificadas por la propia deficiencia de las estructuras encargadas de mantener el orden social. Para esta autora, la ineficacia del propio sistema penitenciario (verdadera escuela de delincuentes) y la ineptitud de las fuerzas de la policía nacional (desconocedora de las modernas técnicas policiales, rutinaria y falta de energía, con un cuadro de agentes incompetentes cuando no corruptos) son factores que contribuyen a la proliferación del crimen en la sociedad. Pardo Bazán aboga por un cambio profundo en la práctica policial, siguiendo el ejemplo «de las grandes ciudades europeas, donde la autoridad es educada y educadora» (*La Ilustración artística*, 1.271, 298); un cambio que dé como resultado una auténtica «reconciliación» entre la menospreciada policía y el maltratado pueblo y traiga como consecuencia una beneficiosa colaboración entre ambos: «La reconciliación entre la sociedad y la policía significa: en la sociedad el respeto a las prescripciones legales; en la policía, conciencia de la dignidad de su misión, incremento de inteligencia y moralidad» (*La Ilustración artística*, 1.098, 42).[27]

---

27. También discute este problema en *La Ilustración artística*, n.ᵒˢ 1.117 y 1.456.

El demostrado interés de Pardo Bazán por los aspectos sociales del crimen (penal, educativo, policial), como mujer y ciudadana de su tiempo, están subordinados a su interés por los aspectos psicológicos del mismo, de especial atractivo para una observadora y retratista de los comportamientos humanos. La autora confiesa su desagrado por los crímenes corrientes que sólo interesan en tanto que su autoría es desconocida, y en cambio su fascinación por aquellos casos únicos que revelan zonas oscuras del ser humano, pauta que luego habrá de seguir en sus narraciones policiacas:

> Yo tengo por crímenes vulgares los que llevan por móvil el robo, y no les llamo verdaderamente *misteriosos* nunca, porque el *misterio*, en un crimen, no consiste en que se ignoren los autores (a esta cuenta son *misteriosos* casi todos los crímenes que se cometen en España, donde nunca «son habidos» los autores susodichos). El *misterio* de un crimen es su psicología, los abismos del corazón que descubre, la luz que arroja sobre el alma humana, sobre el estado social de la nación, sobre una clase, sobre algo que rebase los límites de la caja de caudales, la cómoda o el armario forzados, el baúl destripado, la cartera sustraída [*La Ilustración artística*, 1.029, 602].

Es quizás el interés de la autora por el «misterio» o «enigma» psicológico que conlleva el crimen excepcional, junto con el sentimiento de insatisfacción causado por la inefectiva acción policial frente al crimen, la culpabilidad moral de la sociedad y la situación de la mujer como víctima indefensa, lo que la lleva efectivamente a tratar de reconstruir y dilucidar algunos de los crímenes reales que eran objeto de fascinación para el público lector de la prensa de la época, como ya lo habían hecho Poe en «The Mystery of Marie Roget» y Pérez Galdós primero en *La incógnita* y más tarde en *Realidad*. Así Pardo Bazán reconstruye fielmente el crimen de Carabanchel (1901) o el caso del bandido Mamed Casanova (1903), y actúa como auténtica investigadora periodística en el asesinato de Vicenta Verdier o el caso de Margarita Steinheil (1909), casos todos ellos en los que la mujer salía mal parada como víctima de la violencia, de la injusticia de la ley y de la sociedad o de la ineficacia y desinterés del aparato policial.[28]

---

28. Casos que comenta respectivamente en los n.ᵒˢ 1.029, 1.098, 1.416 y 1.456 de *La Ilustración artística*.

No es una casualidad que la reconstrucción hipotética de estos últimos dos casos coincida con la invasión de novelas policiacas extranjeras y con el primer comentario extenso acerca de ellas por parte de nuestra autora. En sus artículos críticos de *La Ilustración artística* la ensayista hace hincapié en la importancia del proceso de investigación empírica, el análisis científico de las pistas que habrán de conducir hasta la resolución del enigma, a la manera del detective clásico, de superior capacidad intelectual que la incompetente policía oficial:

> Buena falta nos haría, con todo, Sherlock Holmes aquí para ver si descifraba el enigma de la muerte de Vicenta Verdier [...] No sería Sherlock Holmes, digámoslo en honor suyo, quien no atribuyese importancia al hallazgo de los gemelos y puños postizos del criminal, al cuchillo con que se cometió el crimen, a las cartas que la víctima guardaba en su armario, a la disposición de las ventanas por donde el criminal pudo huir y de aquellas otras por las cuales no era posible que huyese, y tantos y tantos indicios que saltarían a los ojos hasta de quien no fuese «del oficio» [*La Ilustración artística*, 1.416, 122].

Pardo Bazán es plenamente consciente de las auténticas limitaciones que conlleva el proceso deductivo del detective novelesco. El genuino interés mostrado por la autora hacia la temática criminal en sus aspectos sociales y psicológicos y su confesado espíritu inquisitivo pseudopolicial ávido de enigmas por descifrar parecerían acercarla hacia la aventura policiaca. En realidad, sin embargo, su inclinación natural no encuentra plena satisfacción en el mundo de cartón piedra de la novela policiaca, que siempre se queda demasiado corta. Pardo Bazán dejó claramente expresada su firme postura crítica frente a la invasión de novelas policiacas extranjeras en esas mismas páginas de *La Ilustración artística*. Tomando como ejemplo los seis tomos de las aventuras de Sherlock Holmes recién publicados en 1907-1908, Pardo Bazán tuvo ocasión de comentar ampliamente sobre las debilidades de la serie de Conan Doyle:

> En efecto, la «emocionante», «espeluznante», y «abracadabrante» obra del autor inglés, me ha causado la impresión de una cosa muy lánguida, desarrollada con procedimientos de monotonía infantil [...] [N]o sé qué me sorprende más: si la radical incapacidad del autor para salir de una misma fórmula, invariable, o la

paciencia y *bonhomie* de unos lectores que escuchan por centésima vez el cuento de la buena pipa, y cada vez lo encuentran más sorprendente y encantador [*La Ilustración artística*, 1.416, 122].

Observa Pardo Bazán que la excesiva rigidez formal de la novela policiaca británica se ve complementada por un respeto absoluto a las exigencias de la moralidad impuestas por la sociedad. Esta obediencia imposibilita un tratamiento auténtico de la temática policial que el código del decoro de la sociedad victoriana no permitiría. Según Pardo Bazán, los autores de estas novelas policiacas intentan compensar esta falta de autenticidad poniendo gran énfasis en la transcripción «realista» de los elementos secundarios, sin llegar nunca a ahondar más allá de lo meramente superficial:

No cabe lectura más adecuada para *girls* y *boys*. Allí ni por casualidad se desliza una frase, un pormenor escabroso. El terrible elemento pasional, tan frecuente en el crimen, ni asoma, o asoma tan envuelto en pudibundez, que no hay mejor disfrazada máscara. Al lado de este idealismo que produce impresión de falsedad, muestra Conan Doyle un realismo que halaga los instintos de sus compatriotas; realismo puramente epidérmico, local [...] En las novelas de Conan Doyle el fondo, los tipos, los personajes, las decoraciones, lugares, muebles, armas (¡qué de armería!) son genuinos y castizos de Albión, y sin embargo, al acabar de leer, no ha penetrado en nosotros ni un Átomo del sentido íntimo del alma inglesa [*La Ilustración artística*, 1.416, 122].

Pardo Bazán advierte ciertas deficiencias en la constitución de la novela policiaca que habrían de convertirse en el blanco favorito de críticos muy posteriores: falta de desarrollo psicológico de los personajes, realismo epidérmico, falso proceso deductivo-científico, excesivo rigor formal, planteamiento semejante a un problema de ajedrez. Acusa Pardo Bazán a esta novela de quedarse siempre en lo más superficial, lo directamente observable o tangible, sin llegar nunca a hacer verdaderas deducciones sobre el alma humana, en la cual ha de residir, como ya hemos visto anteriormente, el verdadero «misterio». Asimismo, señala que el proceso investigativo detectivesco se reduce a una larga serie de comprobaciones de indicios y pistas materiales en detrimento de la observación del carácter y psicología de los personajes. De igual manera las célebres deducciones del detective sólo resultan infalibles por las necesidades internas de la obra, y no por la excelencia del método empleado.[29]

Para Pardo Bazán, sin embargo, no todo en la novela policiaca ha de ser desaprovechable. La autora expresa su admiración por el investigador *amateur* de la novela policiaca clásica, en el fondo un nuevo trasunto del idealista caballero andante en su servidumbre a una causa noble, el restablecimiento de la verdad y la justicia. Su desinteresada actuación, motivada por un código de honor al servicio de la víctima indefensa y de la dama injustamente agraviada, trasluce una actitud moral cercana a la que la propia autora suscribe desde sus ensayos:

> Y en cuanto a los detectives, ésos, está a la vista, son completamente caballerescos, en su protección a los más débiles, a las mujeres oprimidas, acusadas falsamente de delitos o crímenes que no cometieron. ¿Quién más enderezador de entuertos y más defensor de princesas Micomiconas que Sherlock Holmes? [*La Ilustración artística*, 1.581, 254].

> Hasta tal punto es verdad que estos folletines policiacos son novelas de caballería, que en el teatro la misión de Sherlock Holmes es salvar a una huérfana inocente y bella con la cual acaba por casarse, ni más ni menos que si fuese el caballero del Cisne Espladian [*La Ilustración artística*, 1.416, 122].

La actitud aparentemente contradictoria de Pardo Bazán frente a la novela policiaca es debida, según hemos visto, a impulsos contrarios no necesariamente irreconciliables. A la vez que critica la estrecha moralidad puritana y la escasa profundización psicológica que contienen estas novelas, la autora es consciente de las posibilidades y el enorme alcance del nuevo medio. Es así que durante sus años de madurez artística la autora se embarca en la empresa de adaptar las claves de la novela policiaca a su particular concepción ético-estética. Puesto que censura las deficiencias del género, el resultado de su empresa no podrá ser una simple trasposición imitativa de sus convenciones, a la manera en que se hacía en las revistas y teatros de la época. Debido a su genuino interés en las posibilidades del género, tampoco se contentará con hacer meramente una paro-

---

29. Véase *La Ilustración artística*, n.º 1.416, 122.

dia burlesca, al estilo de Joaquín Belda. Manteniéndose lo suficientemente fiel a las convenciones del género como para poder leerla como auténtica novela policiaca, y al mismo tiempo distanciándose irónicamente de sus convenciones, Pardo Bazán aporta ciertas innovaciones extrañas al género que otorgan a su obra un indiscutible sello personal. Utilizando el motivo de la investigación policial como vehículo para la examinación de problemas morales y psicológicos, Pardo Bazán revela las posibilidades y limitaciones del patrón formal escogido al mismo tiempo que las contradicciones de la sociedad y de sus individuos.

La gota de sangre: una revisión del género

De las varias incursiones de Pardo Bazán en el género policiaco destaca por su mayor envergadura la novela corta *La gota de sangre*.[30] En su estructura formal la huella de la novela policiaca es especialmente evidente. La novela se construye formalmente sobre la característica duplicidad estructural del género que superpone la historia de la investigación sobre la historia del crimen que se va desvelando progresivamente. La narrativa sigue el desarrollo típico del método de encuesta según el patrón tradicional: descubrimiento de un crimen, inspección del lugar del delito, seguimiento de pistas y de sospechosos, mal papel de la policía oficial, demostración de la superioridad intelectual del investigador privado, formulación de una hipótesis y comprobación de la misma, y, finalmente, desenmascaramiento y castigo del culpable, con lo cual se restablece el orden legal, social e intelectual.

El uso de unas fórmulas narrativas específicas, junto con las

---

30. Esta novela fue publicada originalmente en *Los contemporáneos*, n.º 128 (1911). Las referencias textuales a esta novela son de sus *Obras completas* (vol. 1, Madrid, Aguilar, 1964). Otras narraciones policiacas de la autora son los cuentos breves «La cana» (*Los contemporáneos*, n.º 106 [1911]); «El aljófar» (*La Ilustración artística*, n.º 1.044 [1902]); «La cita» (*La Ilustración Española y Americana*, n.º 38 [1909]); «Nube de paso» (*La Ilustración Española y Americana*, n.º 22 [1911]); «Presentido» (*La Ilustración Española y Americana*, n.º 42 [1910]); «En coche-cama» (*La Ilustración Española y Americana*, n.º 39 [1914]); «De un nido» (*Blanco y Negro*, n.º 592 [1902]) y «La confianza» (*La Ilustración Española y Americana*, n.º 4 [1912]).

alusiones intertextuales y metaficcionales que surgen del propio texto de esta novela parecen dirigirse expresamente en busca de la complicidad del lector. La autorreferencialidad metaficcional del género policiaco suele responder a un deseo de homenaje y/o de parodia por parte del autor hacia las convenciones del género (en el presente caso, como en el de Belda, sospechamos que a ambos), lo cual aumenta notablemente la «literariedad» del relato.[31] Sabido es que la literatura, sobre todo la denominada «de género», se alimenta especialmente de literatura. Dado que las fórmulas del género son por definición repetitivas e inmediatamente reconocibles para el público lector aficionado, al referirse a ellas abiertamente desde el propio texto como fórmulas literarias, el lector se verá más inclinado a aceptar y participar lúdicamente en el mundo novelesco que se le presenta delante. Esta estrategia tiene especial utilidad cuando se trata de importar y hacer aceptables para el lector las convenciones de un género que aunque conocido, a la vista de su recepción en la España de la época, es extraño a su propia tradición literaria. Donde reside la originalidad de la novela de Pardo Bazán es en su capacidad de imponer sobre las convenciones temático-ideológicas del género policiaco una huella renovadora personal. La autora no rehuye las convenciones genéricas importadas sino que las superpone a un material humano y social local, sirviéndose de los elementos formulados del género para la creación de un andamiaje de intriga sobre los que poder desarrollar literariamente la problemática psicológica, moral y social en torno al fenómeno del crimen.

En *La gota de sangre* se nos presenta narrado en primera persona el caso de Selva, un señorito madrileño aficionado a la lectura de novelas policiacas, que se ve obligado por las circunstancias a resolver un crimen misterioso para así poder demostrar su propia inocencia. Existen, sin embargo, otras razones más poderosas que explican esta singular determinación y aña-

---

31. Esta autorreflexividad parece ser una constante del género desde sus mismos comienzos. Así, en «The Mystery of Marie Roget» el innombrado narrador se refería a las pasadas hazañas de Auguste Dupin que ya habían sido recontadas en «Murders in the Rue Morgue». Igualmente en *Study in Scarlet*, Conan Doyle deja clara la ascendencia literaria de Sherlock Holmes al relacionarlo, si bien por oposición, con Dupin y con Lecoq, el policía de Gaboriau. A partir de Holmes, la autorreflexividad se convierte en una característica frecuente de los practicantes del género.

den un tono irónico a la empresa del protagonista. El mismo Selva sugiere explícitamente la más que probable influencia de estas lecturas a la hora de embarcarse en su aventura detectivesca, contribuyendo así a lanzar el relato al nivel de la metaficción:

> [M]e he propuesto ser yo quien lo descubra [el crimen], y se me figura que sólo yo lo he de lograr. Quizá me ha sugerido tal propósito la lectura de esas novelas inglesas que ahora están de moda, y en que hay policías de ficción, o sea *detectives* por *sport*. Ya sabe usted que así como el hombre de la Naturaleza refleja impresiones directas, el de la civilización refleja lecturas [996].

Sin embargo, nada hay más improbable por alejado de la realidad de la sociedad española que la idea de un «policía de ficción» o «detective por *sport*». Al hacer explícita en la narración la relación causal entre la lectura de novelas policiacas extranjeras y la aventura novelesca de Selva se facilita la aceptación por parte del lector de las convenciones del género adaptadas a su sociedad. Como en el *Quijote* donde las lecturas de libros de caballerías explican racionalmente y hacen verosímil la loca aventura de Don Quijote, esta táctica responde a un doble juego intencional: la posibilidad de construir una obra que utiliza las convenciones temáticas y formales de una tradición literaria específica, al mismo tiempo que mantiene una distancia irónica respecto al género:

> No se trataba ya sino de confirmar lo adivinado. Para ello tenía yo que jugar un poco al detective y servirme de medios un tanto extravagantes, con espíritu de novela jurídico-penal [...]
> En mi situación, ¿qué haría un *detective* profesional? La cosa es obvia: empezaría por disfrazarse. Apenas lo hube imaginado, empecé a dar vueltas a la idea del disfraz. Quería uno que me permitiese recobrar mi personalidad a todo momento, sin la ridiculez de las barbas postizas y la blusa de albañil, sin renunciar ni breves instantes a la exterioridad de la clase social a que pertenezco [1.005].

Un claro ejemplo de esta doble intencionalidad en la fabricación de la novela la presenta la personalidad del propio Selva. La autora utiliza un patrón muy conocido, el detective inactivo y aburrido necesitado de casos a resolver para paliar su malestar, sirviéndose de una convención establecida que parodia y al mismo tiempo lleva más allá, dándole un nuevo giro. Efectivamente, el protagonista de su novela sufre de un crónico malestar cuyos síntomas son el aburrimiento y el desinterés por la vida, que inmediatamente recuerda a Sherlock Holmes, adicto a la morfina, cuando está inactivo sin un caso entre manos. La caracterización psicológica de Selva comienza con la visita de éste a su médico, «Para combatir una neurastenia profunda que me tenía agobiado» (992), palabras con que se abre la novela y que introducen de inmediato al lector dentro de la particular problemática del protagonista. El diagnóstico del Doctor Luz (cuyo nombre simboliza la verdad y parodia la claridad de la ciencia) no deja dudas acerca del mal de Selva: «Lo que padece usted es atonía, indiferencia; le falta estímulo» (992).

Para combatir esa particular forma de *ennui*, el médico le aconseja a Selva dedicarse a la observación y análisis de los misterios de la vida humana: «pues no viaje usted por tierras: explore almas. No hay vida humana sin misterio. La curiosidad puede ascender a pasión. Para una persona como usted que posee elementos de investigación psicológica [...]» (992). Selva, sin embargo, no cree que su malestar tenga tan fácil solución, «convencido de que la ciencia, ante mi caso, se declaraba impotente» (992). Por carecer la vida de aventura y de alicientes novelescos, Selva está condenado a vivir en «la cárcel de la realidad vulgar, engendradora de mi tedio» (993). Para él, no existe el misterio en un mundo gris y ordinario, sin interés alguno; no puede sentir curiosidad por la vida cotidiana y rutinaria, carente de sorpresas, como máquina donde todo encaja perfectamente. Tradicionalmente el detective de la novela policiaca clásica es representado como la encarnación del espíritu científico positivista que intenta racionalizar lo inexplicable y misterioso, aunque en el fondo sus célebres «deducciones» sean verdaderamente pseudocientíficas y su carácter profundamente imbuido de un espíritu romántico. En Selva se transparenta esa paradoja, desarrollando en él aun más ese trazo de ambigüedad, que llega casi a representar la actitud contraria, antipositivista, en su deseo de novelar un mundo excesivamente racional y compartimentalizado: «Desgraciadamente la mayor parte de las cosas tiene siempre explicación vulgar y prosaica, y la vida es un tejido de mallas flojas, mecánico, previsto: nada romancesco lo borda» (993).

Esta actitud vital enclava al protagonista en la sociedad de su época. Selva se nos presenta como un aristócrata madrileño aburrido de la vida y falto de emociones vitales, producto del hastío y de la abulia, que en la literatura española se ha visto especialmente asociado con los sectores inactivos de la sociedad española durante el período de la crisis finisecular. Como un nuevo Bonifacio Reyes o un antecesor de Augusto Pérez, Selva deambula por la vida apáticamente y sin objetivo alguno. Al igual que estos personajes afines de Clarín y Unamuno, Selva habrá de encontrar finalmente su «salvación» (de consecuencias catastróficas) en una mujer, pero en principio su natural actitud misógina le hace rehuir de la relación amorosa: «Las mujeres para un rato. Y aún ese rato lo suelen envenenar. Y las que no lo envenenan, empalagan» (992).

Afortunadamente para Selva, la aventura romancesco-policiaca no tarda en llamar a su puerta en forma de crimen misterioso, como corresponde a los patrones clásicos del género. Selva enseguida se hace consciente de que solamente un fenómeno tan irracional y transgresor de la normalidad como el crimen es capaz de introducir lo extraordinario en la vida vulgar y dar alivio a su malestar, aunque sólo sea como investigador: «lo único que llegaba adentro, que rompía la gris uniformidad de la civilización era el crimen. El sabor amargo y salado del crimen había quitado de mi paladar la insipidez del tedio» (995). Su exaltación es genuina, por lo inacostumbrada, ante la expectativa de verse envuelto en un auténtico misterio policial: «Pero ¿hay crimen? —exclamé con vehemencia casi gozosa» (995). Selva decide intervenir personalmente en la investigación policial, menos por demostrar su inocencia o su habilidad, si bien esto lo motiva parcialmente, que por ver en ello la curación a su enfermedad anímica:

> «¡Qué diablos! —reaccioné mentalmente—. Soy hombre de inteligencia y cultura, desocupado, y que, además, siente el inexplicable golpeteo de la corazonada [...] El drama me ha interesado en su primer acto; he de intervenir en el desenlace. El caso es que desde ayer no me aburro [...] ¿Cuándo empecé a no sentir el peso del fastidio? ¿Cuándo solté el yugo de plomo?» [997].

El interés del misterio efectivamente consigue eliminar en el desocupado Selva todo rastro de su apatía y desgana características. La lectura de aventuras romancescas, responsable de la demencia de Don Quijote, es, en el caso de Selva, responsable de su curación. Tanto es así, que, tras solucionar correctamente el misterio policial, Selva decide proseguir su carrera de investigador:

> Después de esta aventura, he comprendido que, desde la cuna, mi vocación es la de policía aficionado [...] Resuelto a ejercerla, me voy a Inglaterra a estudiarla bien, a tomar lecciones de los maestros. Y tendré ancho campo en este Madrid, donde reinan el misterio y la impunidad. Traeré al descubrimiento de los crímenes elementos novelescos e intelectuales, y acaso un día podré contar al público algo digno de la letra de imprenta [1.012].[32]

Pardo Bazán utiliza la convención del carácter individual de la empresa de investigador privado al margen de la policía oficial para realizar una crítica burlona a la institución policial (española en este caso) a todas luces ineficaz para llevar a cabo su cometido. Resulta irónico que sea precisamente el presuntamente culpable Selva quien se encargue de dirigir la operación investigativa de la policía, deleitándose en dejar a ésta constantemente en ridículo. Selva constata en la zafia persona del policía irónicamente llamado Cordelero, el cual «entre los de su profesión pasa por ser quizá el más entendido y de más fino olfato» (998), la inferioridad cualitativa de las fuerzas policiales españolas con respecto a las de otras naciones europeas: «Cordelero no sabía lo que le pasaba. La evidencia de mis observaciones le confundía. Entreveía un mundo de ciencia policiaca y una escuela de arte a la europea, que le avergonzaba por no conocerlas» (999-1.000). Se puede hallar en estas palabras un eco de aquellas intenciones reformistas del sistema policial propuestas por Pardo Bazán desde las páginas de *La Ilustración artística* y que hemos comentado más arriba.

La autora, quien no vacilaba en criticar la inverosimilitud de las situaciones, acciones y comportamientos de los personajes en las novelas del género policiaco, dota al protagonista de *La*

---

32. Efectivamente, Pardo Bazán llegó a escribir una segunda parte de las aventuras de Selva, al regreso del protagonista a Madrid tras sus viajes por el extranjero. La novela, titulada *Selva* permanece todavía inédita. Varela Jácome ha dado cuenta de su descubrimiento de este manuscrito en la Biblioteca de la Academia Gallega y ha realizado un breve análisis del mismo en su *Estructuras novelísticas de Emilia Pardo Bazán* (Santiago, CSIC, 1973), 121-123.

gota de sangre de una complejidad psicológica de la que carecen los personajes unidimensionales de la novela policiaca clásica. Selva no es el superdetective infalible de facultades supernaturales, sino un ser humano ambiguo y contradictorio. Nada más opuesto a un Auguste Dupin o un Sherlock Holmes, héroes de una pieza, perfectos en su sobrehumana constitución. Asimismo, la intriga central de la historia no reside en descubrir al culpable del asesinato de Grijalba, crimen que se le achaca a Selva, pues ya desde el comienzo de la novela todos los indicios hacen sospechar de Andrés Ariza con su camisa manchada por una gota de sangre, y muy pronto se le relaciona con su cómplice Julia Fernandina (Chulita Ferna), «la única mujer de la vecindad que podía haber intervenido en el suceso» (1.003). El verdadero interés de la historia radica en el desarrollo moral del protagonista, en averiguar los motivos que impulsaron a los criminales a cometer el delito, en conocer la caída moral y social de Chulita y Ariza. El foco de interés de la interrogación se traslada de descubrir quién es el autor a descubrir el porqué, pasando así del juego de rompecabezas a la introspección psicológica literaria. Es la misma evolución que se habrá de producir del *whodunit* clásico a la novela policiaca psicológica de un George Simenon o, en otra línea, Patricia Highsmith. Otra innovación que Pardo Bazán aporta al género, relacionada con esta introspección psicológica de los personajes, es la relativización y el cuestionamiento de la problemática moral. Ya hemos comentado anteriormente la crítica que la autora hace de la novela policiaca por el respeto servil de ésta hacia la moral imperante en la sociedad, lo que la incapacita para abordar los aspectos turbios alrededor de la temática criminal, precisamente aquellos que, según la autora, mejor podrían servir de iluminación sobre el alma humana y sobre la misma sociedad. En *La gota de sangre* Pardo Bazán ilustra este conflicto con los casos extremos de Selva y de Chulita Ferna; Chulita, quien ha vivido al margen de las normas morales establecidas, es vista por la sociedad como una mujer descarriada, una perdida. Como Eugenia, el amor imposible de Augusto Pérez en *Niebla*, Chulita planea con su amante Andrés Ariza aprovecharse del interés despertado en un incauto admirador (Grijalba) y apoderarse de su dinero. Desafortunadamente, Chulita se ve convertida contra su voluntad en cebo y cómplice circunstancial en el asesinato que su amante Ariza comete en la persona de Grijalba. La comprometida situación en que se encuentra Chulita como consecuencia de esto, desamparada ante la ley, se ve agravada por tratarse de una mujer que, desafiando los valores morales de la sociedad bien pensante, ha llevado siempre una vida disoluta, perdiendo la credibilidad y el respeto por parte de la buena sociedad. Así, esta mujer se ve desposeída de sus inalienables derechos a ser tratada con dignidad y justicia. Para su salvación, será necesaria la intervención directa de Selva, quien movido por un ambiguo espíritu novelesco y sobre todo por la conciencia de su propia caída, no sigue, como debería, el código de las leyes y de las normas sociales, sino el de la comprensión y la compasión, comprometiendo así su antigua moral siempre en conformidad con el orden establecido.

Frente a la conducta intachable del investigador clásico, siempre de acuerdo con la moral social burguesa que concibe el delito como una transgresión de la norma social que ha de ser castigada, Selva va evolucionando en su conducta moral a través del desarollo de la historia en una dirección irreconciliable con el orden establecido. Al principio Selva aparece como un ciudadano respetuoso con la ley y la moralidad social; la irrupción del crimen en su aburrida existencia (cuando descubre la gota de sangre en la camisa de Ariza) le saca de su aletargamiento y despierta en él una confusa actitud de atracción/rechazo hacia el fruto prohibido (simbólicamente representado por los fuertes efluvios del perfume de gardenia, provenientes primero de Ariza y después de Chulita, que excitan y confunden sus sentidos). El estado de confusión de Selva se va acrecentando progresivamente al llegar con «ideas tétricas» a casa de Chulita para arrancarle a ésta la confesión de su crimen. La simple visión de un retrato de Chulita provoca fuertes sentimientos encontrados de deseo y repulsa: «aquella expresión enigmática de los ojos oscuros, aquella sangrante frescura de la boca y, además, el modelado exquisito de un busto perfecto, diminuto como el de una niña, diabólicamente virginal» (1.005). La fuerza de la moral social establecida todavía logra imponerse sobre su oscuro deseo y así rechaza la tentación de «la pecadora»: «¡Oh mujer, señuelo del espíritu del mal! ¡Bajo esa gracia tuya late el hervor de la gusanera del sepulcro!» (1.006). Sin embargo, Selva pronto sucumbirá a los encantos de Chulita cuando la tentación se hace de carne y hueso, y es nuevamente su perfume, irremediablemente asociado a los atractivos del mal, el que le incita a ello:

Del pulverizador salió un agua impregnada de aquel mismo capcioso, embriagador perfume que se respiraba en torno y cuyo vaho jaquecoso vino a mí en el teatro, saliendo de las ropas del asesino... Un olor es una cosa viva o, al menos, un duende que se nos mete en el ánimo y lo conturba, y lo posee, y lo embriaga. Yo perdí la razón y me entregué a la sugestión del perfume. Abrió ella lentamente los ojos, suspiró y con impensado movimiento echó a mi cuello los brazos... [1.007].

Una lucha interna continúa debatiéndose dentro de Selva mientras recibe el abrazo de la cómplice en el crimen de Grijalba. En su corazón se mezclan la atracción y la repulsa, el deseo y el horror: «Una sonrisa silenciosa florecía en el rojo cáliz de su boca sangrienta y en el negro abismo de sus pupilas un reflejo infernal me atraía y me espantaba» (1.007). El acercamiento de Selva hacia lo prohibido, hacia el mal, se completa inexorablemente por la atracción consustancial en el hombre hacia el fruto prohibido que simbólicamente la mujer le presenta:

No era la mujer y sus ya conocidos lazos y redes lo que causaba mi fascinación maldita; era la idea de que aquella boca estaba macerada en el amargo licor del crimen, en la esencia de la maldad humana, que es también la esencia de nuestro ser decaído y al morderla gustaría la manzana fatal, la de nuestra perdición y nuestra vida miserable... [1.007].

El abrazo físico subraya el estrechamiento de la distancia moral entre Chulita, la mujer perdida y cómplice de Ariza en el crimen, y Selva, el investigador, hasta que llegan a situarse los dos al mismo nivel. Ambos con la misma inclinación, desviados de las normas sociales, cómplices de un delito, ambos sufren una caída moral, sólo cambian las circunstancias de cada uno de ellos. Selva se deja arrastrar por sus oscuros impulsos, y emblandecido por los ruegos de Chulita, le promete a ésta librarla de su castigo, haciéndose él mismo cómplice del crimen. Su entrega a esa «atracción del abismo» (1.010) le ha llevado a una posición moral en conflicto con la de la sociedad y con la que él mismo defendía en un principio, la persecución y castigo del infractor de la ley: «me repugnaba enviar al patíbulo, o siquiera a presidio, a una mujer» (1.011). De manera irónica, Selva parece poner en práctica la subversiva pero caballeresca recomendación que la misma autora había ofrecido anteriormente en sus artículos periodísticos: «Mientras la mujer no disfrute de la plenitud de los derechos civiles, no deben aplicársele las últimas sanciones penales» (*La Ilustración artística*, 1.456, 762). Desplazándose de una ética de normas y derechos a una ética de comprensión y compasión, Selva procura la escapada de Chulita, recomendándole finalmente como a una Magdalena arrepentida «si puedes, no vuelvas a pecar» (1.010). La transformación moral del protagonista se completa con la conciencia de su propia complicidad, lo cual hace que sea más comprensivo con las faltas de los demás. Así, Selva se compadece de Ariza, que es como él mismo, «a pesar de sus vicios, un caballero, por la clase social a que pertenece», y le evita el escándalo público de entregarlo a la justicia; sin embargo, Selva no puede disculpar su crimen ni salvarle del castigo, como hiciera con Chulita, lo cual demuestra la ambigüedad moral del protagonista:

> Puesta en salvo Chulita, faltaba hacer otra cosa. Desde que había reconocido con bochorno mi flaqueza, mi propia insania; desde que me sentí capaz de sufrir la atracción del abismo, me volví relativamente misericordioso; quería evitarle a Ariza, por lo menos, la afrenta pública [1.010].

> [M]i deseo es facilitarle a usted [Ariza] tiempo suficiente para... No; no es eso —exclamé, leyendo en sus ojos—. Escaparse, no. ¿Me toma usted por algún necio? Yo no protejo «así» más que a las mujeres; los hombres, que tengan alma [1.011].

Es precisamente esa ambigüedad moral del protagonista lo que consigue humanizarlo y hacerlo sorprendente a la vez, y lo que crea genuino interés en la historia. Su humanidad reside en su vulnerabilidad. Debido a ello, *La gota de sangre* se separa abiertamente de la tradicional conformidad de la novela policiaca (clásica) con la norma moral de la sociedad, conformidad contra la cual, como hemos visto, la autora ya se había pronunciado claramente en sus artículos ensayísticos. Nuevamente Pardo Bazán parece adelantarse a su tiempo, anunciando la posterior introducción masiva de la relativización moral por parte de la novela policiaca negra. La ambigüedad de Selva es la misma que encontraremos en los protagonistas de las novelas de Dashiell Hammett y Raymond Chandler, continuamente debatiéndose entre el deber y el honor, el interés público y el personal, y con frecuencia sufriendo una profunda crisis, que como en el caso de Selva, es simbolizada en su caída en los brazos de una terrible mujer «vamp» (moderna representación de Eva).

Aún introduce la autora en esta novela otra innovación dentro del género al elegir no a un policía oficial, o a un detective privado o *amateur* para llevar a cabo la investigación criminal, sino a un hombre alejado de toda problemática delictiva que se ve obligado por las circunstancias a descubrir por sí solo el misterio del crimen y demostrar a la sociedad su propia inocencia. Así a la intriga normal que proporciona el misterio del caso se añade el interés por las consecuencias directas del mismo sobre el improvisado investigador. Sobre esta misma base se habrá de construir posteriormente uno de los subgéneros señalados en la tipología de Todorov como integrantes del género policiaco del «suspense», y que él denomina «la historia del sospechoso como detective» (*The Poetics of Prose*, 51-52). Efectivamente, Selva parece el primero de una larga serie de individuos de posición establecida y declarados defensores del *statu quo* que ven resquebrajarse su confianza en la seguridad de la vida burguesa; sospechosos aparentemente de un crimen pero inocentes en realidad, se ven obligados a convertirse en detectives, no por «ficción» o por «sport» sino por necesidad. A esta categoría pertenecerían las novelas de William Irish y Patrick Quentin, así como muchas películas del llamado «maestro del suspense», Alfred Hitchcock. Pardo Bazán descubre temprano las mejores posibilidades de identificación del lector con un protagonista de su misma estatura y condición (investigador no profesional o *amateur*) a la vez que el fortalecimiento del interés del lector producido por la urgente necesidad de resolución del misterio policiaco, ya que de ello depende el futuro del protagonista.

Hemos comprobado cómo Pardo Bazán, partiendo de una revisión crítica a la novela policiaca desde presupuestos éticos y estéticos, se aprovecha de sus convenciones genéricas para explorar la problemática psicológica, moral y social alrededor del crimen, superponiendo una peripecia argumental de intriga sobre un trasfondo social realista que anuncia los futuros caminos que el género habrá de tomar (corriente «psicológica», corriente «negra» y corriente de «suspense»). Estas innovaciones que Pardo Bazán incorpora al género policiaco no serían aprovechadas, ni siquiera reconocidas, por otros autores españoles. La novela policiaca continuó siendo en España un género menospreciado por los intelectuales, que veían en él nada más que un pasatiempo divertido, aunque frecuentemente gozado en privado por sus mismos denostadores. Por ello, quizás, la producción nacional de novelas policiacas se mantuvo durante largo tiempo dentro de esa corriente subliteraria y sin ambiciones literarias que tan lúcidamente criticó Pardo Bazán, más cercana al pasatiempo humorístico que a la creación artística.[33]

---

33. Lamentablemente Pardo Bazán nunca llegó a dar por terminada su novela *Selva*, continuación de *La gota de sangre*. A juzgar por las diversas versiones ampliamente corregidas del manuscrito, por el hecho de que éste se encuentre incompleto y nunca se hubiera publicado, parece lógico pensar que la autora no estaba del todo contenta con el resultado. Por otra parte, la convencionalidad del argumento y el poco relieve de los personajes, en comaparación a *La gota de sangre*, parece indicar que Pardo Bazán había perdido su entusiasmo inicial por el género policiaco. En la actualidad, Noel Clenessy está preparando una edición crítica de *Selva*.

3

LA NOVELA POLICIACA EN LA POSGUERRA

El detective no puede llamarse Fernández.

JUAN DEL ARCO, *El Español* (18 septiembre 1948)

Entre las muchas características más o menos discutibles de la «novela negra» hay una que es indiscutible: describe una sociedad urbana concreta en un momento concreto, generalmente a través de ambientes que son muy conocidos por el autor. [Entre 1940 y 1975] eso era imposible, porque la Censura no permitía tratar con sentido crítico ambientes españoles. El público, por descontado, tampoco lo hubiera aceptado bien. Para el público, la policía de entonces era la Brigada Social, la que encarcelaba a obreros y estudiantes y aplicaba «in situ», sobre las costillas del interesado, una buena ración de la paz de España. Ya lo había dicho Unamuno bastantes años antes: «tranquilidad viene de tranca».

FRANCESC GONZÁLEZ LEDESMA,
«La prehistoria de la novela negra»

El paréntesis de entreguerras

El primer momento de auge que el género policiaco tuvo en España a principios de siglo, tras la importación masiva de novelas policiacas extranjeras y la aparición de imitaciones y adaptaciones locales, fue paulatinamente perdiendo fuerza hacia finales de la segunda década. A pesar de que la novela policiaca en ningún momento llegó a desaparecer del panorama general, parece claro que en España pasó a ocupar un plano menos prominente durante las dos décadas siguientes. Como en otros aspectos sociales y culturales, el paréntesis de la Primera Guerra Mundial marcó el final y el principio de dos épocas para la novela policiaca en Europa y Estados Unidos.[1] La interrupción del flujo de novelas policiacas provocada por la contienda tuvo en España efectos duraderos; por una parte se atenuó considerablemente la vitalidad de la primera ola de novelas policiacas encabezada por la obra de Conan Doyle; y por otra parte se retrasó la importación de las nuevas novelas que habrían de aparecer en Inglaterra y Estados Unidos desde principios de los años veinte hasta la Segunda Guerra Mundial, la época conocida como la «edad de oro» de la novela policiaca en que se exagera la vena racionalista y se consolidan las rígidas normativas del género, principalmente el *fair-play* en la exposición narrativa y el desafío lúdico-intelectual presentado al lector en forma de enigma, único centro de interés de la narración (Agatha Christie, Ellery Queen). La recuperación del género en España ocurriría lentamente a lo largo de los años veinte y treinta, viéndose afectada especialmente por la turbulencia político-social de esta última década. De hecho, el género policiaco no volvería a prosperar en España de manera sobresaliente hasta después de la Guerra Civil.

A pesar de esta situación de baja, sin embargo, el género se mantuvo en un nivel de relativa popularidad, a juzgar por la pronta aparición de series especializadas que publicaban traducciones de relatos policiacos.[2] El fenómeno más importante de este período es la publicación a mediados de los años treinta de la colección semanal «Biblioteca Oro» de la editorial Molino

---

1. Howard Haycraft distingue claramente estas dos épocas: «the War marked, whether fortuitously or not, an effective period to the romantic tradition that stemmed from Baker Street [Conan Doyle]. Before 1914, the difference between detection and mystery was clear in the minds of only a few. After 1918, we find a new and distinct cleavage, with the tinseled trappings of romanticism relegated for the most part to the sphere of mystery, and a fresher, sharper detective story making bold and rapid strides on its own stout legs. How much of this change was the effect of the awful years of interruption, how much a logical development that would have ocurred anyhow, can never be completely determined» *(Murder for Pleasure,* 112-113).

2. A partir de la mitad de los años veinte comenzaron a publicarse en España colecciones especializadas de relatos policiacos como la serie «Enigma» (1925), «El Antifaz» (1929) y «El Club del Crimen» (1929); en los años treinta estas series se multiplicaron: «Detective» (1930), «Novelas Emocionantes» (1930), «Selección policiaca» (1932), «La Novela Aventura, Serie Detectivesca» (1933) y sobre todo la colección «Biblioteca Oro» (1933). Véase Salvador Vázquez de Parga, «La novela policiaca española», *Los Cuadernos del Norte,* 4.19 (1983), 24-37.

de Barcelona dedicada exclusivamente a relatos policiacos.[3] En ella, a la vez que continúan siendo reeditadas las figuras ya consagradas de la primera época, sobre todo Conan Doyle y Chesterton, otros nuevos autores hacen su aparición y consiguen ser aceptados por amplios sectores del público. Durante esta época la corriente de mayor éxito en el género policiaco es la novela de aventuras de misterio, epitomizada por la extensa obra de Edgar Wallace y Philip Oppenheim, cuantitativamente muy por encima de la ocasional aparición de la pura novela de detección del tipo Agatha Christie, Ellery Queen o S.S. Van Dine, cuya incorporación masiva en España es posterior, y por supuesto de la novela policiaca negra que desde finales de los años veinte había comenzado a desplazar en Norteamérica a la novela-problema pero que todavía apenas logra llegar a España. Algún caso excepcional ocurre de manera aislada como la aparición de *The Maltese Falcon* de Dashiell Hammett (*El halcón del Rey de España*, editado en Madrid por Dédalo en 1933) o de *Sanctuary* de William Faulkner (*Santuario*, Madrid, Espasa-Calpe, 1934), pero no representan una corriente importante. En general, casi todas las colecciones especializadas estaban formadas por traducciones de autores extranjeros y muy rara vez se incluyeron en ellas autores españoles.

Por diversas razones (desprestigio del género en los círculos cultos, preferencia de autores extranjeros por parte de los editores o quizás simplemente por insuficiencia del talento local para este género) muy pocos autores españoles se acercaron durante este período a la novela policiaca. De hecho los contados ejemplos resultan casos aislados de escasa relevancia. Así, en la colección «Azul» de la Editorial Juventud, apareció a principios de los años treinta una trilogía de aventuras policiacas protagonizadas por el comisario Venancio Villabaja a cargo de E.C. Delmar (pseudónimo de Julian Amich Bert), *El misterio del contador de gas*, *Piojos grises* y *La tórtola de la puñalada*, un ejercicio imitativo de la escuela británica pero con ambientación y personajes locales. También el conocido comediógrafo Enrique Jardiel Poncela escribió para varias revistas hacia finales de los años veinte una serie de cuentos policiacos en forma autobio-

---

3. Para una información más detallada sobre los avatares de esta colección a lo largo de su extensa vida véase también José Ramón Pose Menéndez, «Sangre pasada mueve molino», en *Archivo del Crimen*, 9 (1977), 170-171.

gráfica reunidos posteriormente bajo el título de «Novísimas aventuras de Sherlock Holmes», simples imitaciones jocosas con el característico humor absurdo del autor a base de juegos verbales y siguiendo la tradición de las numerosas versiones apócrifas de las aventuras del personaje creado por Conan Doyle.[4] Igualmente el escritor Wenceslao Fernández Flórez experimentó dentro del género policiaco inaugurando la corriente de la sátira política con dos novelas protagonizadas por el inspector británico Charles Ring, *Los trabajos del detective Ring* (1934) y *La novela número 13* (1939), ambas ambientadas contra el trasfondo de los turbulentos años de la República, cuya única razón de ser aparente es la crítica resentida y furiosamente antidemocrática de las instituciones republicanas. El hecho de que la sátira de Fernández Flórez esté especialmente dirigida contra unos personajes y unas situaciones históricas muy concretas que ya no son de dominio general (el bienio liberal, los ministros Lerroux, Largo Caballero, Pita Romero, los presidentes Azaña y Alcalá Zamora) hace que en una lectura actual de las novelas se pierda en gran parte el sentido de la mayoría de las burlas que casi siempre son pueriles ataques personales. El hecho de que estas burlas sean además facilonas y mal intencionadas disminuye enormemente la posible fuerza de la sátira. Eugenio de Nora acertadamente enjuicia estas novelas como «farsas políticas de intención exclusivamente política», «de valor puramente panfletario», y de «trama pseudopoliciaca disparatada y bufa» (*La novela española*, 34). Desgraciadamente el resentimiento político antirrepublicano y la mala conciencia del autor con respecto a su posición social privilegiada (provocados sobre todo por el temor a perder irremediablemente los privilegios de clase alcanzados

---

4. El carácter escapista y políticamente conservador de estas incursiones en el género resulta evidente en las manifestaciones del propio autor; estos relatos aparecieron recogidos en *El libro del convaleciente* en 1937 (reed. en 1943) con la intención, según el autor, «de procurar a los convalecientes de las trincheras una lectura divertida, ligera y un poco pueril. [...] da ilación sencillísima para no precisar de ellos excesiva atención» (Enrique Jardiel Poncela, prólogo a la segunda edición, *Obras completas*, vol. 3 [México, D.F., AHRMEX, 1958], 13). Posteriormente serían reeditadas dentro de su libro *Para leer mientras sube al ascensor* (1951). Su interés por la temática policiaca parecía ya venir de antes, pues ya en 1922 había contribuido personalmente a costear la publicación de la colección «La Novela Misteriosa». Véase R. Flórez, *Mío Jardiel* (Madrid, Biblioteca Nueva, 1966), 82.

con enorme esfuerzo), se interponen constantemente en el desarrollo de las dos novelas, convirtiéndolas en meros alegatos excusatorios de su retrógrada postura político-social.[5] En resumen, hallamos un balance que no resulta demasiado favorable para la novela policiaca de creación autóctona de aquellos años, aunque comienzan a aparecer antecedentes claros de corrientes que tendrán un lugar importante en el desarrollo posterior del género en España, como la vertiente absurda de Jardiel Poncela y la vertiente de la sátira política de Fernández Flórez.

La novela policiaca y la crítica literaria de posguerra

La situación general va a cambiar notablemente en los años de la posguerra inmediata. Tras el paréntesis provocado por la contienda civil la importación de novelas policiacas extranjeras experimenta un rápido crecimiento a lo largo de los años cuarenta, durante los cuales se multiplican las colecciones dedicadas a la novela policiaca.[6] Por ellas el público español accede de manera masiva en primer lugar a la corriente anteriormente inexplorada de la novela-problema de la «edad de oro» encabezada por Agatha Christie, la cual había alcanzado su mayor auge allende de nuestras fronteras en las décadas anteriores. Sin duda durante estos años dominados por las fuertes presiones de la censura gubernamental franquista las casas editoriales consideraron relativamente inofensiva para el Régimen este tipo de novela-enigma, conservadora de los valores tradicionales y restauradora del orden establecido. Por el contrario, la corriente de novela policiaca negra, debido tanto a sus usuales dosis de violencia y sexualidad, como a su abierta crítica de la corrupción e ineficacia de las instituciones gubernamentales y de sus aliados

---

5. Véase igualmente el concienzudo trabajo de José Carlos Mainer, *Análisis de una insatisfacción: las novelas de W. Fernández Flórez* (Madrid, Castalia, 1975), especialmente pp. 334-336 y 349-354.

6. Muchas casas editoriales contaban con su propia serie policiaca dedicada exclusivamente a novelas policiacas extranjeras; así, además de la «Biblioteca Oro» de Molino, cuyo catálogo nacional en 1954 era de 320 novelas, Maucci tenía su «Colección Amarilla» y la «Serie Detective, Colección de Novelas Policiacas»; Editorial Hispanoamericana, «La Novela Quincenal»; Bruguera, «Biblioteca Iris, Serie policiaca», «Colección Riesgo, Serie Intriga»; Cisne, «Serie Hallace»; y «Vives Hércules, Serie policiaca».

(los magnates, el crimen organizado), llegó a España desnaturalizada y con mucha irregularidad. Se publicaron algunas novelas de este tipo (las menos provocativas) de manera aislada, pero su aparición sería todavía rara hasta finales de los años cincuenta y principios de los sesenta.[7] Un caso notorio fue la publicación —por primera vez en castellano— de una novela de Raymond Chandler (*Farewell My Lovely* de 1940) en 1944 bajo el título *Detective por correspondencia* con extensos recortes y tergiversaciones del sentido de la novela original, dentro de la ya mencionada colección «Biblioteca Oro», la cual se seguía publicando ahora desde la Argentina (a donde se había trasladado durante la Guerra Civil) regresando nuevamente a España en 1953. De cualquier manera, no parece que existiese todavía ni entre el público ni la crítica española de la época la conciencia clara de este subgénero nuevo, algo que no habría de ocurrir de manera generalizada hasta los años setenta (aunque ya antes hubo casos aislados de especial lucidez crítica, como es el caso de Luis Cernuda, según veremos más adelante).[8]

El interés crítico generado por el gran auge del género policiaco en este período de posguerra se concentró —no es de extrañar que de manera casi exclusiva— sobre la corriente clásica de

---

7. La mezcla de impedimentos censoriales e insuficiencias editoriales explica la situación anómala de la novela policiaca negra en la España de esta época, algunos de cuyos efectos todavía se pueden apreciar hoy en día en ciertos aspectos (los «olvidos» y otras deficientes prácticas editoriales, por ejemplo). Véase Javier Coma, «Disparen sobre el especialista», *Los Cuadernos del Norte*, 8.41 (1987), 28-34.

8. La novela policiaca negra desde sus comienzos en Estados Unidos a finales de los años veinte, siempre se ha caracterizado por su estrecha relación con el cine (novelistas que hacen de guionistas, películas basadas en novelas, técnica objetivista, empleo del diálogo). Curiosamente la penetración de este subgénero entre el público español parecer haber ocurrido más a través del cine que de la propia literatura. Muchas películas de «film noir» dirigidas por John Huston, Orson Welles o Howard Hawks, pudieron llegar a donde no habían llegado las novelas de Dashiell Hammett o Raymond Chandler sobre las que frecuentemente estaban basadas. Sin embargo, también este medio se vio expuesto a los mismas obstáculos por parte de la censura y/o de las distribuidoras, ya en forma de prohibiciones, ausencias o burdos recortes, ya en la más sofisticada forma de la tergiversación en el doblaje. Desafortunadamente, todavía está por hacerse un estudio sobre el recibimiento y repercusión de este cine en la posguerra española. Véase Javier Coma, *Luces y sombras del cine negro* (Barcelona, Fabregat, 1981) y *Diccionario del cine negro* (Barcelona, Plaza Janés, 1990); Homero Alsina Thevenet, «Novela negra y cine negro», *Camp de l'Arpa*, 60-61 (1979), 46-49.

la novela-problema de estirpe británica, y en especial sobre los fenómenos *best-seller* de Edgar Wallace y Agatha Christie. El año de 1943 es una fecha importante que marca la publicación del primer extenso estudio panorámico escrito por un autor español alrededor del género policiaco, *El club del crimen (de Salomón a Edgar Wallace)* a cargo de Carlos Fernández Cuenca, y también el comienzo de la aparición de artículos críticos sobre novelas policiacas en la prensa nacional.[9] Aunque estos trabajos críticos no contengan en general intuiciones brillantes ni tesis originales que aporten una nueva percepción sobre el género, limitándose siempre, como ya hemos anunciado, a la novela policiaca clásica en sus distintas vertientes (Doyle, Christie, Wallace), su aparición en España es importante ya que inician la labor de otros estudios posteriores sobre la temática policiaca. El pasajero interés periodístico continúa con cierta intensidad durante los años siguientes, siempre alimentando la ideología triunfante.[10]

Hacia finales de los años cuarenta van apareciendo otros estudios críticos de mayor alcance y profundidad. Así, en 1947 el catedrático de Derecho Penal Juan del Rosal publica *Crimen y criminalidad en la novela policiaca*, un extenso y erudito estudio con más de 450 datos bibliográficos sobre las problemáticas relaciones entre este género literario y la realidad social del crimen. Este autor distingue tres épocas en la historia de la novela policiaca: la fase racional epitomizada por Poe, la fase empírico-cau-

---

9. Véase Pedro Laín Entralgo, «Historia y Sociología de la Novela Policiaca», *El Español* (18 septiembre 1943), 16 y ss. e «Idea y actualidad de la Novela Policiaca», *Arriba*, Suplemento «Si» (12 septiembre 1943); Nicolás González Ruiz, «Filosofía y pedagogía de lo policiaco», *El Español* (23 octubre 1943), 13; Darío Vecino, «Alrededor de la novela policiaca», *El Español* (27 noviembre 1943), 16. Con la excepción de Laín Entralgo, estos críticos analizan en general las novelas policiacas más como artefactos culturales que como creaciones literarias, haciéndose eco de la preocupación sobre el «efecto» que su lectura puede causar (según unos, restaura el orden social transgredido, según otros, incita al delito con su ejemplo).

10. Juan del Arco, «El detective no puede llamarse Fernández», *El Español* (4 marzo 1944); P. Félix García, «Aconsejable a los santos», *El Español* (4 marzo 1944); Nicolás González Ruiz, «Influencia de la novela policiaca», «La novela de "gángsters", perniciosa», «Policiacas..., vendo y cambio!», *El Español* (4 marzo 1944); Luis Conde Vélez, «En torno a la novela policiaca», introducción a F. Wills Crofts, *El avión de las 12.30* (Barcelona, Bruguera, 1945); Azorín, «Saber del bien y del mal», *ABC* (8 enero 1946); A. Valencia, «Sobre la novela policiaca», *Solidaridad Nacional* (7 marzo 1946); F. de Madrid, «Un gran fenómeno de la literatura contemporánea (E. Wallace: La novelesca vida de un novelista)», *El Español* (16 marzo 1946); C. Sentis, «Los criminales siempre pierden», *ABC* (10 agosto 1946).

sal ejemplificada por Conan Doyle y la fase psicológica representada por Agatha Christie, a la que dedica la mayor parte de su atención. Para este autor, la novela policiaca «moderna» se aleja de «su aire pasado de truculencia y misterio» (24) y se convierte en «un género impuro, en que los elementos humanos penetran y deshacen la primitiva idea del problema del crimen» (32), efectivamente acercándose así al campo de la novela general.

Sin embargo, en un estudio publicado ese mismo año en inglés José Montesinos mantiene un punto de vista radicalmente contrario.[11] Este crítico opina que los mejores relatos policiacos son los que observan estrictamente el principio puro de la detección lógica y no intentan cruzar la frontera de otras formas novelísticas o tomar el ropaje noble de las novelas de ambiciones literarias, efectivamente manteniéndose en el *ghetto* de lo subliterario. La novela policiaca no puede beneficiarse de las experiencias artísticas de otros campos (y viceversa), aunque sí puede ser consciente de sus límites, elaborar una poética y alcanzar la perfección en sí misma. Por esta razón Montesinos condena la tendencia estilista de los autores policiacos latinos (como por ejemplo Simenon), para los cuales, según el crítico, es difícil contar una historia en la que el ingenio y la sutileza reside en el argumento y no en la expresión. El tiempo se ha encargado de demostrar lo equivocado de la visión de Montesinos, ya que la novela policiaca ha logrado traspasar tanto las fronteras literarias de los géneros como las nacionales (especialmente en países latinos como Francia, España, Argentina o México).

Otro ilustre crítico, Pedro Laín Entralgo, reincide en el tema policiaco en 1948, proponiendo una particular definición del género: «la novela policiaca es un azar intencionado y dañoso reducido a teorema por el juego irónico de una inteligencia» (81) y poniendo énfasis en la distancia intelectual entre el hecho criminal y el héroe investigador.[12] Anteriormente, y en cierta ma-

---

11. José F. Montesinos, «Imperfect rythms. Being an Observation on Detective Stories By a Continental reader», *Chimera*, 5 (1947), 2-11; este artículo reapareció veinte años más tarde en versión castellana sin variaciones apreciables en cuanto a su punto de vista: «Mitos imperfectos; Observaciones de un lector continental en torno a la novela policiaca», *Revista de Occidente*, 21, serie 19.55 (1967), 1-13.

12. Pedro Laín Entralgo, «Ensayo sobre la novela policiaca», *Vesticios: Ensayos de crítica y amistad* (Madrid, Epesa, 1948), 75-98. Este trabajo es en parte una refundición de sus anteriores artículos periodísticos publicados en 1943.

nera adelantándose a Montesinos, Laín Entralgo había señalado sin aparente justificación que la idiosincrasia y el temperamento españoles no se adaptaban fácilmente a la temática policiaca porque «el crimen español, no suele ser muy policiaco. Es demasiado violento y pasional, por lo tanto, demasiado "abierto"» («Historia y sociología», 10). Ahora, aunque sin referirse concretamente al caso español, el ensayista observa con gran lucidez la necesidad básica para la gestación del género policiaco de la seguridad proporcionada por el orden burgués y la imposibilidad de aquél ante la ausencia de éste:

> Sin una ley penal que garantice ampliamente la libertad de un sospechoso (exigencia de indicios graves para el procesamiento y de pruebas materiales evidentes para la condena, reglamentación de los interrogatorios, etc.), tampoco habría lugar a la fina dialéctica de convicción que ineludiblemente debe emplear el «detective» [...] La novela policiaca exige que la víctima y el criminal estén situados dentro del Estado de Derecho burgués [86].

Laín Entralgo predecía de manera equivocada la desaparición progresiva de la novela policiaca debido al desgaste interno del propio género, lo cual evidentemente no ha ocurrido ni parece que se cumpla en el futuro próximo.

A pesar de no abordar directamente el género policiaco, el exhaustivo estudio de Antonio Quintano Ripollés, *La criminología en la literatura universal* publicado en 1951, desarrolla ampliamente el trabajo previo de Juan del Rosal mostrando, a su vez, los límites y peligros del estudio «científico» de la literatura como una trasposición literal de —o clave para interpretar— la realidad social (del crimen, en este caso).[13]

Hacia finales de los años cincuenta comienza a observarse una tímida conciencia de la aparición de un nuevo subgénero policiaco, la novela policiaca negra. La primera utilización del término «negro» aplicado al género policiaco lo encontramos en el trabajo de Rodríguez Alcalde titulado «Novela policiaca de ayer, novela negra de hoy» (publicado en 1959) en el que su autor emprende un ataque frontal y furibundo contra la irrup-

---

13. Antonio Quintano Ripollés, *La criminología en la literatura universal: Ensayo de Propedéutica biológico-criminal sobre fuentes literarias* (Barcelona, Bosch, 1951).

134

ción del nuevo subgénero, que es visto como una doble degeneración literaria y moral. Este crítico añora la perdida «limpieza de fondo y de forma» del género (131) y censura «la innoble mezcolanza de la lujuria y la sangre, el espantoso mal gusto de esas elucubraciones sádicas, la lamentable prostitución de uno de los géneros novelescos más amenos y simpáticos» (332), si bien reconoce el valor artístico de la obra de Dashiell Hammett y James Cain (en contraposición a Raymond Chandler o a Handley Chase): «las novelas de Hammett —tan célebres como *El halcón maltés* valen literariamente mucho más que *No hay orquídeas para Miss Blandish* [Handley Chase], y el vértigo de su acción les infunde cierta misteriosa sugestión poética, trágicamente poética» (339). De la misma opinión es Javier Lasso de la Vega en el estudio preliminar a su *Antología de cuentos policiales*.[14] A este respecto afirma el crítico: «grato es reconocer que el romance negro, exportado de América y llegado a Europa desde los puertos británicos, y que representan los Spillane, Cain, Edogawa y tantos otros, con sus personajes ebrios, pornográficos y delincuentes, no ha tenido franco eco por fortuna en el género que nos ocupa, que sigue, aunque de lejos, la limpieza de miras y las bases creadas por Allan Poe y Conan Doyle» (xxx). Por lo demás, este estudio se orienta en la misma dirección que los precedentes, centrándose en la corriente clásica y señalando su carácter intelectual, su estructura invertida o la relación con la criminología.

Dos excepciones a la norma son dignas de reseñar aquí. Una es la aparición en 1957 del ensayo de José María Castellet *La hora del lector*, importante manifiesto del realismo social de posguerra, en la que el crítico catalán dedica todo un capítulo a la obra de Hammett para analizar el «behaviourismo» u objetivismo literario, apoyándose en un determinado pasaje de *The Glass Key* como ejemplo. La otra excepción se encuentra en el artículo de Luis Cernuda sobre Dashiell Hammett al poco de su muerte en 1961 y aparecido en ese mismo año dentro de un libro de ensayos literarios. Cernuda es consciente de las más que superficiales diferencias que separan la obra del autor norteamericano de la novela policiaca clásica: «no

---

14. *Antología de cuentos policiales*, selec., pról. y notas del Doctor Javier Lasso de la Vega (Barcelona, Labor, 1960).

me parece que se le pueda considerar estrictamente, al menos en sus libros mejores, como conforme al patrón del género» (192); su célebre investigador de la Continental es el «polo opuesto de aquellas figuras románticas de tantas historias detectivescas, y carece del halo con que ya Poe provee a su Auguste Dupin y Conan Doyle subraya y teatraliza aún más en su Sherlock Holmes» (192). Cernuda es igualmente consciente del papel iniciador de una nueva modalidad narrativa, género que tiene Hammett, cuyas obras «adquieren ese tono "hard-boiled" que sirvió luego para denominar genéricamente a tales novelas» (191). Sin embargo, el interés de Cernuda por la obra de Hammett rebasa los márgenes genéricos y está motivada por la admiración de las cualidades estilísticas de su narrativa. Cernuda coincide con Gide y Camus, anticipándose al tardío descubrimiento y reconocimiento por parte de los intelectuales españoles de los valores artísticos de la obra de Hammett, la cual, según el poeta sevillano, «en sus mejores momentos nos parece superior a otros escritores que pasan por estar destinados a sobrevivir a su tiempo, como por ejemplo Hemingway y hasta Faulkner» (188), destacando la fuerza de sus diálogos así como «la reticencia y la aguda notación psicológica» en el retrato atmosférico de una época (191) «sin concesiones mercenarias al gusto vulgar; a la facilidad, a la superficialidad, al efectismo» (189).

Las colecciones populares

El enorme auge que el género policiaco tuvo en España durante los años cuarenta y cincuenta tanto en la importación de novelas extranjeras como en el interés crítico por este género, tuvo su contrapartida en el fenómeno de una abundante novela policiaca escrita por autores españoles y publicada en colecciones populares dirigidas a un público muy amplio recién descubierto por las casas editoriales. Estas producciones autóctonas se limitaban a ser imitaciones más o menos literales de los modelos anglosajones (muy ocasionalmente franceses), generalmente firmadas con pseudónimos anglosajones, protagonizadas por personajes extranjeros y ambientadas en otros países. Varias razones había para este enmascaramiento; la competencia con las producciones originales anglosajonas consideradas como «las auténticas», la ocultación del cultivo de un género «subliterario» desprestigiado y el propio carácter lúdico de dicha ocultación; pero también ha de tenerse en cuenta la práctica imposibilidad de hacer creíble el juego investigativo de la novela policiaca en una sociedad represiva como la de la posguerra española, temerosa y desconfiada del aparato policial, en la que hasta la misma intromisión de un detective privado en una investigación criminal estaba prohibida por la ley. Aun así, el número de estas producciones nacionales fue muy elevado, lo que revela el buen recibimiento que tuvieron entre el público español.

La «Biblioteca Oro» de la editorial Molino abrió sus puertas por primera vez a autores españoles en 1942 publicando la novela de Juan Montoro —pseudónimo del popular autor José Mallorqui, creador de la serie del Oeste «El Coyote»— *El ídolo azteca* cuyo protagonista es el ex policía e investigador privado catalán Luis Cifuentes que resuelve en tierras gallegas el misterio del asesinato de un indiano millonario. Esta novela vino seguida por *El misterio del hermano fantasma* ambientada en Barcelona, y bajo el nombre de J. Figueroa Campos fueron editadas otras dos novelas suyas, *El misterio de los guantes grises* y *El misterio de los tres suicidas*, ambas centradas alrededor del detective neoyorquino Sherman Ryles y su esposa colaboradora, a la manera de la pareja que formaban Nick y Nora Charles en la comedia policiaca *The Thin Man* de Hammett, especialmente popularizada en España a través de la serie de películas protagonizadas por William Powell y Mirna Loy entre 1934 y 1947. Otros muchos autores continuaron esta brecha abierta dentro de la colección «Biblioteca Oro».[15] En 1949 un autor que firma con el nombre de J. Lartsinim (anagrama de su verdadero apellido Ministral) inicia en esta misma colección una serie de novelas policiacas psicológicas cuya novedad consiste en que el investigador-narrador es un psiquiatra holandés que utiliza los métodos psicoanalíticos de la investigación del subconsciente para la resolución de los casos criminales (sesiones de asociación libre de palabras, pruebas grafológicas, estudio de casos clínicos), lo cual

---

15. J. Guzmán Prado, *El valle del olvido;* A. Torralbo, *Aventurero a la fuerza;* Vicente Arias Archidona, *El caso del criado guaraní;* José J. Morán, *El misterio de las siete trompetas;* Arturo Benet, *El caso del espejo inclinado;* Pedro Guirao, *Sola frente a la policía.*

era una novedad en la época.[16] Para Vázquez de Parga, esta saga representa «la primera originalidad en una novela policiaca española» (31), si bien es cierto que por aquellas mismas fechas ya eran enormemente populares los melodramas de suspense psicoanalítico, especialmente ejemplificados en ciertas películas de Alfred Hichcock (tales como *Rebeca* o *Marnie la ladrona*).

Otras editoriales siguieron el ejemplo de Molino y su colección «Biblioteca Oro». La de mayor alcance fue la editorial Cliper de Barcelona con su «Serie Wallace» dedicada íntegramente a autores policiacos españoles. En esta serie, junto a los frecuentes pseudónimos de Jack Forbes, Oscar Montgomery o Gary Wells utilizados por los autores españoles, se encuentran los nombres ocasionales de Manuel Vallvé, A. Clavero, A.F. Arias y Federico Mediante. Estas novelas, como las de las demás colecciones populares especializadas de la época, tenían escasa intención artística o afán de gloria literaria.[17] Dadas las especiales condiciones en que estos autores trabajaban, generalmente sujetos a la necesidad de una gran productividad creadora para contrarrestar la escasa remuneración percibida, estas novelas eran escritas «a destajo», producidas para ser inmediatamente consumidas (y rápidamente desechadas) por el público.[18] Esto puede explicar la inevitable y lógica pérdida de la mayor parte del vasto corpus de esta novela popular; lo cierto es que muchas de estas obras, de consumo masivo hace tan sólo unos pocos años, y ahora desaparecidas y olvidadas, habrán de mantener su misterio para siempre.[19]

---

16. Entre 1949 y 1953 aparecieron *El caso del psicoanálisis, La señorita de la mano de cristal, El caso de la grafología, El doctor no recibe, Sencillamente una cinta de máquina* y *La pista de los actos fallidos,* todas ellas en la «Biblioteca Oro» de la editorial Molino.

17. Para un repaso de los principales escritores de estas colecciones populares véase el artículo de Salvador Vázquez de Parga, «La novela policiaca española», 28-32. Un catálogo exhaustivo de autores, títulos y colecciones se puede encontrar en el trabajo bibliográfico de Carlos Rodríguez Joulia Saint-Cyr, *La novela de intriga (Diccionario de autores, obras y personajes)* (Madrid, ANABA, 1972).

18. Luis del Molino, directivo de la editorial que publicaba «Biblioteca de Oro» recuerda que estos autores nativos «percibían de tres a cinco mil pesetas por obra, con una tirada de ocho a diez mil ejemplares», lo cual aclara las razones de su extremadamente prolífica producción (en José Ramón Pose Menéndez, «Sangre pasada mueve molino», art. cit., 170).

19. Francesc González Ledesma, antiguo escritor y asesor literario de estas series, y ahora célebre novelista policiaco recientemente galardonado con el pre-

Situada de manera anormal para su época al margen de las colecciones populares, finalista del premio Planeta y hoy quizás injustamente olvidada, merece la pena recordar una novela policiaca atípica, *En el pueblo hay caras nuevas* escrita con fino humor y agudeza por José María Álvarez Blázquez. El protagonista es el Padre Fiterre, quien no debe confundirse, según nos advierte el irónico narrador, «con ese inimitable padre católico, cuyas divertidas y aleccionadoras aventuras ha relatado un contemporáneo escritor inglés ya fallecido» ya que no es «ni anciano, ni obeso» (68), evidentemente refiriéndose al célebre personaje Father Brown, el humilde pero brillante investigador amateur de G.K. Chesterton. La acción de la novela transcurre en un marco rural donde todos los nombres y topónimos son convencionalmente franceses pero se pueden imaginar perfectamente trasladados a un ambiente rústico español. La estructura de la novela está determinada por la sucesiva presentación de nuevos personajes en cada capítulo, los cuales emprenden la reconstrucción de un crimen según su respectiva perspectiva. Esto da pie a la descripción de una serie de tipos rurales a la manera costumbrista (el abad, el alcalde, la mujer chismosa, el borracho habitual, el tonto del pueblo), lo cual constituirá bastantes años más tarde una característica vertiente dentro de la novela policiaca española con la aparición de la novela policiaca costumbrista de Francisco García Pavón.[20]

Mientras tanto, las novelas policiacas de las colecciones populares mantuvieron su proliferación durante la primera mitad de los años cincuenta, desapareciendo a continuación casi completamente sin dejar sucesión, ya por un cambio en el gusto del público, ya por la aparición de novelas extranjeras de nueva orientación (el subgénero negro, el procedimiento policial, la novela de espionaje), ya por el interés de las editoriales, ya por el

---

mio Planeta *(Crónica sentimental en rojo*, 1984), ofrece un valioso documento personal sobre estos olvidados escritores policiacos españoles en su artículo «La prehistoria de la novela negra», *Los Cuadernos del Norte*, 8.41 (1987), 10-14.

20. Eugenio de Nora destaca en esta novela «una calidad superior, una peculiar complejidad de medios e intenciones, dominada por la veta de humorismo galaico trenzado a la vez de lirismo, ternura e inteligencia [...] Una caricatura al género policiaco [...] henchida de comprensión y de ternura humana, más allá del propósito irónico inicial, y realzada por una amenidad y una sencillez expresivas excepcionales», en su *La novela española contemporánea*, apéndice al tomo II, 368-369.

abandono de los autores españoles mejor acomodados en otros campos, o por una combinación de estos factores. A partir de entonces, y hasta bien entrados los años setenta, la novela policiaca en España se mantuvo prácticamente, si bien con algunas excepciones memorables, a base de traducciones extranjeras.

La fuga literaria de Mario Lacruz

Contra el homogéneo telón de fondo subliterario que presentaba la producción nacional de novelas policiacas durante las primeras décadas de la posguerra, se destaca por la originalidad de su planteamiento y la desacostumbrada perfección de su ejecución la novela *El inocente*, *opera prima* de Mario Lacruz publicada en 1953. Unánimemente considerada tanto por críticos como por los propios autores policiacos españoles como una obra clave y pionera de una nueva manera de abordar el género en España, esta novela habrá de servir de obligada referencia para el posterior desarrollo de este género entre muchos autores españoles.

El inocente es una obra de difícil situación en el espacio literario de la posguerra española; sin encajar cómodamente dentro de los parámetros de la novela social de la época ni tampoco dentro de la tradición policiaca de la novela popular escrita a destajo, la novela de Mario Lacruz hace inservible la convencional barrera entre literatura y subliteratura. Esto supone a la vez una bendición y una condena. Si bien la posición de francotirador de Mario Lacruz ha posibilitado que su novela trajera un bienvenido soplo de aire nuevo (todavía hoy, casi cuarenta años más tarde, sorprenden su carácter innovador y su extraordinaria frescura, que no han perdido nada de su fuerza original), al mismo tiempo su marginalidad ha emplazado al autor en el limbo de los justos (e inocentes), esperando todavía el momento final de su recuperación al Canon.

Por una parte, la novela de Lacruz escapa conscientemente de la tradición importada de la novela policiaca clásica —todavía imperante en la España de los años cincuenta— e inicia al mismo tiempo un acercamiento del género hacia formas más enraizadas en la literatura culta, mezclando hábilmente el aspecto lúdico del juego policiaco y la agilidad narrativa con la observación profunda de lo humano y social y la experimentación técnica, lo cual se habrá de convertir posteriormente en una tendencia generalizada (M. Vázquez Montalbán, E. Mendoza). En esta novela, Lacruz combina elementos de la novela «literaria» de vanguardia (como profundidad psicológica, multiplicidad de niveles, textura rica, perspectivismo, técnica de contrapunto, experimentación formal, ruptura del orden lógico-temporal, etc.) con ingredientes clásicos de intriga policiaca, consiguiendo un resultado sorprendentemente innovador. Independientemente de su pertenencia a un género determinado, la novela de Mario Lacruz ha sido reconocida por sus propias cualidades literarias. Para Patricia Hart, *El inocente* «is a very literary book that owes more to Kafka, Dostoyevsky, and Gogol than to Conan Doyle, Poe, or Chandler» (*The Spanish Sleuth*, 26).[21] Las innovaciones que Lacruz introduce en el campo de la novela policiaca española son igualmente novedosas en el campo de la novela de posguerra en general; tras lo que a primera vista podría pasar como una mera intemporal historia enredada de fuga y persecución se nos presenta, utilizando una serie de novedosas y ágiles estrategias narrativas, una profunda visión de los conflictos entre el hombre y la sociedad a su alrededor (fácilmente descifrada como la de posguerra española) desde una angustiosa perspectiva cercana al existencialismo.

Temáticamente, la novela se aleja del juego «deductivo» típico del *whodunit* clásico; la intriga de la historia no depende de la ocultación y desenmascaramiento de un culpable, como es característico de la novela-enigma. De hecho, la primera mención relativa al crimen no ocurre hasta bien entrados en el segundo tercio del relato, y desde mucho antes del final el lector ya sospecha —acertadamente— que ningún crimen había sido cometido en realidad. La intriga del relato combina la curiosidad por el origen y los motivos de la persecución del protagonis-

---

21. Lacruz reconoce el carácter conscientemente «literario» de su novela, de naturaleza intelectual y estetizante, a la vez que acepta la doble deuda literaria contraída con la literatura culta y la popular: «en el complejo de culpa hacia el padrastro del protagonista se encuentra algo de *Los hermanos Karamazov*; ¿influencia de Dostoievski?; es posible. Más que de los Karamazov, de *El idiota*. Recuerdo que cuando leí *El idiota* me impresionó más; seguro que hay influencias de todas mis lecturas. De Simenon también, pero en un aspecto formal. En esta economía de medios de expresión. En la capacidad de, con muy pocos medios, crear un clima y meterte enseguida en él» (Julia Luzán, «Interrogatorio», *Gimlet*, 4 [1981], 36).

141

ta principal (hábilmente camuflados y revelados a intervalos en el relato) junto al suspense provocado por el desconocimiento del desenlace de dicha persecución, cuya acción aparece internalizada en la conciencia de los personajes.

A todo lo largo del relato asistimos al proceso contrapunteado de la fuga y persecución de Virgilio Delise —para la prensa un «conocido musicólogo», para él mismo un «distinguido diletante» (35)—, que es injustamente acusado del asesinato de su padrastro Loreto Montevidei, un siniestro personaje de oscuro pasado revolucionario; este prolongado proceso de huida y persecución se convierte en un angustioso círculo vicioso (el protagonista huye porque le persiguen, es perseguido porque huye) que vamos reconociendo como producto de la combinación de una serie de coincidencias desafortunadas (un enorme complejo de culpabilidad por parte de Delise, las apariencias que le acusan falsamente, la indiferencia o incomprensión de sus amigos y familiares, el afán desmedido del inspector Doria que, destinado contra su voluntad en un pequeño pueblo, ve en este «caso» la oportunidad de sobresalir —a costa incluso de la verdad—). A lo largo del proceso de fuga y persecución el lector va a ir comprobando, inútilmente, la trágica inocencia del protagonista. Delise, presa de un equivocado sentimiento de culpa que tan sólo es reforzado por los acontecimientos a su alrededor, acaba convencido quizá de su propia culpabilidad y pagando finalmente con su vida la corrupción e ineficiencia policial. Delise cumple una trayectoria circular: de inocente se convierte en sospechoso, en culpable y finalmente en víctima indefensa de la sociedad.[22]

En *El inocente* se presentan varios conflictos que tienen como común divisor la problemática relación entre el hombre y

---

22. Es interesante resaltar el paralelismo entre esta novela y otra novela de posguerra igualmente atípica como *Tiempo de silencio* especialmente en el trágico proceso de (auto-)destrucción que sufren Delise y Pedro, tanto por su alienación del mundo en torno y su incapacidad real de sobreponerse a las adversas circunstancias que las hacen culpables siendo inocentes, como por la injusticia de un sistema social opresivo, ruin e ineficiente, gráficamente representado en la persecución policial (llevada a cabo por un vulgar agente obsesionado con su mediocre destino profesional). Finalmente, el inocente paga su «culpa» y acaba convirtiéndose en la víctima de la sociedad. Ambas novelas tienen también en común la misma atmósfera opresiva y claustrofóbica que corresponde a una misma sociedad y a una misma época. Si recordamos que *El inocente* es unos diez años anterior a *Tiempo de silencio* se comprende mejor la originalidad de Mario Lacruz.

la sociedad, la falta de contacto entre el mundo interior y el exterior, la disparidad entre la realidad externa y su percepción; el conocimiento de la realidad externa aparece siempre como algo subjetivo, sujeto a múltiples manipulaciones y equivocaciones —voluntarias e involuntarias— que efectivamente pueden llegar a invertir esa realidad externa. Delise visualiza repetidas veces a lo largo del relato esta idea obsesiva a través de la ilusión óptica de un tablero de ajedrez (a su vez metáfora habitual de Borges para la infinitud e incógnita del universo), el cual «a ratos parece que se trata de una sucesión de cuadros negros pintados sobre fondo blanco, y otras veces son cuadros blancos sobre un fondo negro; como esos polígonos dibujados en las baldosas, cuyos ángulos apuntan tan pronto hacia fuera como hacia dentro» (8). A esa misma inversión de la realidad por parte de la subjetividad apunta su cuñado Lucius Costa al hablar del estado de Delise: «Tal vez locura sea una palabra que resuelva muchas cosas, pero no puedo aceptarla. A fin de cuentas, el negativo de una fotografía no refleja la realidad, pero es su equivalente» (191). Este desajuste hace que Delise esté abocado a un trágico final porque no puede reconciliar su mundo interior poblado por fantasmas del pasado (pérdida de su padre natural, odio a su padrastro Montevidei, amor seminestuoso hacia su media-hermana, fracaso profesional como músico) con el mundo exterior del presente (la muerte natural de Montevidei en circunstancias para él comprometedoras, el consiguiente acoso policial). Su vida interior está anormalmente desligada de la realidad externa; lo ocurrido y lo imaginado, a la vez que pasado, presente y futuro, se confunden en su conciencia creando un sentimiento de miedo y de angustia, de culpabilidad y de autodestrucción que saturan toda la novela de una claustrofóbica atmósfera existencialista de la que no se puede encontrar salida.[23] El trágico final de Delise, motivado por el error de percepción de un ineficaz policía, se consuma porque éste huye buscando refugio de sus fantasmas y de sus perseguidores en la casa paterna de la infancia y no es capaz de enfrentarse a la realidad del mundo exterior, a su vez construida según las res-

---

23. Ha sido señalado el paralelismo entre la historia de Delise y la de Meursault, el agobiado protagonista de *El extranjero* de Albert Camus, a su vez una influyente lectura de juventud confesada por el autor. Véase Constantino Bértolo Cadenas, «Apéndice» a Mario Lacruz, *El inocente* (Madrid, Anaya, 1984).

pectivas percepciones equivocadas o tergiversadas de los demás personajes. Casi todos ellos creen (justificadamente) que Delise es incapaz de matar a nadie, pero sin embargo, acaban aceptando las falsas apariencias que le acusan culpable (así su cuñado Costa, su amigo Pauli, los dos agentes de policía, y hasta Marcelu, el revolucionario «cómplice» chantajista que le ayuda a deshacerse del cuerpo sin vida de Montevidei). El repulsivo inspector Doria, incluso una vez ya conocedor de la inocencia de Delise, tergiversa los testimonios de testigos y los resultados de la autopsia para mantener las falsas apariencias que le culpaban, manipulación que a pesar de acabar descubriéndose parcialmente, ocurre demasiado tarde para salvar la vida de Delise. La alineación fatal de todas estas circunstancias conduce inevitablemente hacia un callejón sin salida; el hombre está acorralado y sin salvación posible; la persecución interminable y el refugio imposible son pesadillas metafísicas, metáforas de un destino humano del cual, como del laberinto borgiano o el proceso kafkiano, no hay posible escapatoria.

En *El inocente* queda abolida la tradicional confianza, implícita en la novela policiaca clásica, en la posibilidad de un conocimiento total de la verdad a través de la observación directa de la realidad, del seguimiento de un método empírico-científico-positivista. Por el contrario, aquí se hace hincapié en las ineludibles tergiversaciones y manipulaciones a las que se ve sometida la «realidad», tanto en su dimensión social como en su dimensión personal, ya de manera involuntaria o consciente. Nada más lejos de la tradicional infalibilidad del investigador, de la defensa a ultranza y celebración del orden (re-)establecido y de la ilusión de reconstrucción racional de la realidad, tradicionalmente asociados al género policiaco. De hecho, como toda obra que rebasa ampliamente los estrechos cauces de unas fórmulas específicas, su encasillamiento dentro de los límites de un género resulta algo problemático, como el mismo autor reconoce:

> Personalmente me parece que no es estrictamente una novela policiaca. Hay, evidentemente, un juego policiaco, pero, por ejemplo, rompe una de sus reglas: que alguien se entere de lo que ha ocurrido y cómo ha ocurrido. En *El inocente* ningún personaje parece llegar a enterarse de todo. Quizá esa función recaiga sobre el lector, lo que no me parece nada mal [Bértolo Cadenas, «Apéndice», 216].

El desajuste entre la investigación que ocurre en la «historia» del relato (parcial a equivocada) y la investigación que al lector se le presenta a través del «discurso» es, como ya hemos tenido ocasión de observar en la primera parte de este estudio, una característica del género cuya función principal es ayudar a la creación de la intriga. Mientras que tradicionalmente este desajuste se resuelve siempre al final del relato (cuando investigador y lector se encuentran en una misma situación de igualdad con respecto a su conocimiento de la verdad), en la obra de Lacruz, por el contrario, este desajuste es llevado a su extremo, reforzándose la idea de la incapacidad de capturar racionalmente la realidad en su totalidad, lo cual apunta hacia la corriente contemporánea de la desaparición total de la investigación en la «historia» y el posible papel del lector como constructor de su propia investigación (caso de Puig o Benet).

La novela de Mario Lacruz quiere escapar de los moldes preestablecidos del género policiaco, inaugurando varias tentativas de originalidad. Técnicamente, Lacruz incorpora procedimientos propios de la novela experimental de vanguardia (Joyce, Proust, Kafka, Faulkner), como el desmembramiento del tiempo novelístico, el fuerte subjetivismo introspectivo, o la utilización de las técnicas narrativas cinematográficas. El hilo narrativo no es progresivo y lineal, sino fragmentado en pequeñas secuencias que rompen la organización cronológica y siguen un orden interior propio, ya sucediéndose en contrapunto varias acciones simultáneas (la persecución, la huida, la investigación) ya relacionándose acciones distantes en el tiempo pero sutilmente unidas a través de la conciencia de un personaje (los frecuentes *flashbacks* de Delise y Montevidei, la lectura de los partes policiales y la reconstrucción mental de los hechos por parte del agente de policía Selbi).

El tiempo de la «historia» está expuesto a múltiples manipulaciones por parte del autor que confieren a la novela una compleja y ambigua estructura en que se confunden la realidad externa y su percepción subjetiva. Frente a la tradicional dualidad estructural de la novela policiaca formada por el tiempo del crimen y el tiempo de la investigación, en esta novela se distinguen con claridad al menos cuatro tiempos narrativos si bien, como ya hemos dicho, éstos aparecen confusamente entremezclados en el «discurso». Por una parte está el tiempo remoto al que se accede a través de los *flashbacks* de Delise (su desgraciada infancia) y Montevidei (su experiencia en la misteriosa «causa» revolucionaria); a continuación está la que se correspondería en la novela policiaca con la narrativa del crimen, con la salvedad de que en *El inocente* no hay crimen sino un ajuste de cuentas entre antiguos compañeros de la causa que termina con la muerte natural de Montevidei en circunstancias comprometedoras para Delise y su posterior encubrimiento; el tercer tiempo es la narrativa de la investigación a cargo del inspector Doria; el cuarto tiempo, en el que comienza y termina la novela y alrededor del cual se organizan los demás, es el de la huida y persecución de Delise, la que otorga a toda la obra una fuerte estructura circular.

Principio y final aparecen íntimamente unidos por una fuerza que, para Delise, es tan presentida como inexplicable. Desde el principio del relato el protagonista mantiene la sensación de que el final está acercándose: «Era estúpido acordarse de Sebastián ahora que todo acababa de empezar, ahora que todo había concluido» (8); «bajaré del coche cuando lleguemos al término del viaje, y todo se cerrará detrás de mí como la cubierta de un libro una vez concluida la lectura» (10). Refuerzan esta impresión de circularidad las repeticiones de acciones, pensamientos y frases de los protagonistas, las acciones y situaciones paralelas de diversos personajes (el chantaje a Montevidei tiene su contrapartida en el chantaje a Delise, ambos personajes deben pagar el precio del silencio, los dos se ven acosados y aterrorizados); el mismo efecto producen las acciones anticipadas o ya vividas anteriormente (*déjà vu*):

> Sabía —lo sabía antes de que comenzara todo como en una prevista pesadilla— que serían dos los agentes [7].

> La visita de los dos policías no le había sorprendido. Había despertado por la mañana con una sensación de desgracia que no pudo apartar de sí ni combatir. Era más que un presentimiento; sabía de antemano que la espera no sería larga [8].

Todas estas estrategias narrativas empleadas por Mario Lacruz tienen como fin la creación de una atmósfera obsesiva y envolvente en la que se confunden los sentimientos de miedo, angustia y fracaso, que encaja perfectamente con el tono existencial de toda la novela.

Entre la amplia gama de desacostumbradas técnicas narrativas utilizadas en esta novela ocupan un lugar especial las cinematográficas. Hemos llamado la atención sobre la construcción del relato a base del montaje de secuencias encadenadas, unas veces abruptamente yuxtapuestas (la persecución y la huida) y otras sutilmente fundidas (los *flashbacks*). Igualmente importante es el uso cinematográfico de imágenes de gran impacto visual y emocional a través de la mirada de un personaje; un ejemplo de este recurso, tan reminiscente de las películas de Hitchcock, se puede observar en la doble visualización del mundo exterior que se desliza vertiginosamente tras la ventana del coche en que Delise viaja arrestado y de la altura del temido tobogán de su infancia (11-12), que quiere evocar la sensación de vértigo y horror sentida por el protagonista. Otro empleo de esta técnica ocurre al encontrar Delise dentro del tren en que escapa de la ciudad, el periódico que contiene la noticia de su huida y su fotografía (irónicamente, el fracasado Delise siempre había confiado en un brillante futuro artístico, cuando su nombre aparecería en la prensa); Delise arroja el diario por la ventana, pero, para su horror, va encontrando otras copias (reales o imaginadas) de este mismo periódico en dondequiera que pone su mirada; finalmente busca refugio en el lavabo y allí «la hoja del periódico que había arrojado fuera del tren aleteaba en la ventanilla del lavabo, obsesionante, amenazadora» (121). La obsesión visual a la manera de Hitchcock (por ejemplo la huida en tren en *The Thirty Nine Steps*) nos hace partícipes del terror sentido por el protagonista que se ve acosado tanto más por sus propios fantasmas que por sus perseguidores reales.

Otro elemento cinematográfico utilizado de manera original en *El inocente* es la incorporación a la narrativa de un acompañamiento musical. Esta «banda sonora» matiza y subraya los sentimientos de los protagonistas, apoya el suspense de la intriga, y da una unidad a todo el relato. La música es un elemento absolutamente central en esta novela; la propia organización de la obra sigue la estructura musical de una fuga (idealmente apropiada a la temática del relato), compuesta por cuatro «movimientos» que el autor denomina respectivamente *Andante*, *Adagio*, *Scherzo* y *Allegro con fuoco*, unidos temáticamente pero con distinto tiempo, ritmo e instrumentación. Dentro de cada una de ellas, la intrincada organización secuencial (con sus yuxtaposiciones y superposiciones de acciones, pensamientos y rememoraciones) crea una orquestada textura, viéndose ayudada por la utilización del contrapunto y el *leitmotiv* (la recurrente aparición y reelaboración de una frase musical).

La utilización de la música como acompañamiento sonoro a la narrativa realza enormemente la atmósfera que se quiere evocar. Con frecuencia la música sirve para transponer el mundo interior de un personaje. Así al principio del relato cuando Delise espera impasiblemente la llegada de la policía que le ha de arrestar leemos:

> Su cabeza estaba llena de música; unos compases pausados y monótonos, con largos silencios intercalados; algo así como la espera de un motivo que se anuncia cercano; era un sordo contrapunto de instrumentos de percusión. Luego se oyó el rumor de un coche y el golpe de la portezuela al cerrarse [16].

Posteriormente, la música subraya la confusión interior de Delise al confesarse de una falta que paradójicamente él no había cometido: «su cabeza estaba llena de música; era una música dolorosa y bella; tal vez era bella porque era dolorosa» (117). Finalmente, cuando busca refugio en la casa de su infancia, la obsesiva música resuena nuevamente en el interior de Delise reforzando su aislamiento del mundo exterior:

> Su cabeza estaba llena de música. Oía una voz que vocalizaba misteriosamente, y aquella voz era como una gran desolación: cumbres nevadas y una llanura solitaria. Tenía el timbre de una contralto y parecía llegar desde un lugar cerrado y oculto como si su propia inocencia se hubiera reconocido en el reflejo de los objetos familiares. A veces se detenía el canto y se producían unos instantes de silencio; luego se reanudaba, repitiendo las mismas notas, o se lanzaba a una desenfrenada fantasía. Imitaba el rasgueo de los violoncelos, dulce y majestuoso; se multiplicaba transformándose.
>
> Sin transición, la música se convirtió en algo caliente y maligno, de sones cortados. Montevidei debía morir ... Siguió el compás golpeándose las rodillas con las manos [188].

El choque entre el mundo interior de Delise y la realidad externa se hace patente de manera cinematográfica cuando éste intenta trasladar al piano la música que él escuchaba en su interior:

> El piano estaba desafinado. Delise tardó algunos segundos en notarlo, porque la música interior no le dejaba oír sus propias

pulsaciones. Levantó las manos como si despertara de un sueño y las dejó caer con estrépito sobre el teclado. Golpeó con violencia; luego dejó caer la tapadera. Su rostro reflejaba un infinito desencanto [189].

La música subraya, finalmente, el descubrimiento por parte de Delise de la futilidad de su intento de fuga y de la imposibilidad de hallar refugio en el mundo inocente de la infancia «porque ese mundo familiar pertenecía a un tiempo desaparecido y sin valor, y los muebles, las paredes, las imágenes conservadas en la memoria no podían ya prestarle apoyo. Aquel reducto, al igual que el anticuado piano, había dado un sonido falso» (190).

En otras ocasiones la música del propio escenario novelesco marca contrapunteadamente los momentos de peligro e intriga; así la alegre melodía de los organilleros, interrumpida, reanudada y finalmente extinguida, que es utilizada como fondo en la persecución de Delise por las calles de la ciudad, añade una nota de tensión al tono acuciante de la narrativa (de manera similar a como en las escenas finales de *Strangers on a Train* de Hitchcock la alegre música de carrusel contrasta dramáticamente con el duelo a muerte de los protagonistas).

Otros elementos varios producen reverberaciones del tema musical a lo largo de la novela. La misma profesión del protagonista y las constantes referencias musicales (a los estudios en el conservatorio, los anuncios de conciertos, la composición de un cuarteto, la música de un *night-club*, la discusión sobre la técnica de la fuga y el contrapunto, la música del armonio en la iglesia, el órgano en la capilla) son ecos de efectiva resonancia dentro de la estructura musical de la novela.

Asimismo, el nombre del pueblo donde transcurre gran parte de la historia, Escala, contiene múltiples resonancias. Por una parte hace referencia a las escalas musicales y encaja perfectamente con el motivo musical que hemos encontrado en toda la novela. Por otra parte, Escala es la «sucursal» de provincias donde está destinado provisionalmente el inspector Doria, para quien este puesto es como una obligada *escala* o parada temporal antes de regresar a la ciudad. Escala también representa para el ambicioso inspector la soñada oportunidad de ser ascendido en el escalafón de la jerarquía policial, lo que erróneamente piensa lograr con el «caso» Delise. Tampoco Escala escapa al característico pluriperspectivismo de la novela que entiende la inversión de la realidad como un simple efecto óptico (la inocencia y la culpabilidad son conceptos relativos, el bien y el mal se confunden, los defensores del orden están corruptos, la realidad externa no se corresponde con el mundo interior) como los cuadros blancos y negros de un tablero de ajedrez o el negativo de una fotografía. Así, Escala puede contemplarse simbólicamente desde diversas perspectivas, de la misma manera que una escalera puede tomarse en sentido ascendente o descendente; Montevidei encontró su fortuna en Escala casándose con la madre de Delise, pero fue eventualmente hallado por los ex compañeros de la «causa» y tras su muerte fue arrojado, simbólicamente acaso, repetidas veces por las escaleras de su casa; Doria creyó poder conseguir en Escala su ansiado ascenso y acaba humillado y resignado a permanecer en su puesto relegado. Escala, finalmente, es el lugar de origen y la meta final de Delise, el principio y el final, su único punto de referencia vital; acaso su vida haya sido tan sólo una larga escala, un tiempo muerto, un silencio musical o un continuado compás de espera.

A pesar de que no sea posible localizar en un mapa el pueblo de Escala o cualquiera de los otros nombrados en la novela, de que la ciudad capital mediterránea nunca sea nombrada directamente, y de que los nombres de los personajes suenen levemente extranjeros en su mayoría (como si fueran producto de un híbrido lenguaje hispano-rumano-italiano), los paralelismos de la acción novelesca con la situación española durante la posguerra aparecen apenas camuflados para salvar la censura imperante en la época. Allí encontramos un mismo clima obsesivo de miedo y persecución, un mismo Estado que abusa de los derechos de sus ciudadanos, una misma policía sádica e incompetente que halla placer en el ejercicio de la tortura, una misma atmósfera opresiva y claustrofóbica y un movimiento subversivo «tras las montañas». Ninguno de estos temas había sido anteriormente tratado en nuestra literatura con la profundidad y agudeza que utilizó aquí Mario Lacruz. En definitiva, *El inocente* apunta hacia la no inteligibilidad de la realidad, la duda lo invade todo; la desmembración del yo tiene a su vez su contrapartida en la desmembración de la narración. De ahí su carácter transgresivo, tanto contra la realidad de la posguerra como contra la novela de realismo social. Aunque la obra fue acogida bastante favorablemente por parte de crítica y público, no tuvo una repercusión importante en el momento de su publicación ni en el campo de la novela española en general (por aquellos años volcada dentro de la corriente del «realismo social») ni en el más concreto de la novela policiaca española (dominada por las traducciones e imitaciones de las novelas-enigma de ascendencia británica).[24] Como obra de difícil ubicación, situada en una tierra de nadie, habrán de pasar otros veinte años, y ocurrir decisivos cambios en las circunstancias históricas, políticas y socioculturales del país, para que la obra de Lacruz fructifique en la experiencia de nuevos autores locales.

Francisco García Pavón: un proustiano de su pueblo

Quizás el proyecto novelesco cervantino de trasladar a las austeras tierras de La Mancha las fantásticas aventuras de caballeros andantes en irónica contradicción con tan antiheroico paisaje, tenga su más exacto equivalente contemporáneo en la empresa realizada por Francisco García Pavón —distinta en otros muchos sentidos— al llevar las aventuras policiacas, tantas veces consideradas las verdaderas lanzas caballerescas modernas, a esas mismas tierras manchegas en las que el paso del tiempo parece detenerse indefinidamente. El proyecto de García Pavón busca un difícil equilibrio entre su compromiso con la propia tradición —el parentesco directo con la novela clásica por antonomasia de la lengua castellana— y su intento de adaptación al mundo actual —la inmersión dentro de un género nuevo como el policiaco que aunque conocido permanece fundamentalmente extraño a la tradición española—.

La publicación de *El inocente* en 1953 coincide con la primera incursión de García Pavón dentro del género policiaco, del que habría de convertirse, ya bien entrados en los años sesenta, en el principal autor policiaco del país gracias a las aventuras de su célebre investigador manchego Manuel González, alias Plinio.[25] Animado por la favorable acogida de éste su primer cuen-

---

24. La novela de Mario Lacruz ganó el primer premio Simenon convocado por la casa editorial Aymá para promocionar la aparición de una colección especializada. La novela fue traducida a varias lenguas extranjeras y mereció en su momento elogiosas críticas. Véase Constantino Bértolo Cadenas, «Apéndice», en *op. cit.*, 210-221.

25. Francisco García Pavón, «De cómo *el Quaque* mató al hermano Folión y

to policiaco (ganador de un premio convocado por la revista literaria *Ateneo*), García Pavón continuó el camino emprendido y escribió durante los últimos años de aquella década otras aventuras policiacas de mayor envergadura (protagonizadas igualmente por Plinio pero incorporando progresivamente a otros personajes fijos), como las novelas cortas *Los carros vacíos*, *El carnaval* y *El charco de sangre* que, sin embargo, por falta de interés editorial no lograron publicarse hasta bastantes años más tarde. Así, la primera de ellas no ve la luz hasta 1965, y las otras dos no lo hacen hasta 1968, en que aparecen reunidas bajo el título de *Historias de Plinio*. Otro de sus relatos policiacos breves, «Las jamones», aparece aisladamente en su colección de cuentos *Los liberales* en 1965. Estos tímidos comienzos constituyen una unidad en cuanto a su ambientación espacio-temporal (la acción transcurre en el pueblo manchego de Tomelloso durante los años veinte) y en cuanto a la uniformidad de su formato (relato breve de anécdota central única).

Alejándose de este patrón inicial, la obra policiaca de García Pavón entra en una segunda fase con la actualización de las aventuras policiacas de Plinio a la época contemporánea y la utilización preferente del formato más extenso de la novela. Aquí el misterio o caso policiaco es meramente el hilo central alrededor del cual se engarzan múltiples pequeñas historias y situaciones que constituyen la verdadera razón de ser de la obra. Con este cambio García Pavón encuentra una feliz fórmula con la que ha de trabajar en la serie de narraciones de Plinio que se suceden con gran regularidad desde finales de los años sesenta hasta mediados de los setenta y que habrán de proporcionarle sus mayores triunfos entre los sectores cultos del público lector.[26]

---

del curioso ardid que tuvo el guardia Plinio para atraparle», *Ateneo* (Madrid) (1 agosto 1953), 22-23. Reimpreso en *Las campanas de Tirteafuera* (1955), *Nuevas Historias de Plinio* (1970), *Francisco García Pavón* (1982) y *Mis páginas preferidas* (1983).

26. Estas novelas son *El reinado de Witiza* (1968), *El rapto de las Sabinas* (1969), *Las hermanas coloradas* (1970), *Una Semana de lluvia* (1971), *Vendimiario de Plinio* (1972), *Voces en Ruina* (1973) y, finalmente, *Otra vez domingo* (1978) y *El hospital de los dormidos* (1981). Si bien las novelas policiacas de García Pavón gozaron en su momento del favor de la crítica y de un amplio sector del público culto (ahí están el prestigioso Premio de la Crítica [*Witiza*] y el Nadal [*Las hermanas*] para refrendarlo), no logró una gran aceptación entre el público habitual consumidor del género, acostumbrado a las traducciones importadas de afuera o a

Tras este bloque central de novelas, las historias de Plinio aún conocen una tercera y última fase, en la que nuevamente predominan los relatos cortos pero en la mayoría de los casos la tradicional intriga del caso policial ya se encuentra totalmente ausente.[27] Por esta razón centraremos nuestra atención en las primeras dos fases verdaderamente policiacas de la obra narrativa del autor.

Desde el principio, García Pavón fue consciente de inaugurar una tendencia prácticamente inédita en la literatura española; su propósito era lograr escribir historias policiacas auténticamente enraizadas en su tierra, capaces de combinar equilibradamente la intriga policiaca con el rigor artístico:

> Yo siempre tuve la vaga idea de escribir novelas policiacas muy españolas y con el mayor talento literario que Dios se permitiera prestarme. Novelas con la suficiente suspensión para el lector superficial que sólo quiere excitar sus nervios y la necesaria altura para que al lector sensible no se le cayeran de las manos [*Mis páginas preferidas*, 9].

A pesar de que la creación de una novela policiaca autóctona con ambiciones literarias no fuera una novedad absoluta en la historia del género en España (según hemos ido comprobando a

---

las adaptaciones subliterarias locales. La serie de televisión basada en las aventuras de Plinio que se ofreció en 1972, en un momento álgido para el autor, consiguió popularizar a Plinio como personaje rural pintoresco, pero no parece que consiguiera acercar al gran público a la novela de García Pavón; más bien al contrario, la serie televisiva coincidió con el progresivo declive en ventas de las novelas del autor. Hasta entonces las narraciones policiacas de García Pavón habían conocido cada una de ellas numerosas ediciones publicadas en un plazo de tiempo muy corto; a partir de entonces las reediciones fueron ya mucho menos frecuentes.

27. Así las colecciones de relatos breves *El último sábado* (1974), *El caso mudo y otras historias de Plinio* (1980) y los dos cuentos de Plinio incluidos en su antología *Cuentos de amor... vagamente* (1985). Esta tendencia al alejamiento del caso policial ya era apreciable en algunos de los relatos recogidos en su *Nuevas historias de Plinio* (1970) donde el autor señalaba: «más que casos policiacos en el sentido clásico, trato de los quehaceres "parapoliciacos" de Plinio y Don Lotario. De sus distracciones vecinas a la pesquisición cuando no hay caso real que atender. De la investigación de conflictos humanos, que aunque no sean punibles merecen ser averiguados [...] me gustaría hacer de Plinio no un exclusivo investigador de crímenes, robos y secuestros, sino de sucesos humanos no codificados, cuyo fruto, en lo bueno y en lo malo, conforma la convivencia humana» (prólogo del autor a *Nuevas historias de Plinio* [Barcelona, Destino, 1970], 13).

lo largo de este estudio, esto ya lo habían intentado otros autores como Pardo Bazán, Álvarez Blázquez y Mario Lacruz) tradicionalmente la crítica ha venido considerando a García Pavón como el primer auténtico novelista policiaco español. Debemos señalar a este respecto que cuando este autor abordó la empresa de escribir novelas policiacas, en España no existía una verdadera tradición autóctona; había, por una parte, una larga tradición imitativa de la novela policiaca extranjera (manifiesta en los teatros de principios de siglo o en las colecciones populares de la posguerra inmediata), y por otra parte, las novelas de los autores mencionados anteriormente que fueron casos brillantes pero aislados y sin continuidad. García Pavón consiguió con la saga de Plinio, como ningún otro autor anteriormente, establecer una auténtica serie policiaca española sin dependencia directa de moldes extranjeros, y con su fuerte apego a la tradición literaria española contribuyó a ennoblecer el género ante el público culto.

Las narraciones policiacas de García Pavón se alejan enormemente de los tipos imperantes dentro del género de origen anglosajón (la novela policiaca clásica británica y la corriente *hard-boiled* norteamericana). Su novedoso proyecto novelístico quizás tenga mayor paralelo con la novela policiaca psicológica del francés Simenon, conocido en España desde principios de los años cincuenta pero hasta entonces apenas influyente en los autores españoles, por la minuciosa descripción de lugares, costumbres y tipos humanos, y por las características personales del investigador. La investigación, tanto en la serie del inspector parisino Maigret como en la del guardia municipal Plinio, está a cargo de un policía oficial que ante todo es definido como «un buen hombre» y cuya máxima cualidad es su profunda humanidad. El Jefe de la Guardia Municipal del pueblo manchego de Tomelloso está tan alejado de los investigadores sobrehumanos e infalibles, como de los policías corruptos o los duros detectives privados de las sagas urbanas, negándose a utilizar tanto los modernos métodos científicos y racionativos como la fuerza de la violencia para llevar a cabo su cometido. La efectividad del método investigativo de Plinio se debe a sus impulsos intuitivos (sus célebres «pálpitos»), fundamentados en un conocimiento de la psicología humana y apoyados por una gran familiaridad con las costumbres sociales y con los hombres y mujeres que conforman su entorno.

El carácter básico de Plinio aparece claramente perfilado —ya desde su primera aparición— como el de un hombre estoico, paciente y taciturno, intuitivo y observador con grandes dosis de sentido común, de naturaleza noble, algo paternalista y siempre leal a sus amigos y a su pueblo, en definitiva, un buen hombre del pueblo llano enraizado con la tradición. Para O'Connor, Plinio es «an esentially Spanish hero, whose qualities are those that scholars have attributed to the Spanish over the centuries» («A Spanish Sleuth at Last», 49). Igualmente, el resto de los personajes habituales que acompañarán a Plinio son retratados cumplidamente desde el principio; así su fiel acompañante (a lo Watson) y semiretirado veterinario Don Lotario, el sanchesco cabo Maleza, el filósofo Braulio y su juerguista amigo «el Faraón» y sus domésticas y «medievales» esposa Gregoria e hija Alfonsa. Sin embargo, es a partir de *El reinado de Witiza* (1968), su primera novela policiaca larga, que se desarrollan plenamente las características de su saga policiaca que hasta ahora estaban en fase embrionaria. Mientras que en los primeros cuentos y novelas cortas la trama gira en torno a una única anécdota central (el misterio o caso policiaco), que se resuelve directamente y sin grandes demoras, en las novelas largas el misterio funciona solamente como elemento conductor del hilo narrativo, la armazón básica de la historia, que da pie a múltiples digresiones del asunto policiaco (a la vez mecanismos de retardación para promover la intriga), en las cuales reside verdaderamente la razón de ser de la obra y el gran deleite de su lectura.

La actualización a partir de 1968 del marco temporal en que se desarrollan las historias de Plinio (en el primer ciclo eran los años anteriores a la II República; ahora es la época contemporánea) y la simultánea aplicación de la fórmula original a un formato más extenso y de mayor complejidad, no cambiaron apreciablemente su trasfondo ideológico y moral. A ese respecto todo sigue fundamentalmente igual. La modernización apenas pasa de una operación cosmética, una mudanza de ropaje y de escenario perceptible por ejemplo en el cambio del viejo sable de Plinio por las pistolas, su capa de antaño por la chaqueta de uniforme y el antiguo Ford importado de Don Lotario por un «Seiscientos» de fabricación nacional. Todas las demás señales apuntan hacia una sociedad clavada en las tradiciones —mejores o peores, pero siempre anacrónicas— de su pasado.

Una de las características que más destacan a lo largo de toda la obra de García Pavón es la tensión básica producida precisamente por el choque entre el pasado y el presente que se revela en todos los órdenes y a todos los niveles (político, social, cultural, literario). Este conflicto refleja en el fondo el propio dilema del autor y de la misma sociedad en que éste habita, en un momento de importantes cambios para el país (desruralización, industrialización, urbanización, turismo, despegue económico) preparatorios de la profunda metamorfosis político-cultural experimentada en la segunda mitad de los años setenta. En gran manera el conflicto temporal entre pasado y presente tiene una importante dimensión demográfica, identificándose de manera harto natural el pasado con el mundo rural y atrasado, y el presente con el mundo urbano y moderno. García Pavón, un confesado «hombre de pueblo» con profundas raíces en su región natal de La Mancha, quien ha vivido durante toda su carrera profesional de profesor, crítico y escritor en la capital de España, visible símbolo de los nuevos tiempos, manifiesta con ambigüedad contradictoria este conflicto entre pasado y presente, campo y ciudad, tradición y renovación. El autor, un «proustiano de su pueblo», según la aguda apreciación de Francisco Umbral (9), contempla con nostalgia singular las tradiciones y costumbres de su pasado (del mundo rural) revividas a través de los recuerdos y de la re-creación novelesca. El sentimiento de nostalgia y el ejercicio rememorativo demuestran el afán recuperador de un pasado que se escapa; memoria y nostalgia se convierten quizás en las dos claves emotivas principales de su obra narrativa, directamente responsables de su tono poético y meditativo; de ahí que el elemento autobiográfico rememorativo del tiempo pasado esté siempre presente en sus novelas, si no siempre incorporando vivencias reales, al menos sí sentimientos y deseos.[28]

---

28. Recordemos que las primeras narraciones policiacas de García Pavón estaban basadas directamente en hechos reales que pertenecían a la tradición oral de su pueblo y que el autor recordaba desde su infancia («El Quaque», «Los jamones», «Los carros vacíos»). El autor ha confesado reiteradamente además el carácter relativamente autobiográfico de su narrativa: «Yo creo que casi toda mi obra es autobiográfica. Se me hace muy difícil comprender cómo un escritor puede hablar de tipos, paisajes y problemas que no ha vivido intensamente. Para mí, la literatura es una revivencia. Pero no sólo de episodios concretos, de seres, paisajes y conflictos que fueron realmente, sino de cuanto existió en nuestra imaginación sin llegar a realizarse, o al menos de la manera que lo contamos», Francisco García Pavón, en Manuel Alvar, *et al.*, *Novela y novelistas. Reunión de Málaga, 1972* (Málaga, Instituto de Cultura de la Diputación Provincial de Málaga, 1973), 321. Tam-

Así pues, no es casual que la reflexión sobre el tiempo ocupe una posición central en todas las historias de Plinio; tanto la preocupación por el tiempo pasado, recordado con nostalgia, como por el efecto que el paso del tiempo tiene sobre los hombres y las cosas, son obsesiones que reaparecen constantemente a lo largo de toda la serie.[29] Mientras que el tiempo pasado es revivido intensamente, la observación de los fenómenos cambiantes alrededor se limita en general a los efectos externos; las frecuentes oposiciones entre el estado de las cosas en el pasado y su estado presente suelen reducirse a una contemplación admirativa y contrastada del «antes» y del «ahora» a manera de barómetro del desarrollo que los tiempos modernos han ido produciendo en el campo español, a través de los cambios de las costumbres, la mecanización de las labores agrícolas, la irrupción de los electrodomésticos, tractores y automóviles. Junto a la añoranza de un tiempo pasado más simple y más en armonía con la naturaleza coexiste el agrado de ver una sociedad en lenta evolución. Tanto el autor García Pavón como su personaje Plinio se encuentran ante la misma encrucijada y, como si quisieran detener el avance del tiempo y efectivamente recuperar los días perdidos del ayer, ambos se inclinan mayormente hacia el pasado, hacia los modos de vida tradicionales españoles que encuentran más intactos en el pueblo, donde supuestamente la

---

bién ha señalado las fuentes reales de la infancia que inspiraron la creación de los personajes de Plinio y Don Lotario; el primero es una recreación de varias personas importantes en su infancia (un apuesto policía, un vecino estanquero aficionado a contar historias policiacas, y su propio abuelo paterno); Don Lotario es a su vez una recreación del fiel amigo de su abuelo. Véase al respecto el artículo antes citado, 323-328.

29. Aparte de la narraciones basadas en sucesos pseudoautobiográficos traídos del pasado que ya mencionamos con anterioridad, cabe recordar la recuperación del tiempo remoto en casos policiacos cuyas raíces se remontan a antes de la guerra como «El caso de la habitación sonada» y «El huésped de la habitación número cinco» en *Nuevas historias de Plinio*. La anécdota central de su novela más divulgada, *Las hermanas coloradas*, gira en torno al reencuentro de una hermana solterona con su antiguo novio, un soldado republicano que tras la derrota de la Guerra Civil había permanecido escondido durante treinta años, lo que da pie a la observación de las diferentes metamorfosis que el paso del tiempo puede provocar en los humanos y en sus relaciones. En *Vendimiario de Plinio*, se observa cómo la vida de pueblo se ordena siguiendo el tiempo cíclico de la naturaleza; en el cuento «Muerte y blancura de Baudelio Perona Cepeda» de *Nuevas historias de Plinio*, se cuenta un caso de envejecimiento instantáneo, desafiando maravillosamente las leyes del tiempo.

vida es más apacible, menos complicada y donde todavía pervive la harmonía del hombre con la naturaleza.

El fuerte apego de Plinio, y por ampliación del autor, al pasado, a la vida campesina, también conlleva una aceptación implícita de unas actitudes vitales asociadas con los modos de vida tradicionales, y por ende, con unas posturas morales conservadoras. Así, junto a la descripción detallada de las costumbres ancestrales (bellas estampas de la vida rural con sus fiestas y celebraciones rituales, sus comidas, sus trabajos y diversiones) y echando mano del rico y castizo lenguaje de la región manchega, el autor parece acatar las conductas anacrónicas existentes en el mundo novelesco que quiere representar. La actitud sexista generalizada en todos los personajes (especialmente Plinio y sus amigos masculinos) frente a la mujer y a la muerte es la tradicional y típicamente española de desafío y desprecio, una mezcla de fascinación y burla de donde surge gran parte del humor de la novela.[30] La conducta ante la muerte varía entre el sereno estoicismo que acepta su inevitabilidad y el desaire juguetón del torero en su reto valeroso. Igualmente enraizada en la tradición es la obsesiva actitud xenofóbica y homofóbica de la población rural, siempre defensora de sus atávicas usanzas y especialmente recelosa ante todo lo nuevo y extraño que pueda afectar severamente los establecidos hábitos de la comunidad (así en contra del creciente fenómeno del turismo o de todo aquello proveniente de la capital).

El conflicto temporal también tiene ramificaciones culturales y políticas, a pesar de la autoimpuesta censura autorial a la hora de tratar esta última temática en sus novelas (tan sólo en *Otra vez domingo* afloran a la superficie —ya en 1978— referencias explícitas a la vida política española). Por su excesiva inclinación al pasado, tanto Plinio como su autor, un autoconfesado liberal a la antigua usanza, revelan una ideología caracterizada

---

30. Para una crítica detallada de las actitudes antifeministas de las novelas de Plinio véanse los artículos de Patricia W. O'Connor, «A Spanish Sleuth At Last: Francisco García Pavón's Plinio», *Hispanófila*, 48 (mayo 1973), 47-68; y «Francisco García Pavón's Sexual Politics in the Plinio Novels» *Journal of Spanish Studies: Twentieth Century*, 1 (1973), 65-81; bajo una perspectiva distinta, que justifica los planteamientos tradicionalistas de la novela por el propósito testimonial del autor que tan sólo proporciona un reflejo de la realidad, véase el artículo de Birgitta Vance, «The Great Clash: Feminist Criticism Meets Up With Spanish Reality», *Journal of Spanish Studies: Twentieth Century*, 2.2 (1974), 109-114.

por la contradicción, la ambigüedad y el anacronismo, como ha observado Patricia O'Connor:

> Como los escritores españoles del período romántico, Pavón es liberal políticamente, pero sus escenarios parecen evocar otra era y sus personajes femeninos sugieren una inspiración decimonónica. Desgraciadamente, sin embargo, quizás representen una realidad selectiva de la España rural en 1972.

> Like the Spanish writers of the Romantic period, Pavón is politically liberal, but his settings seem to evoke another era, and his feminine characters suggest a nineteenth-century inspiration. Unfortunately, however, they may represent a selective reality of rural Spain in 1972 [«Sexual Politics», 67].

El desfase de García Pavón y de su Plinio tiene un justo paralelo con los anacronismos propios de una sociedad en un difícil proceso de transformación en la que pasado y presente cohabitan dificultosamente. Las actitudes y conductas políticas de Plinio, un hombre individualista e independiente, son básicamente las de un pequeño burgués liberal de antaño, aunque notablemente conservadoras para hoy. Moderadamente anticlerical y relativamente tolerante, Plinio se muestra políticamente ambiguo: a la vez que está teóricamente en contra de la represión social y sexual, y en contra del atraso y la ignorancia (como correspondería a un liberal), Plinio defiende ante todo el *statu quo* imperante, como corresponde al Jefe de la Guardia Municipal.

El carácter auténticamente español de esta saga policiaca se hace notar tanto en la caracterización del detective como en el gran peso que en estas novelas tiene la tradición literaria española. La proverbial leyenda de «las dos Españas», la rural y la urbana, la conservadora y la progresista, la tradicional y la moderna, aparece en las novelas policiacas de García Pavón en toda su integridad, si bien con la particularidad de que la perspectiva ofrecida en ésta es sintomáticamente siempre la primera, opuesta a la postura contestaria de Larra, Galdós o Machado.[31] En las novelas de García Pavón, por el contrario, apenas se

---

31. La inversión de esta tradicional división aparece de manera recurrente en todas sus obras. Los ecos de los problemas de la España rural vistos desde la perspectiva de un moderado progresista (como en *Doña Perfecta* de Galdós) son invertidos totalmente. La capital es considerada por todos los personajes como un mal moderno (en *Las hermanas coloradas* cuando Plinio ha de trasladarse a Ma-

llega a un enfrentamiento directo entre ambas posiciones, quizás en un utópico intento de encontrar un entendimiento mayor y más humano entre las personas que haga posible la convivencia pacífica.

Debido a su preocupación obsesiva por el pasado y su pasión por su región natural de Castilla (La Mancha), la obra de García Pavón tiene múltiples afinidades con la de ciertos autores noventayochistas. Para el novelista, como para estos autores, Castilla, región rural y empobrecida de pasada gloria, es una metáfora funcional de España, símbolo y síntesis de la tradición nacional y de su pasado histórico: «Tierras de Castilla tan duras, tan áridas. Comidas de Castilla tan pobres, tan devastadoras del cuerpo. España entera es una copia de sin hechura. Toda nuestra historia es un calambre de necesidades» (*Vendimiario de Plinio*, 90).

El paisaje castellano, tradicionalmente ausente en su propia literatura, recobra en las novelas de García Pavón el tono filosófico, el sabor y el saber popular, y la calidad poética que autores como Unamuno, Machado o Azorín lograron infundir en él. Como Unamuno, Pavón se lanza de lleno en el paisaje y paisanaje de los pueblos, en las pequeñas historias de Tomelloso, en las vidas anónimas, en los personajes tipos, en el folklore de los campesinos, en su rico y creativo lenguaje popular, que son los verdaderos creadores de la Intrahistoria colectiva (esto aún se acrecienta más durante su última época en que estos motivos configuran la anécdota central de los relatos). Como Machado, el novelista aúna la reflexión profunda sobre el paso del tiempo y el advenimiento de la muerte con la sabiduría popular; así, junto a pasajes meditativos de gran fuerza poética encontramos con harta frecuencia coplas y canciones de inspiración popular. Con Azorín comparte su entusiasmo por las cosas pequeñas, el ensimismamiento en los recuerdos del ayer, y la descripción lenta y minuciosa del paisaje; la utilización del lenguaje es la propia de un estilista y filólogo: junto a la precisa palabra olvidada rescatada del pasado y el modismo característico del habla popular en muchas de sus novelas el autor incluye un glosario completo de los vocablos y expresiones regulares utilizados don-

---

drid, es especialmente evidente) y la incursión de personajes urbanos en los asuntos del pueblo significa un estorbo cuando no una amenaza de represalias desde el poder en la capital (*El reinado de Witiza*).

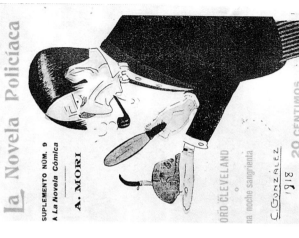

Dos obras de la colección «La Novela Policíaca» de aventuras con subtítulo explicativo de comedia, drama, melodrama o episodio policíaco (1918)

Título de la colección «Biblioteca Oro» de la Editorial Molino
publicada a lo largo de las años 40

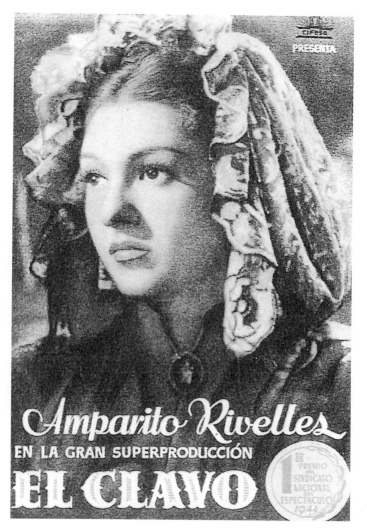

Cartel de la película de Rafael Gil *El Clavo* (1944), célebre adaptación cinematográfica de la novela homónima de Pedro Antonio de Alarcón

JUAN ANTONIO DE LAIGLESIA

UN ROBO
INVEROSIMIL

CALLEJA · MADRID

Uno de los títulos publicados dentro de la serie
«Los enigmas del Inspector Vega» (1952)

francisco
garcía pavón:
una semana
de lluvia

destinolibro
252

francisco
garcía pavón:
las hermanas
coloradas

premio eugenio nadal 1969

destinolibro
1

Dos de las novelas de la serie de Plinio de Francisco García Pavón con ilustraciones de Mingote

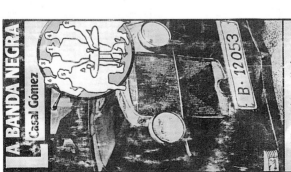

El libro-crónica *La banda negra* del comisario de policía Manuel Casal Gómez, escrito durante la Dictadura de Primo de Rivera y publicado por primera vez durante la República, que sirvió de inspiración para *La verdad sobre el caso Savolta* de Eduardo Mendoza (1975)

Un relato inédito de

Manuel Vázquez Montalbán

CARVALHO

El caso de las tres joyas y el mayordomo con antecedentes.

UN PUZZLE 45 x 33 cm.
DE 252 PIEZAS "DOBLE TAMAÑO"
CON LAS PISTAS CLAVE
PARA RESOLVER EL ENIGMA

SERIE ENIGMA

Relato-rompecabezas protagonizado por Pepe Carvalho
al margen de la serie Carvalho

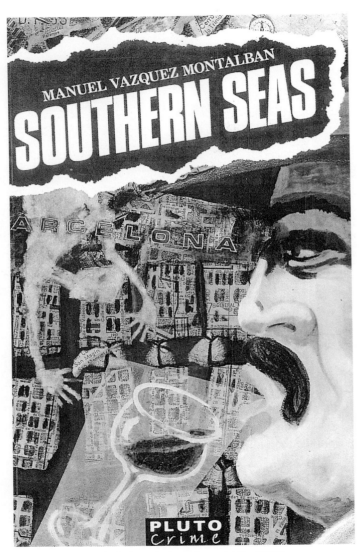

Edición inglesa de *Los Mares del Sur* (1986)

de aparece el neologismo de aguda etimología. Su estilo narrativo se caracteriza, como la obra azoriniana por la tendencia de la frase hacia la brevedad, la concisión y la contundencia. La sintaxis es sencilla y no abundan las oraciones subordinadas. Sirva de ejemplo de todo lo expuesto anteriormente el siguiente pasaje representativo, elegido al azar de una de sus novelas:

> La plaza estaba casi solitaria. Con su cielo y su suelo de siempre. Las plazas de los pueblos son cacerolones que cada poco tiempo cuecen una generación de humanos. De su iglesia los sacan recién bautizados y ante ella pasan al cabo de unos años camino del Campo Santo. Venga de enchorritarles vivos y muertos, recién descoñados o recién tiesos y las plazas de los pueblos tan tranquilas. Con su ayuntamiento enfrente, tan municipal, tan lleno de máquinas de escribir y concejales. De cuando en cuando, en sus balcones asoma una bandera. La rojigualda cuando pasó aquel ministro de Alfonso XIII que iba a traer el ferrocarril. La roja, gualda y morada de la República, cuando llegó el otro a inaugurar las obras del Pantano de Peñarroya. La roja de la guerra. La rojigualda, la otra y la otra de después de la guerra. Y la plaza igual, con los párpados caídos ante los cambios de bandera, las sangres de unos y de otros, y los muertos y bautizos generales que le llegan cada día. Todo el que muere se lleva la imagen de su plaza inundándole los ojos. Y la plaza tan queda, sin echarle un gesto a nadie [*Voces en Ruidera*, 20-21].

Asimismo, la obra de García Pavón tiene gran parentesco con otras tradiciones literarias de larga raigambre en la literatura española como son el costumbrismo y la estética de lo grotesco. El cuadro de costumbres típicamente pone énfasis en la representación de los usos sociales en un momento y lugar determinados; ya hemos mencionado anteriormente el importante papel que en las novelas de Plinio tienen la descripción costumbrista de ambientes y tradiciones regionales, la representación tipológica de personajes, la introducción de cantares, coplas y habla populares, y el colorido local que proporciona la descripción de las comidas, trabajos y entretenimientos en los pueblos manchegos. El cuadro de costumbres de naturaleza satírica o filosófica puede volverse una caricatura grotesca (piénsese en ciertos artículos de Larra como «El castellano viejo»). En los relatos de García Pavón cohabitan la representación objetiva costumbrista con la exageración distorsionada de la realidad. La frecuente ambientación de las aventuras de Plinio en épocas de relativa confusión y cierto relajamiento colectivo, como los carnavales, la estación estival o la época de la vendimia, invitan a la aparición de lo grotesco, contrastándose sorprendentemente una situación seria (frecuentemente la muerte) con una nota de comedia (la ironía y el sexo) y consiguiéndose un resultado en ocasiones cercano al humor macabro; dan buena prueba de ello las extraordinarias y jocosas circunstancias en que se producen muchas muertes y las bromas de dudoso gusto a que son aparentemente tan aficionados los habitantes de Tomelloso. Los indecibles trances por los que pasa el muerto como el omnipresente cajón —ataúd en *Witiza* y en *El charco*—, la indecente postura e irrespetuosa calcomonía de la muerta en *Vendimiario*, el boleto de lotería recuperado del ataúd en «Las desilusiones de Plinio» o las perversiones sexuales en *Sabinas* y *Voces* habría que agruparlas dentro de la tradición quevedesca y goyesca.

A lo largo de las novelas policiacas de García Pavón son abundantes las alusiones intertextuales; de entre las múltiples referencias literarias y librescas que aparecen en la saga de Plinio sobresalen, como es de esperar, las relativas a La Mancha y en especial a su anterior gran antihéroe desfacedor de entuertos. Más allá de la pura coincidencia geográfica, García Pavón comparte conscientemente con los autores y críticos noventayochistas su admiración más que por la locura de Don Quijote por la cordura de todos los Sanchos que pueblan el espacio novelesco, y por el propósito antiheroico y desmitificador de su autor. Las aventuras de Plinio, como las de Don Quijote, son más propiamente antiaventuras, como antiheroicos son el paisaje y los personajes campesinos. Situar la aventura en donde nos parece propicia, y hacer heroicos a quienes no lo son por naturaleza, es empresa «de bucólica grotesca» que ambos autores emprendieron;[32] al igual que en las aventuras de Plinio, que ocurren en las empobrecidas tierras manchegas y no en una mansión británica

32. A este respecto señalaba Rafael Vázquez Zamora que García Pavón «en *Las hermanas coloradas* sigue el método cervantino de llevar los grandes temas imaginativos y heroicos en irónica versión al paisaje castellano, a la implacable realidad suavizada por el sonriente humor, la ternura y la comprensión. No se concibe una historia fantástica de caballería en La Mancha y no se concebirían novelas de un complicado cerebralismo policiaco manchego. Por eso, Francisco García Pavón pone tanto de relieve lo vital, lo sencillamente humano». Citado en Baltasar Porcel, «Francisco García Pavón, un manchego liberal», *Destino* (9 mayo 1970), 16-17.

o en una gran urbe norteamericana, como es lo corriente en las novelas policiacas al uso, en la novela cervantina es preciso buscar en el entorno «la lisura, la sencillez y la rusticidad que conviene a un héroe que no buscó sus aventura en Grecia, Niquea o Gaula, lugares de gesta ensoñada y de novela rosa medieval, sino en los parajes más antiaventureros de España» (*Voces en Ruidera*, 118).

Sus relatos costumbristas, poblados de personajes y vidas intrahistóricos, enraizados en la vida sencilla de las gentes del campo, se acogen perfectamente a su visión «bucólico grotesca» de la novela cervantina:

> En el fondo, el Quijote es una novela idílica, pero más que de pastores virgilianos, de pastores reales, de gentes modestísimas entre breñales e inocencias. De «bucólica grotesca», que dijo Eugenio Noel. Don Quijote y Sancho, como los que ahora mismo rodean la cueva, tenían ese idilismo de tierras poco asistidas, donde la tosca poesía no es invento sino fruto de musa candorosa [*Voces en Ruidera*, 119].

Al igual que en la novela de Cervantes, en las de Plinio abundan también las alusiones autorreferenciales a su propio ciclo narrativo, un juego literario frecuente en las novelas de serie y especialmente en las policiacas, como un componente lúdico añadido para acrecentar el interés del lector aficionado. Con frecuencia algunos casos policiacos recuerdan otras aventuras acaecidas anteriormente; así, en *Vendimiario* se trazan múltiples paralelos implícitos y explícitos con el caso de cajón-ataúd de *Witiza*: «Y ya sabes a qué otro cajón me refiero» (160), «Mañana tempranito a "Miralagos"», que ya hace casi cinco años que no visitamos aquella maricolandia» (161), «Plinio y Don Lotario, de vez en cuando, con palabras cortadas, recordaban el caso Witiza, que les obligó a varios viajes a "Miralagos"» (162). En otras ocasiones, las alusiones narrativas autorreferenciales reflejan el impacto de su propia obra entre el público y la crítica; así en *Vendimiario* el narrador comenta un artículo del periódico diciendo que «en un pie largo se resumían el trasteo del cajón y, luego de citar a los "dos grandes inspectores" de la G.M.T., reproducía uno de los dibujos que de ellos hizo Mingote para las Historias de Plinio y Don Lotario, que andan por las librerías» (169-170). En un caso extremo de intertextualidad lúdica, un amigo le aconseja a Plinio en *El último Sábado* (1974) que se modere en sus comentarios antifeministas: «No diga usted esas cosas, Manuel, que luego le llaman "machista" en los estudios profesorales» (127), estudios que podrían ser identificados por el lector avisado con ciertos artículos críticos mencionados más arriba (nota 30), dos de ellos publicados precisamente el año anterior al de la edición de la novela (1973).

La mezcla de humor y poesía, filosofía y nostalgia, sabor popular y referencias librescas, estampa costumbrista e intriga policiaca hace de las novelas de García Pavón un hito único en la historia del género en España, y sin parangón en otras literaturas contemporáneas. García Pavón hizo posible con los relatos de Plinio lo que hasta entonces era impensable en nuestra cultura: crear durante los años de la posguerra franquista un policía de ficción auténticamente español, creíble e ideológicamente aceptable para el público, gracias a la gran humanidad imbuida en el personaje. Con la saga de Plinio el género policiaco abandona el rincón de lo subliterario al que estaba prácticamente relegado entre la crítica y el público lector españoles, adivinándose la posibilidad de combinar una estética literaria exigente a un trasfondo popular, enmarcando la reflexión seria y profunda en el juego lúdico de la intriga policiaca. Por estas razones, la obra de García Pavón, a pesar de no haber originado propiamente una escuela ni haber tenido directos continuadores, va a preparar el camino para el posterior gran auge de la literatura policiaca española durante los años setenta y ochenta.

4

LA NOVELA POLICIACA
Y EL POSFRANQUISMO

> He nacido para revolucionar el infierno.
>
> MANUEL VÁZQUEZ MONTALBÁN, *Tatuaje*

De la dictadura a la democracia

Durante los años sesenta comenzaron a registrarse definitivos signos de cambio en la sociedad española, tras las ineludibles reformas acometidas por los tecnócratas administrativos, que habrían de ocasionar profundas transformaciones económicas, sociales y culturales. La industrialización de la nación, el impresionante despegue económico y la creación de una gran clase media, junto con la llegada masiva del turismo que influiría enormemente en la economía y en las costumbres, la relativa liberación que supuso la Ley de Prensa, la creciente escolarización de la población, y el decreciente fervor religioso en una sociedad cada vez más consumista, eran índices que apuntaban hacia la definitiva modernización de la sociedad española —que no de sus anacrónicas estructuras de poder. La progresiva y acelerada evolución hacia una sociedad capitalista avanzada que venía produciéndose desde los años sesenta es ya un hecho consumado a principios de los setenta, en aparente contradicción con un régimen autocrático y anacrónico que todavía se mantiene en el poder. Se percibe una creciente divergencia entre el gobierno y la sociedad real en el descontento general con la situación política atípica; las huelgas de obreros y estudiantes, las protestas y manifestaciones ilegales se suceden por todas partes.

Se patentizan las ansias de cambio de una gran parte de la sociedad y se exigen las libertades democráticas suprimidas. La notoria disociación entre el poder gubernamental y la población general ha llevado a la acuñación del irónico y paradójico término de «pre-posfranquismo», utilizado por Eduardo Mendoza en *El misterio de la cripta embrujada*, para referirse a estos años en que verdaderamente se estaban fraguando los cambios que inevitablemente acabarían produciéndose a la muerte del dictador.

En aquellos años del «pre-posfranquismo» (aproximadamente de finales de los sesenta a mitad de los setenta) la situación cultural experimenta grandes transformaciones: un notable crecimiento en el número de estudiantes universitarios, una cierta liberalización censorial, la creación de un público lector de base relativamente amplia compuesto de las capas más instruidas de la población (estudiantes, intelectuales, y otros sectores progresistas); este público era extremadamente receptivo ante las corrientes culturales contemporáneas occidentales, el debate y la crítica sociopolítica que se venían promoviendo no sin dificultades desde nuevas revistas y diarios como *Triunfo*, *Cuadernos para el Diálogo*, *Camp de l'Arpa*, *Hermano Lobo* o *Informaciones*, desde iniciativas editoriales como la de los libros de bolsillo, y que asomaban a cine-clubs y salas «de arte y ensayo». Esta apertura cultural al exterior se vio reflejada en el creciente interés por las nuevas creaciones literarias y cinematográficas que se venían produciendo en el extranjero. Se iba saliendo así del prolongado aislamiento nacional que con respecto a otras culturas se había contenido desde el final de la Guerra Civil.

Con la desaparición del régimen franquista y el consiguiente proceso de transición hacia una democracia pluralista en la segunda mitad de los años setenta, la sociedad española continuó su evolución social y cultural en la línea marcada por los cambios mencionados anteriormente: acceso masivo a los estudios universitarios, gran auge de publicaciones tanto de revistas culturales con intereses acordes con los nuevos tiempos (*Ajoblanco* [1977], *El Viejo Topo* [1977], *Los Cuadernos del Norte* [1980], *Anthropos* [1981]) como de periódicos con importantes e influyentes secciones culturales y literarias (*El País*, *Diario 16*); la desaparición definitiva de la censura a partir de 1977 supuso la luz verde para muchas obras literarias extranjeras —y también algunas españolas, aunque menos de las que se esperaban— que no habían sido editadas en España o habían sufrido los efectos de la censura gubernamental o editorial. La conciencia colectiva de vivir en una sociedad nueva, con unos nuevos problemas antes ignorados o imposibles de discutir abiertamente (corrupción política, delincuencia e inseguridad ciudadana, drogas, desempleo) y también con unos nuevos valores, unido a la eliminación de la censura, el favorable clima cultural y la gran operación promocional por parte de las editoras explican el gran auge que sobre todo a partir de la segunda mitad de los años setenta comienza a tener el género de la novela policiaca negra en España.

La novela policiaca clásica ya había venido perdiendo desde los años sesenta su posición hegemónica en el interés del público y de las casas editoriales españolas en favor de la novela de acción y de espionaje, siguiendo una pauta similar a la de otros países occidentales. A lo largo de la década de los setenta se va a producir una auténtica invasión de traducciones de novelas negras, lógico si tenemos en cuenta que se venía retardando en algunos casos hasta cuarenta años (por ejemplo, Hammett) y en otros veinte o treinta (Chandler, Himes).

La serie «Esfinge» que la editorial Noguer de Barcelona había comenzado en 1964 tiene ya en 1977 más de cincuenta títulos, destacando el alto número de autores europeos contemporáneos como John Le Carré, Friedrich Durrenmatt y Giorgio Scerbanenco.[1] En 1972 la distribuidora Enlace había puesto en marcha una colección policiaca con el engañoso nombre de «La Serie Negra» que aunaba los esfuerzos de cuatro editoriales catalanas: Barral, Tusquets, Península y Laia, y en la que se llegaron a publicar unos sesenta títulos, traducciones tanto de los maestros de la vertiente policiaca clásica (Poe, Conan Doyle, Leblanc, Leroux) como de la vertiente propiamente negra (Chandler, McCoy). Esta colección terminó su publicación en 1976 debido a su falta de rentabilidad.[2] La popular editora de libros de bolsillo Alianza Editorial lanza en 1973 su colección «Selecciones del Séptimo Círculo», en la cual aparecen con regularidad trimestral muchas de las obras elegidas originalmente por Jorge Luis Borges y Adolfo Bioy Casares para su célebre colección de «El Séptimo Círculo» editada en Buenos Aires por Emecé en 1945 (entre otros,

1. Véase José Ramón Pose Menéndez, «Editorial Noguer, Colección Esfinge», *Archivo del Crimen*, 13 (1977), 257.

2. Véase José Ramón Pose Menéndez, «Enlace y su serie negra», *Archivo del Crimen*, 11 (1977), 219.

Ross MacDonald, Chandler, Quentin, Hadley Chase, Cain). La editorial Bruguera, que ya había dedicado al género policiaco varias series como la «Biblioteca Iris» y la «Colección Riesgo» en los años cuarenta, y como «Marabú» y «Caballo Negro» en los sesenta, publica en 1977 dentro de su colección «Libro Amigo» una nueva serie policiaca titulada «Novela Negra» que haciendo honor a su nombre edita un gran número de obras de los autores principales del género negro, muchas de ellas obras clásicas anteriormente olvidadas, censuradas o no publicadas (Hammett, Chandler, R. MacDonald, Goodis, McCoy, Chester Himes).[3] Gracias principalmente a estas colecciones, el público español a finales de los setenta podía finalmente leer en traducción española la mayor parte de las mejores novelas negras, a pesar de las notorias arbitrariedades en las ediciones españolas (caso de Hammett) y las lagunas y olvidos de ciertos títulos clave de McCoy, Cain, Goodis, Thompson y William Riley Burnett.[4]

La novela policiaca negra se reveló como un auténtico descubrimiento para la gran mayoría de su nuevo público lector español —casi exclusivamente conocedor de la tradición cinematográfica de dicho género— compuesto en general de lectores no aficionados a la novela policiaca en sus anteriores modalidades y no diferenciado apreciablemente del público culto lector habitual de literatura sin adjetivación. La búsqueda por un considerable número de autores y lectores de nuevas opciones narrativas —tras los excesos del realismo social de posguerra y del experimentalismo de los sesenta y setenta— que resultaran más atractivas y acordes con los nuevos tiempos, pareció llegar a buen puerto con el hallazgo de los autores clásicos de la novela policiaca negra. Las novelas de Hammett, Chandler, o Cain daban salida perfectamente a las ansias de narratividad y de juego lúdico que una buena parte de los lectores mantenía insatisfechas tras el empacho social y experimental de épocas anteriores, aunando a una fuerte carga crítica hacia las instituciones ostentadoras del poder (económico,

3. Véase José Ramón Pose Menéndez, «Editorial Bruguera: Muerte de bolsillo», *Archivo del Crimen*, 10 (1977), 199. Posteriormente la misma casa Bruguera editaría una nueva colección policiaca titulada «Club del Misterio», ya en los años ochenta.

4. Para un informe detallado del todavía insuficiente estado de la bibliografía primaria en español de la novela policiaca negra, véase Javier Coma, «Disparen sobre el especialista», art. cit., 28-35.

político, policial) unas legítimas ambiciones literarias, traducidas en una voluntad de estilo duro, directo, crudo, sarcástico, reflejando toda la violencia y miseria de la sociedad moderna.

Como era previsible, no faltaron autores españoles interesados en las posibilidades que brindaba este género para su adaptación a la realidad española, los cuales creyeron encontrar en él más que un simple entretenimiento divertido un vehículo ideal para la plasmación de la nueva sociedad española y de sus obsesiones particulares. En este sentido fue pionero Manuel Vázquez Montalbán con *Tatuaje* (1974), novela iniciadora de la posteriormente célebre saga del detective Carvalho, y le siguió Eduardo Mendoza con *La verdad sobre el caso Savolta* (1975). El género negro parece lograr un primer auge de popularidad entre los narradores y lectores españoles en 1979; en ese año Vázquez Montalbán consigue el codiciado —y discutido— Premio Planeta con su tercera incursión en el género, *Los mares del Sur* del cual se venden varios cientos de miles de ejemplares y que genera un gran interés entre el público y la crítica por este género; Eduardo Mendoza repite el éxito de su primera novela con *El misterio de la cripta embrujada*, más abiertamente policiaca y paródica; y la editorial Sedmay de Madrid pone en marcha la colección «Club del Crimen», de desigual calidad pero que consigue publicar en 1979 quince novelas de autores españoles, y otras ocho en 1980 (de Andreu Martín, Lourdes Ortiz, Fernando Savater, Juan Madrid e incluso recuperando a García Pavón).

En muy pocos años se ha pasado del desconocimiento casi total de los autores principales del género a su implantación general entre el público, y lo que es más sorprendente, a la adaptación de dicho género a reconocibles claves españolas por autores locales y a su general aceptación por los lectores españoles. A lo largo de los años ochenta se han perfilado claramente los artífices principales de esta situación y las diferentes direcciones en que han ido evolucionando. Por una parte, los pioneros «históricos» que juegan con las convenciones genéricas parodiando y violando sus fórmulas, en una interfecundación de géneros desde unos presupuestos enclavados en la posmodernidad (caso de Vázquez Montalbán y Mendoza); por otra parte, los autores posteriores que siguen más fielmente las fórmulas del género negro, si bien adaptándolas a claves locales y a sus obsesiones particulares (caso de Andreu Martín y de Juan Madrid); finalmente, también se podrían señalar algunos autores no especializados que en estos años se han acercado ocasionalmente a la novela negra o que han incorporado a sus obras ciertos elementos del género (caso de Juan Benet o Juan Marsé).[5]

Manuel Vázquez Montalbán, del vanguardismo a la posmodernidad

El progresivo anquilosamiento de la obra policiaca de García Pavón y su consiguiente «olvido» por parte del público español, especialmente pronunciados desde mediados de los años setenta, coinciden con los profundos cambios socioculturales experimentados por la sociedad española en esa misma época y con la aparición de una nueva novela policiaca española más acorde con los nuevos tiempos, epitomizada en la obra pionera del polifacético autor Manuel Vázquez Montalbán. La posición hegemónica dentro de la narrativa policiaca española que ha mantenido el autor catalán desde la publicación en 1974 de *Tatuaje* parece aceptada unánimemente tanto por la crítica como por el público lector. A la aportación del autor en el frente creativo (veterano pionero de la novela negra en España, con una abundante obra de enorme difusión que no ha obstaculizado el respeto de la crítica, debe añadírsele su actividad en el frente crítico, como director de revistas como *Camp de l'Arpa* (la cual publicó en 1979 el primer trabajo monográfico sobre la novela policiaca negra en España) y *Gimlet* (la primera revista española especializada en narrativa policiaca [1981-1982]), amén de sus frecuentes acercamientos a dicha temática en artículos, entrevistas y conferencias.[6]

---

5. Un caso aparte es la novela negra escrita en catalán, merecedora de un estudio independiente, cuyo desarrollo general tiene obligados paralelos con la novela escrita en castellano pero que no coincide exactamente en su proceso evolutivo ni obviamente en su difusión y alcance. En los años setenta Jaume Fuster es el pionero de la novela negra en catalán con *De mica en mica s'omple la pica* (1972), como anteriormente en los años cincuenta y sesenta lo había sido Manuel de Pedrolo. Véase mi estudio «Stretching the limits: Pedrolo's Detective Fiction», *Catalán Review*, 3.2 (1988).

6. Como muestra del creciente interés internacional por la obra de Vázquez Montalbán véanse los abundantes trabajos aparecidos sobre este autor en números monográficos colectivos: «Spécial Manuel Vázquez Montalbán (Oeuvre en prose)», *Tigre*, 2 (1985), Université des Langues et Lettres de Granoble; «Manuel Vázquez Montalbán et le Roman Noir Espagnol», *Hard-Boiled Dicks*, 20-21 (1987); «The Hispanic Thriller», *Monographic Review/Revista Monográfica*, 3.1-2 (1987).

La toma del relevo por parte de Vázquez Montalbán impulsa el desarrollo de la novela policiaca española en una dirección revolucionaria totalmente divergente a la mantenida por García Pavón. Sin embargo, y contra lo que pudiera parecer a primera vista, la obra del novelista catalán muestra ciertos significativos paralelismos con la del autor manchego, lo que no resulta del todo extraño dado que ambos autores pretenden, aunque desde presupuestos distintos, la implantación-adaptación a la tradición literaria nacional de un género importado. La utilización por parte de García Pavón del género policiaco como armazón sobre la que plasmar nostálgicas estampas costumbristas de la vida manchega, no dista demasiado del empleo a que somete la novela policiaca Vázquez Montalbán para hacer su crónica de la vida colectiva española durante y después de la transición democrática. Ambos autores ponen atención a la fiel incorporación dentro de su obra de las costumbres sociales y culturales de la sociedad que quieren representar, recurriendo a unos personajes tipos, a la gastronomía o a canciones populares, y especialmente a los diversos lenguajes de los distintos grupos sociales dentro de sus respectivas comunidades.[7] Asimismo, las diferentes personalidades de los protagonistas investigadores actúan como filtro de la observación de la realidad y su compleja caracterización psicológica como centro de interés para el lector. En ambos casos es a través de la conciencia de ese personaje que se plantea la problemática del tiempo pasado, individual y colectivo, si bien en el ciclo de Plinio la rememoración es una forma de negar el paso del tiempo y defenderse de los cambios que éste trae consigo, y en el ciclo de Carvalho la memoria conduce a la búsqueda de unas borrosas señas de identidad que expliquen y den sentido al tiempo presente. Mientras la obra de García Pavón se aferra a unos moldes socioculturales y literarios del pasado (mundo rural patriarcal y preindustrial, realismo costumbrista, castellanismo noventayochista), la obra de Vázquez Montalbán desmantela críticamente la moralidad del orden es-

7. El propio Vázquez Montalbán ha manifestado su gran respeto por la obra de García Pavón, más por el componente estilístico que por el propiamente policiaco. El autor barcelonés aprecia especialmente el tratamiento del lenguaje que imprime a su obra el escritor manchego, al cual considera como «el lenguaje más equilibrado de la literatura española», en Víctor Claudin, «Con Vázquez Montalbán sobre la novela policiaca española», *Camp de l'Arpa*, 60-61 (1979), 36.

tablecido y se replantea los moldes narrativos anteriores de la novela realista y la policiaca desde una ambigua actitud paródica que simultáneamente acepta y subvierte sus propios modelos.

Este replanteamiento se podría encuadrar dentro de las bases de la posmodernidad, como actitud de reacción frente al arte moderno establecido y agotado —a su vez reacción frente a un arte tradicional establecido anteriormente abogando no por la recuperación ciega e inocente de unas formas narrativas caducas sino por una reevaluación crítica (metaliteraria) de las mismas. Como forma narrativa característica de la posmodernidad Linda Hutcheon cita la «metaficción historiográfica»: «su autoconciencia teórica de la historia y la ficción como construcciones humanas (*meta*ficción historio*gráfica*) es la base de su replanteamiento y reelaboración de las formas y contenidos del pasado» («its theoretical self-awareness of history and fiction as human constructs [historio*graphic meta*fiction] is made the grounds for its rethinking and reworking of the forms and contents of the past» [*A Poetics of Postmodernism*, 5]). Por su parte, Umberto Eco resume la actitud básica del posmodernismo así: «La respuesta postmoderna a lo moderno consiste en reconocer que el pasado, ya que no se puede realmente destruir, porque su destrucción conduce al silencio, debe ser revisada: pero con ironía, no inocentemente» («The postmodern reply to the modern consists of recognizing that the past, since it cannot really be destroyed, because its destruction leads to silence, must be revisited: but with irony, not innocently» [*Postcript*, 67]).[8] Como resultado de esta reexaminación irónica se redescubren las posibilidades de la intriga argumental y del elemento lúdico en la narrativa, cruzándose así las mismas fronteras que convencionalmente han venido distinguiendo un arte culto «superior» de un arte popular «de entretenimiento».

La revisión acometida por Vázquez Montalbán de los esquemas tradicionales del realismo —y en concreto de las fórmulas

---

8. Véanse asimismo a este respecto los trabajos de John Barth, «The Literature of Exhaustion», *Atlantic Monthly*, 220 (1967), 29-34, y «The Literature of Replenishment: Postmodernist Fiction», *Atlantic Monthly*, 245 (1980), 65-71 y el ensayo de José Tono Martínez, «Narrativa en la Posmodernidad», *Los Cuadernos del Norte*, 5.26 (1984), 69-71. Para una visión distinta y más crítica, véase Frederic Janeson, *Postmodernism or, The Cultural Logic of Late Capitalism* (Durham, Duke University Press, 1991).

narrativas policiacas— desde una perspectiva irónica y distanciada surge como síntesis resultante de la dialéctica establecida entre dos formas literarias que parecen insatisfactorias o inviables; la novela objetiva y realista tradicional (decimonónica, social, crítica) y la novela experimental moderna (vanguardista, subjetiva o discursiva). Esta revisión implica además la reevaluación de la novela policiaca negra, largamente menospreciada y considerada un género inferior, y el reconocimiento del componente altamente paródico y autorreflexivo que se encuentra en las mejores novelas de maestros del género como Dashiell Hammett y Raymond Chandler.[9]

La serie Carvalho: crónica y *collage*

Un análisis general de la trayectoria novelística del propio Vázquez Montalbán muestra que la evolución del autor sigue las pautas de esa misma dialéctica. En una primera etapa experimental —o «subnormal», según la denominación del autor— extendida desde finales de los años sesenta hasta mitad de los setenta con sus novelas *Recordando a Dardé* (1969), *Happy end* (1972), *Yo maté a Kennedy* (1972) y *Cuestiones marxistas* (1974) y otros escritos menos clasificables como *Manifiesto subnormal* (1970), su obra se caracteriza por una narrativa antirrealista y provocadora, influida por el surrealismo, las técnicas del absurdo y los medios de comunicación de masas, que cuestiona las convenciones culturales y literarias y hasta las mismas bases de la novela como género condenado a extinguirse. A partir de *Tatuaje* (1974), sin embargo, el autor emprende un nuevo ciclo narrativo que recoge la ironía, el escepticismo iconoclasta, el distanciamiento y la técnica collagística de su etapa «subnormal» y los aplica a la recuperación de ciertos elementos de la novela realista tradicional, destacándose la importancia de la trama y de la unidad narrativa lógico-temporal, la focalización subjetiva, y la caracterización psicológica tridimensional de los personajes, si bien

---

9. La bibliografía a este respecto es cada vez más numerosa; véanse como buena muestra los trabajos de Steven Markus, «On Dashiell Hammett», en Glenn W. Most y William W. Stowe (eds.), *The Poetics of Murder, op. cit.*; y de John Cawelti, *Adventure, Mystery and Romance Formula Stories as Art and Popular Culture, op. cit.*, 142-182.

estos elementos siempre se ven sujetos a un proceso de constante parodia, lo cual en el fondo quizás sigue revelando un cierto escepticismo ante el mismo hecho de novelar.[10]

Buena muestra de esta evolución narrativa la constituye el desarrollo del personaje central de Pepe Carvalho. En *Yo maté a Kennedy*, dentro todavía del ciclo «subnormal», Carvalho hace su primera aparición como un multiforme y difuso antiprotagonista en constante mutación que trata de ocultar su identidad de agente triple tanto como su condición de narrador. A partir de *Tatuaje* nos encontramos ante un Carvalho «de vuelta», perfectamente definido y humanizado por sus ambigüedades y contradicciones, que convertido en un tradicional investigador privado resuelve el problema narrativo del punto de vista (un observador marginal entrometido en todos los grupos sociales), que libera al autor de toda directa responsabilidad ética y le permite asumir una postura ambigua, paródica y distanciada.[11]

La solución dialéctica implica una ruptura con la literatura de vanguardia, uno de cuyos principales artífices en la España de

---

10. Vázquez Montalbán prefiere contemplar estas dos etapas de su obra como una evolución lógica en su trayectoria como novelista, enfatizando lo que ambas tienen en común (su carácter experimental), lo que sugiere una idea de continuidad entre los dos ciclos narrativos: «Il n'y a pas de différence fondamentale entre la série Carvalho, qui implique une certaine duplicité littéraire, culturelle, et les écrits métis de la période précédente. Les deux sont produits d'une même conception de mon rapport à la littérature. En fait, la série Carvalho est quelque chose de tout aussi expérimental: il s'agit d'explorer la possibilité d'un roman-chronique qui assume, en les sélectionnant, les traits du roman noir américain, c'est-à-dire d'une convention littéraire. Et les procédés de collage y sont présents, comme partout ailleurs», George Tyras, «Noir?... Entretien avec Manuel Vázquez Montalbán», *Hard-Boiled Dicks*, 20-21 (1987), p. 81.

11. El propio autor ha tenido ocasión de explicar al que esto escribe las razones detrás de estos importantes cambios: «*Yo maté a Kennedy* está escrito desde un cierto escepticismo sobre la posibilidad de escribir novelas. Yo hice un tipo de novela experimental, lúdica, polisémica, intentando una burla de la novela, una ruptura constante del esquema narrativo, de la unidad narrativa, incluía poemas, unas reflexiones incluso teóricas, pero en la obra apareció un hallazgo: el de quién contaba eso, quién era ese personaje; y era un personaje de novela negra, aunque no estuviera como tal en *Yo maté a Kennedy* cuyo comportamiento y tics eran voluntariamente cinematográficos; igual podía hablar como Gene Kelly en un momento determinado de la novela como podía comportarse como Humphrey Bogart o un siniestro matarife, y allí surgió la idea de convertirlo en un detective privado para poder hacer esa novela-crónica que me interesaba desarrollar», J. Fernández-Colmeiro, «Desde el balneario. Entrevista a Manuel Vázquez Montalbán», *Quimera*, 73 (1988), p. 20.

principios de los setenta había sido el propio autor con sus escritos «subnormales», para a partir de ella poder hacer una revisión crítica de los patrones tradicionales de la novela realista y utilizarlos en su crónica colectiva e intrahistórica de una época (la transición democrática y sus derroteros) tras someterlos a un proceso de irónica inversión. Según el propio autor, lo que había empezado como una apuesta en broma (la posibilidad de escribir una novela policiaca) acaba convirtiéndose en un auténtico ejercicio de la libertad de escribir, una vez traspasados los límites impuestos o autoimpuestos por los cánones culturales predominantes.[12]

La principal clave estructural del ciclo policiaco carvalhiano reside precisamente en un complejo movimiento de carácter dialéctico operativo en varios órdenes de la novela. El doble proceso de negación presenta una aparente contradicción básica en el sistemático intento de destrucción iconoclasta de los esquemas ideológicos, culturales, morales y literarios asociados con el orden establecido, independientemente de su signo (de la burguesía o de la progresía) y la reutilización de esos mismos esquemas con la intención de invertirlos irónicamente y poner al descubierto la falsedad de sus principios. Esta característica, que se hace evidente en la particular composición de la personalidad de Carvalho, auténtico centro estructurador de la novela, explica la ambigua duplicidad de la mayor parte del resto de los personajes y se extiende por todo el complejo mosaico textual en el que éstos se mueven.[13]

La dialéctica en torno a la propia literatura ocupa un lugar fundamental en una serie policiaca que lejos de ocultar su naturaleza profundamente «literaria» hace uso reiterado y ostensible de múltiples y variadas referencias intertextuales y metaficciona-

---

12. Véase *ibíd.*, p. 20 y la realizada por Jean-François Carrez-Corral y George Tyras, «Sans transition. Entretien avec Manuel Vázquez Montalbán», *Les Cahiers de la pensée sauvage*, 1 (1984), 33.

13. El tratamiento dialéctico en la caracterización de los personajes es un tema en sí merecedor de un pormenorizado estudio aparte. Sobre la síntesis dialéctica operativa en la personalidad del protagonista principal de la serie policiaca de Vázquez Montalbán pueden consultarse los estudios de Yves Macchi, «Pepe Carvalho: une construction dialectique», *Tigre*, 2 (1985), 181-197, y Léon Sigal, «Carvalho Privado», *Tigre*, 2 (1985), 197-218. El tema de la duplicidad en el carácter llega a convertirse en el motivo principal de *La Rosa de Alejandría* donde todos los personajes revelan un sincretismo básico como forma de reconciliación de las dos (o más) vidas que mantienen.

les. La ruptura llevada a cabo a través del ciclo policiaco de Carvalho tanto con la establecida literatura de vanguardia como con la literatura oficial tradicional tiene una simbólica ilustración dentro de la saga novelesca en la repetida quema de libros que Carvalho realiza con la convicción de un ritual litúrgico en la chimenea de su casa-refugio en Vallvidrera. Desde su reaparición en *Tatuaje* el escéptico investigador ha sometido periódicamente al riguroso fuego censorial varios miles de libros de su biblioteca, como iconoclasta acto de liberación frente a la literatura establecida y canonizada —convertida en «un montón de palabras olvidadas» (*Tatuaje*, 20)—, y a manera de ajuste de cuentas con «los libros que había necesitado o amado cuando creía que las palabras tenían algo que ver con la verdad y con la vida» (*La Rosa de Alejandría*, 35). Esta exagerada acción destructora, que irónicamente evoca en el lector abundantes referencias intertextuales que van desde *Don Quijote* hasta *Reivindicación del conde Don Julián* refleja la actitud negativa y escéptica del protagonista frente a la ficción literaria, a la que hace responsable de las poses y fingimientos que desvirtúan el sentido de vivir, y es al mismo tiempo una *mise en abîme* que reduplica la enfrentada postura posmoderna de todo el ciclo narrativo carvalhiano de cara a la anterior escritura (normal o subnormal).[14]

Para completar el proceso dialéctico en torno a la literatura, la correspondiente fase de síntesis en el ciclo novelístico de Carvalho parte de la toma de conciencia sobre la imposibilidad real de negar de manera absoluta la literatura, ya que los modelos culturales por ella creados están siempre presentes en la aprensión de la realidad y en el comportamiento de los personajes (seres culturales y literarios) y no se puede concebir la eliminación radical de la literatura de manera voluntaria.[15] Ya que la realidad

14. El hecho significativo de que Carvalho perdone de las llamas el libro de García Lorca *Poeta en Nueva York* porque «se topó unos versos demasiado cargados de verdad» o, en un intento posterior, porque encontró unos versos «que le golpearon como el grito de un inocente» (*La Rosa de Alejandría*, 35, 222) demuestra una cierta evolución en su postura anticultural —o quizás más propiamente una nueva regresión dialéctica—, dado que ocurre precisamente antes de iniciar un nuevo ciclo de revisión-purificación total con *El balneario*.

15. Llevado hasta sus últimas consecuencias el resentimiento contra lo literario podría caer en «un oculturalismo casi parafascista», como el propio autor ha tenido ocasión de manisfestarnos durante la conversación con él mantenida a la que hemos hecho alusión en notas 11 y 12 (entrevista cit., 21). Es útil aquí la

está compuesta de múltiples reflejos culturales y literarios, la única solución alternativa posible es la ironía, subvirtiendo cínicamente todos los modelos culturales que mediatizan la actuación de los personajes, el propio Carvalho incluido, y que forman parte esencial de la construcción textual de la misma novela.

La influencia decisiva, en ocasiones casi determinista, de los modelos culturales y literarios en las vidas de los personajes es un motivo omnipresente en todas las novelas del ciclo y constituye el tema central en *Los mares del Sur*, *La Rosa de Alejandría* o *El laberinto griego* en las que los personajes encarnan en sus vidas auténticos mitos literarios y sucumben trágicamente demostrando su imposibilidad (la aventura de la escapada de la civilización, la historia de amor idealizado o imposible). El proceso dialéctico subversivo es realizado a través de una superposición de mensajes contrarios que alternativamente se acercan y se distancian de los modelos literarios. A este respecto son de antología las páginas de *Los mares del Sur* en que Beser, el iconoclasta profesor de literatura y hermano espiritual de Carvalho, hace repaso de las fuentes literarias influyentes en la singular «aventura» de Stuart Pedrell en los barrios del sur de Barcelona, a partir de unos fragmentos poéticos encontrados que son las únicas pistas en el caso de su desaparición. Beser deja entrever veladamente su secreta admiración por los poemas en cuestión («Es el verso que más me gusta de todo el poema», «No pongas esa cara de incendiario. Leer es un vicio solitario e inocente», «Es un endecasílabo perfecto» [100]) mientras escuda su devastadora crítica en el ambiguo terreno de la ironía. Incapaz de anular su propio bagaje cultural, la propia temática de los pasajes comentados (la esperanza desilusionada del paraíso prometido) le lleva a continuar compulsivamente con su ironía demoledora más allá de los fragmentos presentados, contribuyendo así a ampliar aún más el marco de referencias intertextuales:

—¿A qué sur? Tal vez había descubierto que aunque fuera al sur nunca llegaría al sur. *Aunque sepa los caminos, nunca llegaré a Córdoba*, escribe García Lorca. ¿Comprendes? A los poetas les

<hr>

comparación con la conocida novela de anticipación de Ray Bradbury, *Farenheit 451*, en la que el hipotético intento de crear una sociedad totalitaria basada en la prohibición y quema de libros es frustrado por la imposibilidad de su puesta en práctica (ya que la literatura permanece viva de manera subversiva).

gusta joderse y jodernos. ¿Has oído, Enric? El mariconazo sabe los caminos y no va a Córdoba. Son la leche. Como el otro paisano, el Alberti. Dice que nunca entrará en Granada. Ha castigado a la ciudad [101].

Dentro del mismo contexto, Carvalho somete a un tratamiento heroico-cómico la aventura «literaria» de Stuart Pedrell en su escapada-búsqueda al otro lado de la ciudad, el miserable barrio obrero que él mismo había construido; el detective desmitifica la «poética» aventura de Pedrell superponiendo irónicamente sobre ésta un manido tópico de novela policiaca:

> El criminal vuelve al lugar del crimen, Stuart Pedrell [...] Seguramente fuiste en metro para una mayor identidad entre forma y fondo del largo viaje a los mares del Sur. Y luego dicen que la poesía es imposible en el siglo veinte [107].

La ecuación entre aventura policiaca y empresa literaria alcanza quizás su mayor grado de ironía en *El delantero centro fue asesinado al atardecer*. En ella, el enfrentamiento tradicional entre el criminal y el policía se traduce cómicamente como un inútil combate entre un poeta de vocación frustrada que envía poéticas amenazas anónimas que jamás ha de cumplir y un inspector de policía que actúa como crítico literario por libre, tratando infructuosamente de descifrar los mensajes con la ayuda de la teoría de la comunicación social y de la «psicolingüística»:

> —Pues hay que coger los textos y aislar los ítems, lo elementos semánticos fundamentales, y a partir de las reiteraciones ir desvelando las obsesiones del interfecto. Lo que ocurre es que estamos ante un mensaje evidentemente polisémico.
> —¿Polinésico? —preguntó Carvalho [60].

La única conclusión que permite obtener su particular método analítico es el descubrimiento de la falsedad y el fingimiento del «merodeo estético» con que se presenta el mensaje, lo que le lleva a reconocer que «el resultado es que todavía es imposible establecer resultados» (61). La cómica incapacidad del investigador y crítico literario, sin embargo, sirve para poner de relieve la esencial falsedad de la obra literaria, nuevamente reiterando la autorreflexiva e irónica duda de todo el ciclo narrativo:

—El mensaje polisémico conduce a una personalidad polisémica, escindida entre la comunicación y la fascinación por embe-
llecer esa comunicación. Si yo fuera crítico literario, que todavía
no lo soy, pero espero serlo algún día...
—Escribe artículos en la revista de la policía —le respaldó
Contreras guiñándoles el ojo.
—Si yo fuera un crítico literario diría que este hombre incurre
en una trampa muy común a los escritores que tratan de dar gato
por liebre, que tratan de dar periodismo por literatura, comunicación por conocimiento desde la palabra, desde la polisemia de
la palabra [...] como quiere pasar por literato, arropa un mensaje que desnudo no tendría ningún valor con un camuflaje literario [61].

El propio Carvalho, muy a su pesar, tampoco es ajeno ni
impermeable a la influencia cultural y literaria. Ya desde *Tatuaje*
comprobamos cómo el investigador reconoce con claridad los
códigos culturales de novela policiaca que se le imponen a él
mismo y que inútilmente intenta rechazar:

Carvalho no quería extremar la sorna ni comportarse como un
personaje de Chandler enfrentado a un policía de Los Ángeles
tonto y brutal. Entre otras cosas porque el inspector no era un
policía de Los Ángeles tonto y brutal y él no era un personaje de
Raymond Chandler [88].

Carvalho es plenamente consciente de la contradicción interna en la que se debate, reconociendo irónicamente el básico
componente literario de su personalidad y simultáneamente negándose con vehemencia a su influencia. Así se explica ante su
vecino «confesor» en «El signo del Zorro»:

No necesito literatura, Fuster. Vivo literariamente. Soy un profesional literario. Me ofrecen casos literarios. Hasta los cadáveres
con los que me relaciono se han muerto literariamente [*Asesinato
en Prado del Rey y otras historias sórdidas*, 170].

Sin embargo, al investigador no le queda más remedio que
reconocer la futilidad última de su empeño ya que todas sus actividades reflejan indefectiblemente un aprendizaje cultural de origen literario: «¿Cómo amaríamos si no hubiéramos aprendido en
los libros cómo se ama? ¿Cómo sufriríamos? Sin duda sufriríamos menos» (*Los mares del Sur*, 190). Nuevamente la única ma-

nera de sobreponerse ante la evidencia de la mediatización cultural y literaria en su vida es aceptándola irónicamente, práctica que acomete incorporándola y manipulándola dentro del propio tejido textual. Así, en un momento de introspección en *La soledad del manager* acertamos a leer una reflexión autoparódica sobre el origen cultural del comportamiento del protagonista, el cual dando una nueva vuelta de rosca a la ironía cervantina, acepta irónicamente los modelos culturales del género policiaco (literarios y cinematográficos) que se le presentan a su alcance:

> La película era una excelente muestra de cine negro americano con un Gene Hackman inmenso en el papel de un detective privado en la línea interiorizada de Marlowe o Spade [...] Otro modelo de comportamiento a elegir. ¿A quién debo imitar? ¿A Bogart interpretando a Chandler? ¿A Alan Ladd en los personajes de Hammett? ¿Paul Newman en Harper? ¿Gene Hackman? En la soledad de su coche reptante por las laderas del Tibidabo, Carvalho asumía los tics de cada cual [*La soledad del manager*, 95].

La tensión dialéctica central en la saga del investigador barcelonés entre literatura y antiliteratura, que se problematiza con el reconocimiento por parte de Carvalho de la impracticabilidad de eliminar el poder que los patrones literarios y culturales tienen sobre las vidas de los demás y sobre la suya propia —tensión que se resuelve con el subsiguiente proceso de aceptación y subversión irónica de los mismos— tiene una última importante manifestación en la fabricación textual de la novela. Dado que la creación literaria está sometida a las mismas presiones ambientales de los modelos culturales que los personajes y ya que su propia concepción al margen de la literatura es totalmente impracticable, la única solución dialéctica factible es admitir e incorporar conscientemente a la novela desde una perspectiva irónica los modelos literarios determinados sobre los que ésta se construye; el último nivel de la dialéctica operante consiste en aceptar la presencia de la literatura dentro de la obra literaria. Así pues no debe extrañarnos, aunque pudiera parecer a primera vista contradictorio, que las referencias intertextuales a lo largo del proyecto antinovelístico creado alrededor de las aventuras de Carvalho sean numerosas, si bien, como hemos señalado anteriormente, en clave irónica.

En el caso del ciclo carvalhiano el modelo literario presente más evidente es el género de la novela policiaca negra (que ya en sí incluye la parodia de la novela policiaca clásica). No deja de ser irónico que un personaje de ficción se revuelva contra la literatura y siga las pautas de personajes de ficción, pero lo es más aún que juegue con las posibilidades de que sus aventuras policiacas quizás hayan sido o sean algún día escritas (*Los mares del Sur*, 58; 157). Las novelas de este ciclo, saturadas de claves de la literatura y el cine negro, alcanzan el terreno de la meta-ficción autorreferencial, con la repetida inclusión en el discurso narrativo de reflexiones teóricas sobre el mismo género de la novela policiaca negra. Un caso ejemplar es la presentación paródica de diferentes teorías sobre este género literario expresadas por pseudoeruditos en la materia durante una mesa redonda, que coinciden en definirlo con menosprecio como «un subgénero al que excepcionalmente se han dedicado grandes novelistas como Chandler, Hammett o McDonald» (*Los mares del Sur*, 56), mientras otro intelectual hace un detallado análisis histórico-social-cultural del mismo fenómeno y alguien del público adscribe el género al neorromanticismo necesario en la época moderna con la intención de «salvar a la novela negra del infierno de la historia» —figura de lenguaje que trae a la memoria la criba incendiaria de Carvalho—, para finalizar señalando el narrador la «ambigüedad moral» de la novela negra como clave esencial del género (57).

La repetida yuxtaposición en el texto de lenguajes diferentes, como en el caso recién comentado, proporciona a toda la obra policiaca de Vázquez Montalbán un rico carácter dialógico o polifónico.[16] La variedad de discursos culturales y sociales y de géneros literarios amalgamados en las novelas de la saga de Carvalho forma un gran mosaico que refleja la enorme diversidad de lenguajes que componen la sociedad de consumo actual con todas sus contradicciones, ambigüedades y fricciones. El autor intenta realizar por medio de este diálogo de lenguajes variopintos un heterogéneo cuadro a manera de crónica novelada de una época determinada de nuestra historia contemporánea (el

---

16. En *The Dialogic Imagination*, M. Bakhtin defiende como principio básico y distintivo del discurso novelístico su heterogénea composición, debida a la estratificación y heteroglosia de diversos estilos y lenguajes: «The novel as a whole is a phenomenon multiform in style and varyform in speech and form [...] with several heteregeneous stylistic unities, often located on different linguistic levels and subject to different stylistic controls» (261); «the novel can be defined as a diversity of social speech types (sometimes even diversity of languages) and a diversity of individual voices, artistically organized» (262).

desarrollo de la vida nacional durante el posfranquismo). El proyecto novelístico del autor elige así la forma vanguardista y «subnormal» del *collage*.

La técnica artística del *collage* se basa en el esamblaje de materiales fragmentarios y de procedencia diversa que en su unión producen una obra nueva y distinta de la suma de las diferentes partes que la componen.[17] El collage es la forma artística ideal para dar cabida a la multitud de discursos heterogéneos presentes en cada una de las novelas de este ciclo y actúa como principio estructural básico de la narrativa policiaca de Vázquez Montalbán (así como, por otra parte, de su obra poética y ensayística). El fondo elegido por el autor como material sobre el que construir ese *collage* narrativo se corresponde básicamente con el formato de la novela policiaca negra.

Los abundantes componentes policiacos de esta saga (personaje marginal del investigador privado, intriga de la encuesta policiaca, tics característicos de ciertos personajes, situaciones y ambientes) cumplen la función de «enganchar» al lector apelando a su complicidad con unas convenciones literarias establecidas que conllevan la promesa implícita de una recompensa lúdica. Las fórmulas de la novela policiaca negra actúan como mero hilo central que unifica y da una estructura definida al conglomerado de materiales diversos que configuran cada novela de la serie. Así pues, no debe extrañarnos la constante oposición del autor a la aplicación de la restringente etiqueta de «novela negra» referida al heterogéneo ciclo narrativo que tiene como protagonista central a Pepe Carvalho, pues si bien el componente policiaco es palpable y evidente a lo largo de todo el ciclo narrativo, no es en absoluto el único o principal.[18] Como ya hemos señala-

---

17. La estrecha relación entre el posmodernismo y la técnica del collage ya ha sido señalada anteriormente por diversos críticos. Los fundamentos básicos del collage en cualquiera de sus manifestaciones en las artes o en los medios de comunicación se ajustan perfectamente al objetivo posmodernista de recuperar críticamente fragmentos del pasado para crear una nueva totalidad. Hemos de tener presente esta relación a la vista de que los principios del collage, como por otra parte también lo son los del posmodernismo, son «to lift a certain number of elements from works, objects, preexisting messages, and to integrate them in a new creation in order to produce an original totality manifesting ruptures of diverse sorts», en Group Mu (eds.), *Collages* (París, Union Générale, 1978), 17-18, citado en Gregory L. Ullmer, «The Object of Post-Criticism», *The Anti-Esthetic: Essays on Postmodern Culture* (ed. Hal Foster) (Port Townsend, Bay Press, 1983), 84.

18. Vázquez Montalbán reconoce la presencia en sus novelas de Carvalho de

do anteriormente la intención del autor al escribir esta saga policiaca tiene un alcance más ambicioso: realizar una novela-crónica de la sociedad de nuestros días sirviéndose de ciertas claves proporcionadas por la literatura policiaca como armazón argumental. Asimismo y en consecuencia con el proceso dialéctico operativo en todos los órdenes de la novela, la incorporación de estas claves policiacas al discurso narrativo no está exenta del tratamiento irónico que caracteriza al resto de la novela. El autor sistemáticamente traiciona las expectativas del lector desviándose de los esquemas tradicionales del género y subvirtiendo irónicamente sus fórmulas narrativas. El interés por la investigación policiaca queda frecuentemente subordinado al interés por el proceso de autointrospección psicológica del investigador; la encuesta policiaca sirve al investigador como excusa para la búsqueda de su propia identidad personal. El autor destruye las lógicas expectativas del lector presentando situaciones y conflictos que sugieren falsamente el inicio del caso policiaco central que se va a resolver en la novela, los cuales posteriormente son abandonados o toman otra dirección totalmente distinta de la esperada (por ejemplo, el infructuoso caso del crimen de la botella de champán en *Los pájaros de Bangkok*, la historia de la autostopista fantasma en *La soledad del manager* o de la pandilla de delincuentes al comienzo de *Los mares del Sur*). El caso policiaco central puede ser postergado indefinidamente de manera harto desconcertante para el lector (en *Los pájaros de Bangkok* el crimen no acaba por cometerse hasta el mismo final de la novela, una vez de vuelta Carvalho del viaje investigativo que le llevó a Tailandia). Vázquez Montalbán cuestiona la confianza de comprensión total de la realidad a través del método o proceso investigativo que se desprende del género policiaco tanto en la línea racional-deductiva de la escuela clásica como en la intervención personal del investigador privado de la serie negra: el detective logra su objetivo por un azar caprichoso, una intuición literaria basada en unos fragmentos poéticos —en *Los mares del Sur* son ciertos versos de T.S. Eliot, Pavese y Salvatore Quasi-

dos claves principales de la novela negra: la «mirada» del investigador privado y el método de encuesta empleado para acercarse a la realidad. Véase su manifiesto confesional «No escribo novelas negras», *El Urogallo*, 9-10 (1987), 26-27; y en un libro común con Jaume Fuster, el capítulo «La novel·la negra, la verda y la vermella», *Diàlegs a Barcelona* (Barcelona, Laia, 1985).

modo— o la letra de una canción —en *Tatuaje* es la canción del mismo nombre popularizada en la posguerra por Conchita Piquer sobre la búsqueda de un marino extranjero por una mujer, en *La Rosa de Alejandría* la canción popular «Morena salada» que trata sobre el tema de la doble personalidad («eres como la rosa de Alejandría, colorada de noche, blanca de día») parodiando cierta costumbre de encontrar pistas en canciones o rimas infantiles en autores como Agatha Christie (*Ten Little Niggers*) o John Le Carré (*Tinker, Tailor, Soldier, Spy*). El mismo personaje central de Carvalho, con su extravagante afición desmesurada por la gastronomía y por la quema de libros es una parodia exagerada de la tradicional caracterización de los detectives de ficción por medio de una característica singular que supuestamente los «humaniza» (el tocar el violín o la adicción a la morfina de Sherlock Holmes, ser un buen *gourmet* a lo Nero Wolfe, o un refinado y culto noble como Lord Peter Himsey). Irónicamente, el auténtico misterio e intriga de la saga de Carvalho para el lector habitual de la serie reside en la compleja y atractiva personalidad del protagonista, en su interacción con el mundo en torno, y muy poco en la investigación policiaca en sí.[19]

Las expectativas de lectura originadas por el contrato establecido implícitamente entre autor y lector a partir de la utilización de ciertas fórmulas de un género literario no sólo son traicionadas por la subversión de sus convenciones. Sobre el trasfondo policiaco (o metapoliciaco) de la saga carvalhiana se ven insertados, como ya hemos señalado, otros lenguajes de muy diversa procedencia cuya yuxtaposición refuerza la intención subversiva e iconoclasta de toda la serie, y contribuye a borrar las fronteras que separan los géneros. Con la superposición de elementos de diferentes géneros que apuntan en direcciones opuestas se crea una serie de tensiones de fuerzas que da textura al *collage* narrativo y que al mismo tiempo de aligerar el ritmo de la narración constantemente problematiza su lectura

---

19. Sobre la subversión de los códigos de la novela policiaca en Vázquez Montalbán, véanse además los trabajos de George Tyras, «*Tatuaje*: les marques typologiques d'un projet romanesque», *Tigre*, 2 (1985), 157-180; Léon Sigal, «Dossier Carvalho: Un fil(s) à retordre», *Hard-Boiled Dicks*, 20-21 (1987), 61-73; Gonzalo Navajas, «Género y contragénero policiaco en *La Rosa de Alejandría* de Manuel Vázquez Montalbán», *Monographic Review/Revista Monográfica*, 3.1-2 (1987), 247-260; y Luis F. Costa, «La nueva novela negra española: El caso de Pepe Carvalho», *Monographic Review/Revista Monográfica*, 3.1-2 (1987), 298-305.

ofreciendo distintos niveles de entendimiento. ¿Cómo conjugar lo gastronómico con lo político, lo policiaco con lo publicitario o lo poético con lo turístico?

En el texto novelístico se acogen los discursos de los más diversos medios de comunicación de masas: el documental turístico, el reportaje periodístico, la propaganda publicitaria, las canciones sentimentales de la radio, las competiciones deportivas de la televisión, los tics del cine *camp* de Hollywood y el cine negro e incluso la representación teatral (*Los mares del Sur*, 103-104). El paisaje de una librería madrileña puede incitar al discurso político, a la crítica (anti-)literaria o a escenas de comedia de golpe y porrazo (*Asesinato en el Comité Central*, 77-85; 164-167). En sus novelas tienen cabida la sátira caricaturesca, la poesía vanguardista y la reflexión crítica y social. De igual manera se realiza simultáneamente la biografía de un individuo particular y la crónica histórica, política y económica de la sociedad española en los últimos quince años.

A nivel lingüístico las novelas de Carvalho incorporan los lenguajes particulares de grupos sociales variopintos: profesionales como médicos, abogados, militares, policías, marineros, ambientes delictivos, artísticos, políticos, de la burguesía y de la progresía, incluso con los correspondientes sublenguajes dentro de cada grupo. Así dentro de las filas del Partido Comunista cada facción ideológica tiene un lenguaje propio; mientras Sixto Cerdán (prototipo del radical intelectual de la vieja escuela) utiliza el sermón apocalíptico, Paco Leveder (destacado miembro trotskista del Partido) se inclina hacia la renovación irónica del lenguaje:

> —¿Me ha denunciado la vieja guardia? No es que me tengan manía pero hablamos lenguajes diferentes. Yo jamás empleo palabras como condiciones objetivas, resituación, tejido social, hay que conseguir las mejores condiciones, la clase obrera paga el precio de la crisis, ¿comprende? No es que no crea en la verdad que hay detrás de todo ese lenguaje, pero me esfuerzo en buscar sinónimos. En toda tribu no hay nada tan alarmante como las violaciones del código lingüístico [*Asesinato en el Comité Central*, 157].

A su vez, Julio, como representante de «la puta base del partido» (85), «los limpiabotas» (84), que no se permite tutear a los dirigentes intelectuales, traduce los esquemas ideológicos del partido al idioma de su tribu «de los pasota-leninistas»:

—A ver: explícame lo de la dictadura del proletariado en pasota.
—Los rojeras gustan pasar por el aro a los tragones hasta
arrascar el raje en el fregao de los colores. La curranda ha de
antoligar el cotarro [85-86].

De igual manera, se disecciona irónicamente el lenguaje oral
del lenguaje escrito perteneciente a una misma clase o grupo
social, revelando las ambigüedades y contradicciones que se esconden tras los diferentes códigos comunicativos de ambos medios de expresión. Por ejemplo, Carvalho yuxtapone mentalmen-
te el rudo lenguaje de la policía en los interrogatorios o en sus
pesquisas ordinarias («chulesco y lleno de silencios amenazado-
res»), con el profesional discurso burocrático y aséptico de los
informes policiales:

> Una vez más se le imponía la reflexión sobre la hipocresía de
> la cultura: ponerse a escribir y adoptar un continente de comuni-
> cador había sido fácil para el informante, en cambio a viva voz no
> habría recurrido a oraciones compuestas tan largas y las coordi-
> nadas y subordinadas no hubieran tenido más coordinaciones y
> subordinaciones que gruñidos, respiraciones contenidas, tacos, in-
> terjecciones explosivas [*El laberinto griego*, 131].

Por su abundante presencia en el *collage* narrativo el discurso gastronómico es quizás especialmente ilustrativo de los choques de culturas y grupos sociales y ejemplifica los diversos niveles de lectura que se propician dentro de la novela. La descripción de la preparación y degustación de platos por Carvalho
cumple primeramente una función referencial doble como reflejo del mundo real que ayuda a la construcción del mundo novelesco representado, proporcionando un detalle de color local
pintoresco a la manera costumbrista, y literalmente como receta
culinaria cuya lectura es degustada con placer en anticipación
de su degustación real (como un libro de gastronomía). A su vez
lo gastronómico sirve como radiografía analítica de la variada
cultura popular de una sociedad determinada —primitiva y auténtica en Albacete, cosmopolita y consumista en Barcelona, co-
piosa y sibarita en Vallvidrera, exótica y occidentalizada a la vez
en Tailandia. A través de la gastronomía se emprende la crónica
antropológica de la sociedad española contemporánea en una
época de relativa opulencia en la que el recuerdo de la escasez y
el hambre de los años de posguerra para muchos está todavía

obsesivamente presente (Carvalho recuerda con frecuencia su infancia anémica y el régimen obligado a base únicamente de pan con aceite y sal) y que acaso inconscientemente intenta resarcirse de su carencia histórica (los banquetes pantagruélicos de Carvalho parecen ser la realización del eterno sueño de Carpanta, caricatura grotesca del hambriento en la posguerra). La gastronomía sirve también como vía de recuperación de las señas de identidad colectivas en medio de la desnaturalización general de la sociedad de consumo y la uniformidad masiva del neocolonialismo de las multinacionales. En una sociedad obsesionada por la pérdida de la identidad cultural y entregada a la operación reivindicativa de la idiosincrasia autonómica, la búsqueda de las auténticas raíces culturales pasa por la recuperación de la cocina tradicional de la región.

A nivel de la narración, la digresión gastronómica tiene también una importante función como mecanismo retardativo de la exposición informativa. La descripción detallada de la elaboración de un plato o de su consumición rellena un compás de espera, soluciona la situación de *impasse* en el caso policiaco y ayuda a mantener el suspense de la narración. Asimismo, los aportes culinarios proporcionan los necesarios momentos de reflexión y relajamiento espiritual para el protagonista, como actividad ritual mágica y terapéutica de la que el investigador saca nuevas fuerzas para continuar su frustrante empresa. La actividad culinaria sirve como descarga inocente de la agresividad acumulada y como reconstrucción simbólica de la violencia del caso criminal a manera de conjuración supersticiosa y macabra que reduplica las circunstancias de la muerte de la víctima; así, en *Tatuaje* una vez que el cadáver de la víctima aparece ahogado en la orilla de la playa con el rostro comido por los peces, Carvalho invierte a lo largo de la novela el «festín de los peces» con caldo de pescado a base de rape, merluza, almejas, mejillones y langostinos, cazuela de bacalao con arroz, salmón ahumado y medio kilo de pescadito frito ahogado en su estómago con dos litros de cerveza. En *La Rosa de Alejandría* aparecen los restos de un cuerpo salvajemente descuartizado, destripado y deshuesado; el mismo nombre de la víctima —Encarnación— simboliza además de la pasión corporal de la *carne* y la doble vida de la protagonista (*encarnada* de noche, blanca de día), la auténtica *carnicería* efectuada con saña en su cadáver. La práctica culinaria a lo largo de la novela se irá cargando progresivamente de un nuevo significado mórbido y repelente según asistimos repetidamente a la sangrienta operación de diseccionar, trocear, deshuesar, pelar y devorar todo tipo de carne —«filetes de la teta de la vaca» (45), fiambres de rollitos de ternera rellenos, «deshuesadas carnes de conejo» (88)— o al morboso proceso de destripar, desescamar y cortar la cabeza a las sardinas (47), descabezar gambas y descascarillar almejas (218). El mismo Carvalho hace explícita hacia el final de la novela la oculta relación establecida entre lo gastronómico y lo criminal:

> Últimamente pienso en el horror del comer, relacionado con el horror del matar. La cocina es un artificio de ocultación de un salvaje asesinato, a veces perpetrado en condiciones de una crueldad salvaje, humana, porque el adjetivo supremo de la crueldad es el de humano. Esos pajaritos ahogados en vino para que sepan mejor, por ejemplo [217].

En *El delantero centro* Carvalho señala, convertido por un momento en antropólogo, que el arte culinario es en realidad una construcción cultural ancestral, otro tipo de camuflaje civilizado que oculta la íntima relación entre el impulso de supervivencia y el espíritu de destrucción, equiparando nuevamente cultura y simulación:

> —El hombre es un caníbal... Mata para alimentarse y luego llama a la cultura en su auxilio para que le brinde coartadas éticas y estéticas. El hombre primitivo comía carne cruda, plantas crudas... Luego se inventó el roux, la bechamel. Ahí entra la cultura. Enmascarar cadáveres para comérselos con la ética y la estética a salvo [29].

A pesar de las implicaciones culturales de la cocina, Carvalho abraza plenamente el arte de la práctica culinaria, haciendo con ella una necesaria excepción a su rechazo total de las pautas culturales directivas, que refuerza la convicción de su credo existencialista: «Todo mi desprecio por la cultura en general como máscara lo aparco cuando se trata de la comida. La única máscara que acepto de buen agrado es la cocina» (29).

La gastronomía tiene en efecto una importancia especial como antídoto visceral contra el «veneno» de la cultura dentro del proceso dialéctico alrededor de la literatura que hemos venido observando a lo largo de toda la serie. En el intento de Carvalho por librarse de las ataduras culturales e ideológicas de su pasado y sobrevivir asépticamente, la quema de libros está íntimamente asociada a la práctica culinaria; la comida se convierte en un acto de ruptura con el pasado —«como para olvidar» dice Carvalho (*Asesinato*, 66)— a la vez que un acto de fe —«devoto del sentimiento trágico de la comida» dice el narrador (*La soledad del manager*, 133)—. Con su característico escepticismo iconoclasta Carvalho antepone los valores gastronómicos (reales y auténticos) a los literarios (falsos) en su definición de cultura:

> —¿Usted es de los que cuando oyen la palabra cultura sacan la pistola?
> —No. Yo [Carvalho] saco el mechero. La cultura es guisar con salsas o sin salsas, vivir como un mortal o un inmortal, prestar a la mujer propia o conseguir la de los demás, es decir, cultura francesa o inglesa, española o americana, esquimal o italiana. Lo que usted llama cultura es ortopedia verbal o letrista [*La soledad del manager*, 145].

No se debe a la casualidad que en la mayoría de las ocasiones el acostumbrado ritual incendiario destructor de la cultura libresca llevado a cabo por Carvalho se vea acompañado del ritual culinario en celebración de la vida, pues ambas liturgias son complementarias. Los dos rituales son oficiados mayormente en la reclusión de su casa-refugio en Vallvidrera con la fanática convicción de un dogma de fe. Tanto la ceremonia incendiaria como la culinaria se deben a un doble impulso de (auto-)destrucción y creación, con sus respectivos altares en la chimenea de la biblioteca y el fogón de la cocina, cuyo común elemento catalizador es el fuego que mágicamente transforma la materia aniquilando y dando vida a la vez:

> Luego empezó a urdir la cena, a paladear la desneurotización de moverse entre materias concretas en busca de la magia de la transformación de los sofritos y las carnes, esa magia que convierte al cocinero en ceramista, en brujo que gracias al fuego consigue convertir la materia en una sensación [*El delantero centro*, 78].

El discurso gastronómico no sólo se hace eco de la violencia del caso criminal y del impulso destructor/creador individual sino que al mismo tiempo refleja también la propia estructura narrativa del ciclo novelístico. El creativo y laborioso proceso de elaboración de la comida llevado a cabo por Carvalho (selección cuidadosa de ingredientes, desmenuzamiento de los mismos, combinación creadora en el fuego) parece reduplicar interiormente la fragmentaria composición del *collage* novelístico del autor (a base del montaje selectivo de heterogéneos lenguajes fragmentados) creando dentro del tejido narrativo un nuevo y sutil *mise en abîme* autorreflexivo.

El proceso dialéctico abierto de la serie Carvalho —en permanente estado inconclusivo y contradictorio— toma un giro inesperado en una fase en la que cultura y gastronomía sufren un nuevo proceso de reevaluación. Un nuevo ciclo parece inaugurarse dentro de la serie a partir de *La Rosa de Alejandría*, donde de manera inaudita pero harto significativa Carvalho indulta de la quema un mismo libro en dos ocasiones y equipara «el horror de comer» con «el horror de matar».[20] En esa novela ya se adivinaba el final de una etapa y la promesa del comienzo de una regeneración, explícita en las palabras que Fuster, amigo y cómplice en los ritos culinarios de Carvalho, le dirige a éste advirtiéndole del peligroso camino de autodestrucción que lleva el protagonista:

> Has de leer y hacer ejercicio físico. Verías la realidad de otra manera. Sólo lees para quemar, para encontrar razones para quemar y sólo haces ejercicio físico para perseguir o porque eres perseguido. Es lógico que tengas un sentido negativo de la realidad.

Como respuesta no exenta de ironía, Carvalho manifiesta su intención de retirarse a un balneario, determinación que efectivamente habrá de cumplir en la siguiente entrega de la serie, *El Balneario*. El visible cansancio del personaje en esa novela, su creciente sensación de saciedad e insatisfacción le lleva a una profunda crisis que cuestiona ciertos valores previamente asumidos. Para resolver esa pugna interna se hace necesario un período de purga, de descanso. A lo largo de esta novela asistimos a un largo y penoso proceso de purificación, desintoxica-

---

20. Véase la referencia anteriormente hecha en la nota 13. En *El delantero centro fue asesinado al atardecer*, Carvalho recuerda con cierto arrepentimiento su debilidad de entonces: «Sólo una vez indulté un libro: *Poeta en Nueva York*, y fue por una cuestión sentimental. Me pareció como si quemar aquel libro fuera fusilar dos veces a García Lorca y lo salvé, a pesar de que el garcialorquismo nacional e internacional me resulta insoportable» (91).

ción, y expiación de pecados realizado por medio de un ayuno riguroso a manera de penitencia autoimpuesta (régimen dietético exclusivamente a base de líquidos). El período de cuarentena es más que una experiencia meramente física, ya que supone una nueva manera de actuar y pensar para vivir «más días y en mejores condiciones» (235). Ayudada su voluntad por la presión exterior, durante su proceso de depuración no rompe su abstinencia (sino acaso con la imaginación) y tan sólo una vez, al principio de su estancia en el balneario, quema un libro a hurtadillas. Dos fuerzas principales contrarrestan en esta novela el impulso destructor de Carvalho: el inspector Serrano —doble antagónico de Carvalho— encargado como éste de resolver los misteriosos asesinatos ocurridos en el balneario, partidario de la literatura («yo no podría quemar libros. Para mí son sagrados» [119]) y la figura de Sánchez Bolín —desdoblamiento ficcional de Vázquez Montalbán— escritor y comunista de los «de colmillo retorcido», que ha venido al balneario precisamente a escribir un libro. Sin que ninguno de los dos consiga hacer cambiar radicalmente la postura «aséptica» de Carvalho, ambos transmiten su apreciación y defensa de los valores positivos de la literatura desde un ángulo ignorado con anterioridad que indirectamente repercute, aun a su pesar, en el investigador. Aun cuando Carvalho se somete voluntariamente a este proceso curativo y acepta las reglas impuestas desde fuera, una vez desprovisto del recurso culinario que constituía su arma defensiva básica, Carvalho se ve obligado a levantar un nuevo muro de negatividad a su alrededor para protegerse. Para Carvalho, el esfuerzo por racionalizar la vida y la cultura, ya sea por medio de una gastronomía sana o de la literatura, es una misma empresa fútil que sólo revela la vacuidad interior y el inútil juego de autoengaño. Mientras Serrano afirma que él ha sido «educado en un respeto a todo lo que cuesta esfuerzo, y hacer un libro cuesta esfuerzo y no lo puede hacer todo el mundo» (119), la actitud escéptica y cínica de Carvalho tras su experiencia en el balneario se resume en su aserto de que «en definitiva todo esfuerzo humano conduce al objetivo de ser alto, rico y guapo, sin distinción de sexos, estados o ideologías» (173).[21]

---

21. Significativamente Vázquez Montalbán dijo estas mismas palabras como respuesta a una encuesta general realizada por el periódico *Liberation* sobre su motivación a la hora de escribir, respuesta que el propio autor calificó posterior-

La actitud de Carvalho al final de su penitencia continúa bañada en la ambigüedad y el escepticismo que siempre le han caracterizado, desconfiando de la utilidad última de cualquier postura o práctica regeneradora:

> Y el resultado de este ingente esfuerzo, de esta pre-fabricación filosófica impulsada por un incontenible sentido de la felicidad y de confianza en las reglas de la naturaleza, en la prolongación de la naturaleza en el mismo hombre, seguía sin embargo siendo frágil. Frágil como la vida misma [190-191].

Bajo esta perspectiva se puede decir que el proceso de purificación física e ideológica a que Carvalho se ha visto sometido no sólo no ha logrado cambiar su «sentido negativo de la realidad», sino que más bien lo ha codiciado todavía más, haciéndolo más escéptico y más pesimista. Explicaba el escritor comunista Sánchez Bolín en *El Balneario* que «la gente era más feliz cuando creía en la literatura de aventuras» ya que «no tenía por qué vivirlas» (205), señalando la inverosimilitud —de acuerdo a los moldes literarios tradicionales— de la propia historia que allí estaban viviendo, una variación sobre el tópico en el género policiaco del misterio de cuarto cerrado: «Siete muertos. Inverosímil. Meto yo siete muertos en una novela y me la tira el editor por la cabeza» (240). A pesar de que su estancia en el balneario no lo ha hecho más feliz y sí quizás un poco más escéptico, Carvalho ha obtenido algo positivo de este proceso dialéctico interno: frenar su proceso autodestructor, alejar temporalmente el fantasma aniquilador que lleva dentro de sí mismo. Acaso no podrá vivir otros «diez años de pecado» (9), pero es seguro que al menos habrá de vivir nuevas aventuras y hacer nuevos viajes de ida y vuelta, continuamente buscando a alguien que siempre acaba siendo su propio yo.[22] Cada vez más solo (Bromuro muere en *El delantero*, Charo le abandona en *El laberinto*), a Carva-

---

mente como una *boutade* detrás de la cual se esconden «razones profundas y auténticas», en Lola Díaz, «Manuel Vázquez Montalbán, el futuro ya no es lo que era», *El país semanal* (15 abril 1985), 109.

22. El autor ha manifestado repetidamente que siempre ha concedido la serie Carvalho desde su génesis como un ciclo cerrado de duración limitada. La intención del autor es continuar la serie con unos nuevos episodios (tres o cuatro novelas que ya tienen título) y concluir el ciclo hacia mitad de la próxima década («Desde el balneario», entrevista citada, 21-22).

lho ya no le quedan sino Biscuter y Fuster, apoyos necesarios para poder verse reflejado a sí mismo.

Una doble paradoja se hace evidente: Carvalho existe únicamente como un ser ficcional condenado a vivir las aventuras literarias en las que él mismo no puede creer escritas por un autor que todavía confiesa escepticismo sobre la misma posibilidad de escribir novelas.[23] Protagonista y autor se encuentran encerrados en círculos concéntricos, e irónicamente nos encontramos de nuevo en el mismo punto de partida que dio origen a todo el ciclo dialéctico. El movimiento aparentemente contradictorio de progresión-regresión sigue la evolución de una estructura espiral que continuamente vuelve sobre las huellas del pasado y cada vez se distancia más de él. Utilizando críticamente los moldes tradicionales de la novela policiaca negra como trasfondo narrativo sobre el que construir un *collage* textual de lenguajes y estilos diferentes, Vázquez Montalbán ha completado todo un ciclo dialéctico que es afín a los postulados renovadores de la posmodernidad: vuelta a los orígenes, revisión crítica y aceptación irónica de los mismos.

A través de la serie Carvalho el lector es invitado a participar en una aventura ético-estética provocativa y seductora: ser cómplice de una crónica lúcida, irónica y desencantada de la sociedad contemporánea, tomar parte en el redescubrimiento y reevaluación de los mecanismos narrativos tradicionales del discurso policiaco y compartir una propuesta literaria que traspasa las divisiones arbitrarias entre literatura alta y baja al igual que las fronteras tradicionales entre géneros. Estas aventuras saturadas de escepticismo y de contradicción paradójicamente nos descubren la enorme reserva de narratividad de un género literario como la novela policiaca que todavía resiste provechosamente el uso y el abuso sobre él inflingido y nos permiten confiar en la propuesta de aventura narrativa que la literatura todavía puede presentar en nuestros días de confusión y desencanto.

---

23. Véase al respecto la entrevista realizada por George Tyras, «Noirs?... Entretien avec Manuel Vázquez Montalbán», entrevista citada, 82.

5

EDUARDO MENDOZA Y LOS LABERINTOS DE LA NOVELA POLICIACA

> [...] nadie pensó que libro y laberinto eran un solo objeto [...] la confusión de la novela me sugirió que ése era el laberinto.
>
> J.L. BORGES, «El jardín de senderos que se bifurcan»

> [...] el absurdo laberinto era un símbolo y un claro testimonio de su locura.
>
> J.L. BORGES,
> «Abejancán el Bojarí, muerto en su laberinto»

> Dicen que quien contempla el mundo desde las alturas ve a sus congéneres cual si fueran hormigas y que esta ilusión óptica hace sentirse omnipotente al que la experimenta, en vez de sentirse, como manda la lógica, horrorizado al descubrir que es el último ser normal en un universo de insectos repulsivos.
>
> EDUARDO MENDOZA, *El laberinto de las aceitunas*

El laberinto de la verdad

Tan sólo apenas un año separa la tímida aparición de *Tatuaje*, la primera novela policiaca del ciclo Carvalho de Vázquez Montalbán, de la publicación de *La verdad sobre el caso Savolta* en 1975, *opera prima* de un autor desconocido llamado Eduardo Mendoza que habría de suponer un verdadero hito en la narrativa española de los años setenta. Publicada solamente tres meses antes de la muerte de Franco, esta novela sorprendió enormemente a los críticos y lectores españoles por apartarse de la tendencia generalizada de la novela característica de la época (ensimismada, discursiva), destacándose por la inusitada frescura de su planteamiento, el interés de la temática histórica y su tratamiento novelesco, la intriga de la acción, la perfección de su ejecución y el deleite de su lectura. El prestigioso Premio de la Crítica recibido en 1976 refrendó la acogida unánimemente favorable de esta obra entre los críticos, mientras que sus continuas reimpresiones en ediciones de bolsillo testimonian su persistente popularidad entre el público. Su definitiva inclusión en el canon literario ha llegado muy pronto, al ser lectura obligada en los programas oficiales de bachillerato en España, alcanzando casi de inmediato el estatus, tan poco usual, de clásico contemporáneo de la literatura española.

Esta primera novela de Mendoza es de especial interés para nuestro estudio tanto por su valor en sí misma como por la influencia que tuvo en el panorama literario nacional: por una parte, es de destacar el importante papel que el elemento policiaco desempeña dentro de la amalgama de heterogéneos géneros literarios combinados en la obra; se trata además de un texto generador que contiene el germen de la producción posterior del autor, quien continuará y ampliará aún más en novelas posteriores su experimentación con el género policiaco; por otra parte, esta novela ha contribuido decisivamente a la dignificación y ennoblecimiento entre crítica y público lector españoles de géneros literarios considerados «menores» y menospreciados como el policiaco; asimismo, ciertas características de la obra sin duda prepararon el camino para el gran auge del género policiaco en España en los años siguientes, tales como la reivindicación del elemento lúdico, el placer de la escritura y la lectura libre y desenconsertada, así como la recuperación de la intriga y el humor como medios de complicidad entre autor y lector; de igual manera, adelanta la utilización de la temática delictiva y marginal como medio de crítica social.

Distanciándose de la corriente experimental en la novela española de la época, *El caso Savolta* coincide en sus planteamientos generales posmodernos con el proyecto novelístico de Vázquez Montalbán; la interfecundación de géneros literarios en la novela produce una textura de collage; la revisión irónica del pasado, a través de la apropiación de sus moldes, burla las fronteras entre géneros y erradica las distinciones entre literatura culta y popular. En la novela se combinan elementos heterogéneos de muy distinta procedencia: posee características distintivas de la novela picaresca y la policíaca, el folletín y el melodrama, la novela histórica y el documental, y otros géneros de acción menos clasificables.

Sobre el telón de fondo de la Barcelona de los años 1917 a 1919 de plena agitación social, de revueltas anarquistas, de represión, habitada por aventureros y escaladores sociales, en el que se superponen hechos históricos y ficticios, se desarrollan varias historias de crimen y misterio convergentes en la figura enigmática del «escurridizo y pérfido» Paul-André Lepprince: el asesinato del dirigente anarquista Pajarito de Soto y de los socios fundadores de la empresa Savolta, las represalias de los pistoleros a sueldo contra los dirigentes instigadores, el contrabando de armas durante la Primera Guerra Mundial, múltiples complots e intentos de asesinato, la misteriosa muerte de Lepprince y de su «socio» Max.[1] La particular mezcla de hechos delictivos e intriga expositiva característica de la novela policíaca se extiende por toda la novela, a la que no le faltan misterios y enigmas; los distintos cabos de la historia se van atando y enrollando progresivamente, creando una complicada y enrevesada trama lógico-causal de confusas relaciones (de tres e incluso cuatro vértices, como la múltiple relación de María Coral con Javier Miranda, Lepprince y Max), situaciones contrapunteadas y sentimientos encontrados.

El enrevesamiento de la historia tiene su correspondencia en el enrevesamiento del discurso narrativo. *El caso Savolta* es una novela multiforme, que avanza en múltiples direcciones con varios hilos argumentales, en diversos tiempos, utilizando diferentes voces narrativas y variados estilos y técnicas novelísticas. La primera parte de la novela se compone de una serie de docu-

---

1. El autor no oculta la utilización de materiales históricos documentales, libros, manuscritos, periódicos, etc. en la fabricación de su novela, si bien manipulados y adaptados a sus necesidades; proporciona al comienzo de la novela una lista de varios libros que le han servido de documentación. La figura central del calculador y aventurero Lepprince y las bandas armadas a su servicio, por ejemplo, están inspiradas en el libro del Comisario M. Casal Gómez, *La banda negra. Opciones y actuación de los pistoleros en Barcelona (1918-1921)* (Barcelona, Icària, 1977) sobre el Barón Hoening y sus criminales hazañas. La inflamada retórica acusadora de Pajarito de Soto en sus artículos y panfletos contra la oligarquía industrial, a su vez, recuerda la verbosidad incontenible del propio Comisario Casal.

mentos, sumarios judiciales, artículos periodísticos, panfletos, fichas policiales, interrogatorios y cartas concernientes al aventurero francés Lepprince y su relación con el *affair* Savolta, a raíz del proceso judicial promovido, según nos habremos de enterar solamente al final de la narrativa, por una compañía aseguradora de Nueva York sobre un seguro de vida contratado por el propio Lepprince poco antes de su muerte; a través de estos materiales poco a poco asistimos a la introducción y ascensión de Lepprince en la compañía Savolta y simultáneamente en la alta burguesía catalana de la época, la progresiva eliminación de los socios fundadores de la empresa y de los trabajadores rebeldes que de alguna manera obstaculizaban su ascensión social, su definitiva toma de poder tras casarse con la hija de Savolta y su ruina final. A su vez el proceso judicial ha dado pie al discurso autobiográfico de Javier Miranda, el recipiente intermediario de los beneficios de la póliza de seguro, quien recuerda intermitentemente sus años como inocente hombre de paja de Lepprince, su deshonroso matrimonio con la querida de su patrón, María Coral, y su progresivo descubrimiento de los turbios asuntos alrededor de la empresa Savolta. En la segunda parte de la novela, predomina el relato omnisciente en tercera persona con gran profusión de acción y diálogos, alternándose todavía con los recuerdos personales de Javier Miranda.

El discurso narrativo adopta una confusa forma laberíntica afín a la estructura de la novela bizantina y de la novela-problema, forma de resonancias borgianas que el autor utilizará y desarrollará más ampliamente en sus novelas posteriores y que aquí se hace visible en la prolongada y ardua búsqueda, tanto para los personajes de la novela como para el lector, de la clave proporcionada por Pajarito de Soto antes de su muerte para al desenmascaramiento de Lepprince: la acusadora carta misteriosamente desaparecida, como en «The Purloined Letter» de Poe, uno de los reconocidos textos fundadores del género policiaco. La estructura laberíntica de la novela es sutilmente sugerida en los «largos corredores que no conducían a ninguna parte» (142) del manicomio donde está internado el confidente marginal Nemesio Cabra Gómez, anticipo a su vez del innombrado demente protagonista de sus siguientes novelas; la aparente confusión espacio-temporal de la narración, la profusión de hilos narrativos y la multiplicidad de perspectivas son aludidos indirectamente: «El jardín tan pronto aparecía desde un ángulo como desde otro y, en cierta ocasión, el comisario creyó pasar por el mismo sitio por segunda vez» (142), «El hospital es un laberinto. Fue pensado así para lograr un máximo de aislamiento entre sus diversas dependencias» (142-143).

La propia forma laberíntica de este texto, en lugar de descubrir la «verdad» y aclarar un «caso», como promete al lector el título de la novela, en realidad problematiza la capacidad de descubrir completamente la naturaleza de los hechos; muchos puntos oscuros de la historia quedan sin resolver al final: no se descubre a los autores de los asesinatos de Pajarito, Savolta, y su socio Pere Caldels más allá de la sospecha de que Lepprince es el responsable de ellos; nunca se llega a averiguar la causa de la muerte de Lepprince ni la del Comisario Vázquez, y ni siquiera se conoce el resultado final del juicio que dio origen a la propia novela.

En *La verdad del caso Savolta* no existe una «verdad» clara y singular, al igual que tampoco existe un único «caso». Hay múltiples «casos» como hay múltiples investigadores que, infructuosamente, tratan de descubrir cada uno la verdad que les atañe más de cerca. Además del caso judicial que repasa los acontecimientos relacionados con la sociedad Savolta, los múltiples asesinatos y los misteriosos crímenes, se encuentra también el relato autobiográfico de Javier Miranda que explica su «caso» personal, los dudosos servicios prestados a Lepprince y la aceptación de su vergonzosa situación matrimonial, circunstancias reminiscentes del «caso» central característico de la novela picaresca clásica. De igual manera, todos los protagonistas son en cierto grado investigadores, todos tratan de llegar a descubrir una verdad: Javier Miranda se afana en descubrir por su cuenta, al margen de la policía, al autor del asesinato de su amigo Pajarito de Soto, pero lo que acaba descubriendo es la verdad de su deshonrosa circunstancia (como inocente ayudante en los sucios asuntos de Lepprince y como marido de la amante de su patrón) y termina persiguiendo al guardaespaldas de Lepprince que se fugó con su mujer; su relato autobiográfico es una manera de explicar y justificar ante los demás y ante sí mismo todo su caso. El Comisario Vázquez, al igual que posteriormente el Sargento Totorno, investiga infatigablemente las muertes de Pajarito y de los socios de la empresa Savolta convencido de que «la lucha en favor de la verdad es la más noble misión a que un hombre puede aspirar sobre la tierra. Y esa es, precisamente, la misión del policía» (170). El choque con la realidad convierte en irónicas estas afirmaciones. Lepprince, por su parte, utiliza los servicios de Pajarito para averiguar y controlar las actitudes rebeldes en los sectores revolucionarios; tras la muerte de éste, Lepprince intenta descubrir el paradero de la carta que le denuncia para evitar que se descubra la acusadora verdad que contiene.

Otros personajes marginales persiguen con ahínco su propio caso y buscan también la verdad; el pordiosero y grotesco confidente policial Nemesio Cabra, «el primero y durante mucho tiempo el único que intuyó la verdad» (441) de las circunstancias de la muerte de Pajarito, de la inocencia de los anarquistas ejecutados y de la criminal culpabilidad de Lepprince, trata infructuosamente de revelar su conocimiento, pero nadie, ni siquiera la policía, le escucha o da crédito por tratarse de un menesteroso despreciado; por su debilidad e ingenuidad, Nemesio acaba encerrado en el laberinto de la celda de un manicomio y, posteriormente, en la de una cárcel, desde donde se dirige al Comisario Vázquez para explicar las peculiaridades de su «caso» personal y las circunstancias del manso criminal; la falta de resolución de ambos casos delata críticamente a una sociedad que concede la impunidad al poderoso y trata con severa injusticia al débil; «justicia» y «verdad» son meros conceptos abstractos e inalcanzables en el mundo real.

La naturaleza escurridiza y laberíntica de la verdad alcanza su mayor expresión irónica con la presentación paródica de la verdad como revelación celestial, cuando Nemesio en su elocuente demencia final confiesa al comisario ser «poseedor de grandes verdades [...] reveladas en mi sueño por nube o llama o no sé qué (por la gracia divina)» (179). La grotesca figura de Nemesio Cabra, cuyo nombre propio sugiere lo inalcanzable del ideal de la persecución de la justicia (en la figura mitológica de Nemesis, diosa de la justicia castigadora) y la locura (la expresión coloquial «como una *cabra*» equivale a «loco») demuestra que la búsqueda de la verdad y la justicia en una sociedad injusta es una empresa abocada irremediablemente al fracaso y a la locura.

El escepticismo irónico de la novela deja un amargo sabor en el lector; los personajes se nos presentan sin destino ni objetivo final, condenados a no salir jamás del laberinto de sus vidas y a revivir las mismas situaciones con la añadida perspectiva del fracaso y del deshonor: Lepprince y Javier se afanaron con gran ahínco en su ascensión de la escala social, pero ambos terminan en la misma situación en que se encontraban cuando comenzaron de la nada; Lepprince traiciona a Javier entendiéndose con la mujer de éste, María Coral, de la misma manera que Javier había traicionado a su amigo Pajarito al entenderse con su mujer Teresa; la aristocrática hija de Savolta y después esposa de Lepprince, María Rosa, se ve obligada, una vez viuda y arruinada, a recurrir a trabajos esporádicos como secretaria en el bufete de Serramadriles, sucesor de Cortabanyes, el abogado de Lepprince y antiguo patrón de Javier, repitiendo así la misma triste historia de la vida de Doloretas. Cortabanyes definía la vida como una representación «cómica» y «grotesca» (98), actitud de la que Javier se hace eco en su reflexión final sobre los avatares de su vida:

> [...] pensando en mi existencia y en todas las vueltas y revueltas que había dado para volver al inicio, con más años, menos ilusiones y ninguna perspectiva. Recordé las palabras de Cortabanyes: «La vida es un tío-vivo que da vueltas hasta marear y luego te apea en el mismo sitio en que has subido» [414].

A pesar de que *El caso Savolta* se asemeja en su complicada estructura bizantina y en sus elementos folletinescos a los patrones de la novela de intriga tradicional (cuyo modelo podría ser *Los misterios de París* de Sue) esta novela es opuesta a los planteamientos de la novela policiaca clásica, de espíritu romántico-cómico en su defensa del *statu quo* y su celebración del triunfo final de la razón y del orden legal reestablecido. En este sentido, la obra de Mendoza se acerca mucho más a la novela policiaca negra, por el tono irónico y trágicamente desesperanzado, por la acusación sin paliativos del poder político, policial y económico (significativamente, Lepprince recibe en su mansión al Rey, y estaba a punto de presentarse a las elecciones para alcalde de Barcelona), el punto de vista del antihéroe y del marginado (Javier Miranda y Nemesio Cabra), al igual que por la descripción realista y documental de los medioambientes bajos y delictivos. Se puede decir que *El caso Savolta* abre la puerta definitivamente a la introducción de la novela policiaca negra en España, anticipando con su reivindicación de la narratividad, de lo lúdico y de la intriga junto con la crítica social, la inminente escalada del género en el panorama literario español y la posterior experimentación del propio autor con el género policiaco en sus siguientes novelas.

El laberinto de la locura

El planteamiento posmoderno de la primera obra de Eduardo Mendoza continúa y se amplía en las dos novelas que publica a continuación, *El misterio de la cripta embrujada* (1979) y *El laberinto de las aceitunas* (1982), las cuales son factibles de ser estudiadas como una unidad. En ambos textos persiste la amalgama de géneros literarios heterogéneos, la revisión irónica de los mecanismos narrativos tradicionales, la importancia de la intriga y el aspecto lúdico, así como la estructura laberíntica, la temática delictiva y la crítica social, si bien convenientemente traspuestos al tiempo presente. Como hemos comentado anteriormente, la base de estas dos novelas ya se encontraba de manera embrionaria en *El caso Savolta;* la utilización como protagonista y narrador de la historia de un antiheroico confidente policial marginado y semiloco reminiscente de Nemesio Cabra Gómez, la figura del comisario Flores que recuerda inmediatamente al Comisario Vázquez, el doctor Sugrañes que trae a la memoria al Doctor Flores, y los dos matones de *El laberinto* que son una trasposición directa de los pistoleros equilibristas contratados por Lepprince.

La mayor novedad y originalidad de estas dos novelas de Mendoza en el panorama de la novela española contemporánea quizás consista en su utilización del humor, también presente pero de manera mucho más restringida en *El caso Savolta* como elemento esencial, junto con la intriga, para el deleite y complicidad del lector con el autor en su radical y burlona crítica de la realidad. El elemento humorístico desacostumbrado, generalmente ausente de la literatura española de posguerra, unido a la aparente menor envergadura de estas dos nuevas novelas, es lo que quizás ha llevado a algunos críticos a afirmar que se trata de «obras menores» de puro entretenimiento en la trayectoria artística «seria» de Eduardo Mendoza.[2] En realidad, al tiempo

---

2. Véanse al respecto los comentarios de Luis Suñen (1979, 1986) y de José María Castellet (en Patricia Hart, *The Spanish Sleuth*, 107).

que *El misterio* y *El laberinto* desarrollan la vertiente lúdica, imaginativa y desenfrenada ya experimentada en *El caso Savolta* por el autor, actitud que no tiene nada de despreciable por otra parte, también es cierto que poseen otra intencionalidad no menor; en estas dos novelas Mendoza utiliza como estrategias principales la parodia, la ironía y la exageración, llevadas hasta el límite en todos los órdenes de la novela, con el fin de subvertir los valores establecidos, incluidos los literarios. La burla sarcástica, la deformación, la estilización de la realidad en todos sus niveles revelan una particular actitud ético-estética cercana a la del esperpento valleinclaniano o al Quevedo más grotesco (el de *El buscón*), que en el fondo siempre trasluce un profundo sentimiento desesperanzado.

La primera sorpresa en la lectura de estas novelas se produce necesariamente ante la exagerada estilización del lenguaje. El elaborado y cuidado discurso autobiográfico del innombrado protagonista resulta chocante por corresponder a un personaje demente y marginado, sin educación, de una lógica anormal para las normas de la sociedad, pero lúcidamente consciente de sus aspiraciones (recuperar su perdida libertad y salvar la propia piel) y de sus propias limitaciones. Como un nuevo pícaro movido por su determinación de salir siempre adelante y ayudado por sus grandes dotes para la supervivencia, la observación y la imitación-suplantación, el protagonista sin nombre (¿sin identidad?) se adapta de manera camaleónica a las más diversas situaciones fingiendo personalidades diferentes, cambiando de nombre, utilizando variados disfraces y apropiándose de los códigos lingüísticos ajenos más indicados según la ocasión y el interlocutor. Como manera de superar y compensar su condición marginal e iletrada, el esquizofrénico narrador-protagonista, plenamente consciente del enorme poder del lenguaje literario, se apropia del lenguaje culto clásico para hacer el relato autobiográfico de sus aventuras, que quieren ser una explicación de su «caso», una demostración de su cordura ante la sociedad, como se puede ver es esta declaración de principios:

> Soy, en efecto, o fui, más bien, y no de forma alternativa sino cumulativamente, un loco, un malvado, un delincuente y una persona de instrucción y cultura deficientes, pues no tuve otra escuela que la calle ni otro maestro que las malas compañías de que

supe rodearme, pero nunca tuve, ni tengo, un pelo de tonto: las bellas palabras, engarzadas en el dije de una correcta sintaxis, pueden embelesarme unos instantes, desenfocar mi perspectiva, enturbiar mi visión de la realidad. Pero estos efectos no son duraderos; mi instinto de conservación es demasiado agudo, mi apego a la vida demasiado firme, mi experiencia demasiado amarga en estas lides [*El misterio*, 15].

El discurso del protagonista sorprende al lector por el gran esmero en la construcción del período equilibrado y simétrico, el ritmo binario y armónico y la sintaxis compleja; su discurso, sobrecargado y ampuloso, se ve salpicado de abundantes y complicadas figuras lógicas y sintácticas tales como antítesis, paradojas, zeugmas, perífrasis, acumulaciones y otras sofisticadas figuras retóricas, procedimientos que inmediatamente se reconocen herederos del lenguaje literario del Barroco decadente. El uso de un lenguaje retórico y obviamente anacrónico, esquisitamente elaborado, más propio de la novela cervantina y de la picaresca clásica, a la vez que refuerza en el lector los paralelismos del protagonista marginal con los tipos clásicos del pícaro y el loco-cuerdo, produce un hilarante efecto paródico por su anacronismo y su inadecuación a la vulgar materia relatada. El estilo refinado, la inflada retórica y el escogido vocabulario utilizado por el narrador contrastan de manera grotesca con la ordinaria temática, las descripciones groseras y de mal gusto, las abundantes referencias escatológicas, y el inesperado término vulgar, originando una escisión anormal a nivel del discurso que a su vez refleja la doble personalidad del cuerdo-loco.

La falta de conexión aparente entre forma y fondo, envoltorio y contenido, parodia los cimientos en los que se basa la comunicación racional, la unión arbitraria e irracional del significante con el significado para formar el signo lingüístico, una realidad esquizofrénica aceptada convencionalmente, y parodiada en la intuición visual del narrador al describir a la madre superior que le visita en el manicomio:

Tenía una voz metálica, algo bronca. Vi que las frases salían de su boca como pompas de las que las palabras eran sólo el revestimiento externo que, al deshacerse en sonido, dejaban al descubierto un volumen etéreo: el significado [*El misterio*, 13].

Por el contrario, los nombres propios de los protagonistas, representan el extremo opuesto, exagerando paradójicamente la relación entre fondo y forma, personalidad y apelativo onomástico, ambos totalmente grotescos (Pustulina Mierdalojo —alias Pus—, Flatulino Regoldoso, Sobobo Cuadrado, Cagomelo Purga); de igual manera, los sobrenombres utilizados por los mismos protagonistas, en su intento de hallar una mayor correspondencia entre la personalidad que quieren representar y los nombres apropiados, resultan paródicos en exceso: Toribio el contorsionista se hace llamar Don Muscle Power; Emilia la *vedette* de baja categoría elige como nombre artístico Suzanna Trash; el narrador-protagonista sin nombre, un significado sin significante, dependiendo del contexto se llama «Arborio», con el jardinero del colegio, «Fervoroso», con el beato y Pilarín Cañete en su excursión madrileña.

La parodia del lenguaje se acrecienta con la exposición desnuda de sus incongruencias, la revelación de la vacuidad de los cómodos clichés lingüísticos al ponerlos del revés, la ruptura de las expectativas del lector, desfamiliarizando el lenguaje de una manera cortazariana:

> [...] en el sillón cercano a la ventana, cercano, claro está, en relación al otro sillón, pues entre el primer sillón, el cercano a la ventana, y ésta quedaba espacio holgado para colocar un cenicero de pie, un cenicero bonito de vidrio que remataba una columna de bronce de como un metro de altura, y digo que remataba, porque desde que Rebolledo intentó partir la columnita en la cabeza del doctor Sugrañes, ambos, la columnita y el cenicero, habían sido retirados y sustituidos por nada... [10].

El uso paródico del lenguaje se ve acompañado por la utilización en clave irónica de determinados géneros literarios, de manera más obvia y extensiva que en su primera novela; *El misterio* y *El laberinto* traen al primer plano la estructura y las convenciones de la novela policiaca y picaresca, con ciertos elementos añadidos de otros géneros literarios muy diversos como la novela gótica y bizantina. La fusión caricaturizadora de la tradición picaresca española con la investigación policiaca es quizás el rasgo más sobresaliente de estas novelas, como ha sido señalado por la mayor parte de la crítica; el propio Eduardo Mendoza ha explicado en una conversación con él mantenida el origen de este proyecto literario:

Todos somos deudores de la picaresca; sólo a partir del descubrimiento de la picaresca fue posible la novela policiaca española. Recuerdo que en las tertulias literarias de finales de los cincuenta, principios de los sesenta un lugar común era decir que era imposible la novela policiaca española porque nadie se tomaría en serio un investigador español. Un James Bond español sería un funcionario de colilla, manguitos y visera; o un agente español de la policía seria un sinvergüenza, incompetente, inculto que lo único que hace es tomarse güisquis gratis en los bares de putas. Sólo al descubrir la posibilidad de un héroe auténticamente español y verosímil, como un Lazarillo o un Guzmán de Alfarache, empezó la novela policiaca española, donde todos los protagonistas son verdaderamente unos desarrapados, unos derrelictos.[3]

El gran hallazgo de Mendoza consiste en haber escogido como punto de vista unificador de las dos novelas a un ser alienado en el que convergen la figura desclasada del pícaro con la figura a su vez marginal del investigador (en medida doble por su locura), ambos caracterizados por su gran movilidad y capacidad de penetrar los más diversos ambientes sociales y mantenerse siempre en una ambigua posición de dentro-fuera. El marginal protagonista de Mendoza intensifica la ya de por sí exagerada autoburla natural del pícaro, en el reconocimiento de su ínfima y deshonrosa condición, de su antiheroica personalidad y de su ambigua moralidad. Como en los textos picarescos clásicos, el protagonista comienza su narración autobiográfica explicando de manera harto irónica el «didáctico» propósito de su relato: «en Madrid dio comienzo una de las aventuras más peligrosas, enrevesadas y, para quien de este relato sepa extraer provecho, edificantes de mi azarosa vida» (*El laberinto*, 8). De manera paródica, el resto de su relato se caracteriza precisamente por su nada edificante historia; así, el protagonista se nos presenta como «un ejemplo de rectitud, comedimiento y buen juicio» (9), momentos antes de confesar:

> Lo que ocurría es que [...] no podía evitar que en ciertas ocasiones la emprendiese a palos con algún enfermero, destruyese artículos que no me pertenecían y tratase de violentar a las enfermeras o a las visitantes de otros enfermos que, quizás sin mala

---

3. Barcelona, 7 de julio de 1987.

intención, no ocultaban como habría sido aconsejable su condición femenina [9-10].

El espíritu paródico y altamente autorreflexivo que impregna estos textos de Mendoza se hace igualmente patente en el uso ostensible de las convenciones del género policiaco, sobre las cuales se llama directamente la atención del lector.⁴ De entre las múltiples e irónicas referencias intertextuales que conforman la rica textura de estas novelas, son especialmente significativas a este respecto las relativas a dos textos señeros del género policiaco hispánico: el sueño de los senderos del jardín del laberíntico manicomio (*El laberinto*, 116-117), en alusión al célebre cuento de Jorge Luis Borges «El jardín de los senderos que se bifurcan», y el asesinado marinero extranjero tatuado de *El misterio* que parodiaba la víctima central de *Tatuaje* de Manuel Vázquez Montalbán, dos textos muy distintos entre sí pero ambos considerados generalmente como los iniciadores en distintas épocas y latitudes de la novela policiaca posmoderna, y con ella, del comienzo del interés crítico «serio» por el género policiaco en el ámbito del mundo hispánico.

Las novelas de Mendoza se sitúan claramente de manera paródica respecto a los patrones de la novela policiaca tradicional. La aparente falta de cordura del protagonista, además de resaltar su condición de ser marginal con respecto a la sociedad y permitirle observar el mundo desde una óptica deformada, cuestiona abiertamente la base esencial de la novela policiaca clásica, con su afirmación del poder absoluto de la racionalidad para descifrar lo inexplicable y restaurar el orden social, moral e intelectual. Frente al racionalista investigador científico y positivista, el investigador-narrador de Mendoza es un ser absurdo, irrisorio, descomedido e imprevisible en sus acciones y enfrentado totalmente a la lógica de la sociedad —lo cual ocasiona su continuo encierro en un manicomio. Sirva como ejemplo de lo dicho el pasaje escogido al azar en que el innombrado protagonista logra «deducir» acertadamente la condición de monja de la mu-

---

4. Como en *Savolta* dentro de la composición de estas novelas se combinan elementos de otros géneros literarios y extraliterarios totalmente heterogéneos, destacándose entre otros la novela gótica (con su profusión de laberintos, fantasmas, criptas, cadáveres, monasterios), la bizantina (los relatos intercalados, *Laberinto*, 168) y la pastoril (130), el melodrama, el esperpento, y el cómic.

jer que le visita en el manicomio, parodiando el proceso deductivo del investigador clásico basado en la observación empírica de la realidad:

> [...] deduje que me encontraba en presencia de una monja, deducción que, proviniendo de mí, no carecía de mérito, pues cuando me encerraron no era aún corriente, como al parecer fue luego, que las monjas prescindieran de su traje talar, al menos extramuros del convento, si bien, las cosas como son, me ayudó a llegar a esta conclusión el que llevara un pequeño crucifijo prendido en el pecho, un escapulario colgado del cuello y un rosario entrelazado en el cinturón [*El misterio*, 11].

La figura antiheroica del personaje central de estas novelas parodia a su vez la siempre noble postura ética del investigador, tanto por su servicio desinteresado en el cumplimiento de la justicia, en el caso del investigador de la novela policiaca clásica, como por su actuación guiada por un código moral superior al de la injusta sociedad, en el caso del investigador de la novela policiaca negra; el protagonista, como auténtico pícaro, se mueve guiado por el poco glorioso instinto de salvar la piel a cualquier precio y de la manera que sea necesaria, como él mismo nos confiesa en uno de sus momentos de lúcida clarividencia: «Apelaría al amor a la verdad y a la justicia y a otros valores absolutos si éstos fueran mi brújula, pero no sé mentir cuando se trata de principios. Si supiera, no sería una escoria como he sido toda mi vida» (*El misterio*, 77). Tras la aparente autoburla del loco pícaro se encuentran palabras de amarga e irónica coherencia.

La marginalidad del protagonista se hace visible en la anormalidad de su actitud y comportamiento respecto a las normas sociales y en la notoria falta de coherencia de sus peripecias, aventuras e investigaciones, en muchas ocasiones totalmente disparatadas, con respecto a la lógica racional. Esta rebeldía contra la realidad racional se ve reflejada en la propia estructura de las novelas, con sus múltiples cabos sueltos, numerosos problemas sin aclarar, subtramas débilmente unidas que conducen a una resolución final arbitraria e ilógica. El mismo narrador-protagonista, tratando inútilmente de encubrir la verdad de su derrota al final de su primera aventura fuera del manicomio, acaba reconociendo explícitamente la falta de coherencia lógica en el desenlace de la trama desde el propio texto novelístico: «Y yo iba pensando que, después de todo, no me había ido tan mal, que había resuelto un caso complicado en el que, por cierto, quedaban algunos cabos sueltos bastante sospechosos» (*El misterio*, 177). Igualmente, al final de su segunda aventura, reitera esta irónicamente lúcida aseveración: «Y me juré que si algún día recobraba la libertad, lo primero que haría sería tratar de resolver tanto cabo suelto y tanto punto negro como siempre quedan en los misterios que resuelvo» (*El laberinto*, 270).

En estas dos novelas, más aún que en *El caso Savolta*, la naturaleza confusa e inexplicable de la realidad, profundamente ilógica, absurda y caótica, compuesta de una red de absurdas motivaciones y ocultas relaciones de causa-efecto, es subrayada por la propia estructura laberíntica de las novelas, cuya falta de resolución no permite al investigador —en su doble faceta de protagonista y narrador— ni tampoco al lector asistir al restablecimiento final del orden social e intelectual. El caos se presenta en forma de múltiples laberintos (reales y simbólicos) que comunican, o más bien obstaculizan la comunicación, entre lo conocido y lo desconocido, lo aparente y lo invisible, lo real y lo fantástico, lo racional y lo irracional, sin llegar nunca a iluminarse completamente los entresijos de la evasiva realidad, representada en una impenetrable cripta; protagonista y lector se ven igualmente cogidos y engañados, perplejos e incapaces de salir de la red laberíntica en la que se ven inmersos; destacan por su omnipresencia los misteriosos laberintos que conducen hacia bastiones supuestamente inexpugnables y que continuamente retan al protagonista y al lector a todo lo largo de la aventura-lectura en *El laberinto*: los pasadizos del hotel y de la academia de teatro, los pasillos de la fábrica de aceitunas, los corredores de la comisaría y el subterráneo de la catacumba que comunica el monasterio con la estación espacial, laberintos todos ellos que parecen conducir al desvelamiento de algo desconocido y sorprendente (la verdad críptica) pero que lejos de aclarar la realidad antes bien la problematizan; en *El misterio* el protagonista, al igual que el lector, acaba descubriendo al final que el misterioso laberinto de la cripta alrededor del cual se desarrolla toda la historia «no era tal laberinto, sino un artificio para despistar a quienes se adentrarán en él» (157).

Perdido literalmente en el laberinto de la cripta, el investigador reconoce irónicamente el sinsentido de su vida: «es hasta cierto punto normal que un pendejo como yo acabe sus días en esta alegoría arquitectónica de mi trayectoria vital» (*El misterio,* 157). A pesar de que eventualmente el protagonista encuentra —con la ayuda recibida de la policía y de las monjas— la salida del laberinto físico de la cripta embrujada, en realidad el investigador nunca consigue salir del otro y auténtico laberinto de su existencia. El innombrado protagonista de estas novelas comprueba personalmente una vez más que la busca de la verdad y la justicia, es una laberíntica empresa abocada al fracaso y a la locura; los grandes esfuerzos y las desventuras experimentadas por este protagonista siempre le llevan finalmente al mismo punto de partida: la celda del manicomio.

El protagonista encerrado en el manicomio se encuentra en el medio de un laberinto de callejones sin salida, continuamente en la encrucijada de «problemas jurisdiccionales» (*El misterio,* 14) entre las todopoderosas estructuras del orden social: la Ciencia al servicio de la represión social (simbolizada en la institución carcelaria del manicomio), la Religión y la Educación (íntimamente unidas en el colegio-cárcel de monjas) que dirigen y controlan el pensamiento de los individuos, y sobre todo el aparato legal y burocrático (representado en el Comisario Flores) que inhiben toda transgresión de la norma social. El protagonista se mueve en un círculo vicioso; es liberado por la policía de su encierro en el manicomio para resolver un enigma, pasando de perseguidor de la justicia a perseguido por la justicia cuando sus descubrimientos pueden comprometer el ordenado equilibrio de la sociedad, para volver a ser finalmente encerrado en el manicomio, con lo cual el orden social queda en apariencia reestablecido.

De la misma manera que en *Savolta* era Nemesio, un individuo parcialmente retrasado, el poseedor de la clave para desenmascarar los misterios del caso, aquí es precisamente un loco el protagonista que inútilmente intenta poner orden en la confusión para poder, si no ganar su libertad, al menos si salvar su piel; resulta totalmente paródico que la policía oficial, representada en la figura del comisario Flores, se vea necesitada a recurrir a los servicios de un loco y pordiosero ex confidente para resolver los agudos problemas policiales. Irónicamente, la falta de resolución en los misterios investigados por el protagonista en estas dos novelas es fomentada por las propias estructuras del orden (la Iglesia, la policía, el psiquiatra, la alta burguesía catalana), que prefieren no llegar hasta el final en el descubrimiento de la verdad que les comprometería a ellos mismos.

El laberinto no es pues simplemente el resultado de la visión desfigurada del narrador-protagonista, sino también un reflejo de la deformada configuración de la propia realidad. La aparente falta de lógica en la vida del protagonista y en la inconclusividad de sus aventuras novelescas obedece tanto a la perspectiva distorsionada y marginal del protagonista, a su concepción anormal de la realidad, como a la irracionalidad de la realidad misma, la arbitrariedad del lenguaje y de las convenciones genéricas. La aparente locura del protagonista, completamente lúcido de su propia anormalidad, es tan sólo relativa; su ambigua condición de cuerdo-loco revela y amplifica estas ilógicas contradicciones. De esta forma, la exposición irónica de la irracionalidad se convierte en una crítica a la realidad misma.

Con estas novelas de Mendoza la novela policiaca en España pierde definitivamente su complejo de inferioridad, ganando la respetabilidad y el aprecio crítico que se le había venido negando tradicionalmente. La irónica utilización de las coordenadas del género policiaco, la productiva interfecundación con otros géneros literarios (principalmente el discurso de la novela picaresca y bizantina y la estética del esperpento) y, en especial, la reivindicación del humor y la exageración como esenciales elementos lúdicos en su narrativa al servicio de una crítica social demoledora, hacen que estas novelas de Mendoza difuminen enormemente las distinciones entre literatura culta y literatura popular, apuntando hacia una estética posmoderna.

6

LA NOVELA POLICIACA NEGRA ESPAÑOLA

> El actual boom del género se corresponde con una transformación ideológica, pero también social, política y económica de nuestra sociedad. Y la pregunta inevitable es: ¿qué tipo de sociedad genera el gusto por lo policiaco?
>
> M. VIDAL SANTOS,
> «Novela policiaca española y transición»

Transición y crisis social

Resulta harto significativo el paralelismo entre las circunstancias sociales de la realidad española en los últimos años setenta y primeros ochenta en que surge el fenómeno de la novela policiaca negra española, y las coordenadas socioeconómicas de la sociedad norteamericana de los años veinte y treinta en que se produce la gestación como género de la novela policiaca negra. A pesar de las inevitables diferencias entre una y otra realidad es indudable que en ambos casos nos encontramos ante una inusitada situación sostenida de crisis y aguda inestabilidad que repercute en todo el sistema social, lo cual ocasiona a su vez la aparición de un tipo de literatura que reacciona absorbiendo y reflejando de una manera crítica las características de esa realidad cotidiana. La novela policiaca negra norteamericana surge en unos momentos de profunda crisis social, años de violencia marcados por la imposición de la Ley Seca, el nacimiento del crimen organizado, la corrupción política y policial, la agitación social, el *crack* financiero y la consecuente depresión económica de los años treinta.[1] Estos fenómenos hacen resquebrajarse el propio sistema social revelando en el proceso sus grandes deficiencias, y sirven de caldo de cultivo para una particular respuesta literaria testimonial y crítica de esa realidad social por parte de autores como Dashiell Hammett y Raymond Chandler. En sus obras se aúna una estética *hard-boiled*, de lenguaje y personajes endurecidos, a una fuerte denuncia del poder en todas sus manifestaciones (económica, política, policial), crítica del orden moral establecido y de las instituciones, exponiendo la injusticia, violencia, corrupción e hipocresía que sostienen el estado de cosas.[2]

Los años de transición política en España que siguen a la desaparición de la dictadura de Franco y traen el reestablecimiento de las libertades democráticas se caracterizan igualmente por ser años de crisis social. El legado de un sistema deficiente y anticuado ocasiona una crisis económica que llega a alcanzar enormes proporciones por la fatídica combinación de diversos factores heredados del antiguo régimen: falta de previsión de la crisis energética, la necesaria reconversión del obsoleto sector industrial, la fuga de capital y una endémica inestabilidad política. Surgen así otros nuevos conflictos —apenas conocidos anteriormente— que no encuentran fácil solución, sintomáticos de la difícil adaptación de una sociedad ya eminentemente urbana a la nueva época posindustrial: el desempleo que alcanza unas cotas inusitadas y el fenómeno masivo y sin precedente de la droga; estos nuevos problemas se traducen en un incremento alarmante del índice de criminalidad, la aparición del crimen organizado a pequeña y gran escala y un aumento palpable de la inseguridad ciudadana. Asimismo, afloran a la superficie en estos años otros graves problemas antes ignorados que aumentan el sentimiento colectivo de crisis: la especulación desatada de la vivienda, la corrupción policial y administrativa, la irregular actuación de las fuerzas del orden y de grupos armados de inestabilización política tanto por parte de la extrema derecha como de la extrema izquierda (el terror de ETA y los GAL, el frustrado golpe de estado, vienen a la memoria inmediatamen-

---

1. Véase Javier Coma, *Diccionario de la novela negra norteamericana* (Barcelona, Anagrama, 1986), 80-83.

2. Sobre esta cuestión, véase la polémica de Javier Coma *et al.*, «Novela negra y marxismo», *El viejo Topo*, 42 (1980), 48-51.

te). Las deficiencias y demoras en la transición democrática, unidas a los nuevos problemas sociales existentes, originaron un sentimiento general de desilusión, de denominado «desencanto» ante la comprobación de las esperanzas incumplidas de regeneración y libertad y la amarga toma de conciencia del enorme precio que la civilización moderna paga por su supervivencia, constantemente amenazada por la violencia y la crueldad.[3]

La situación de crisis social en el orden económico, político y cívico de los años de la transición, unida a la necesidad colectiva de airear una problemática anteriormente silenciada y ahora en cambio favorecida en los medios de comunicación tras la desaparición de la censura, originan un campo fértil para la aparición de una narrativa como el género policiaco negro, que se distingue por su presentación de los ambientes urbanos donde prevalecen la violencia, el crimen y el miedo, su testimonio crítico de la sociedad y su denuncia de los abusos y de la violencia del poder. Con estas circunstancias sociales, en los últimos quince años la novela policiaca negra encuentra un terreno naturalmente abonado para su desarrollo en España. Esta situación coincide, por otra parte, con el descubrimiento y revaloración de los autores de novela policiaca negra norteamericanos a través de las nuevas traducciones y ediciones, y el ejemplo de autores pioneros españoles como Eduardo Mendoza y Manuel Vázquez Montalbán, quienes, como ya hemos visto, ya habían comprobado la posibilidad de adaptar determinadas claves de la novela policiaca negra (como la recuperación de la narratividad, una tipología de personajes marginales, visión crítica de la realidad, ambigüedad moral, desenmascaramiento de las estructuras de poder y espíritu lúdico) al contexto de la narrativa española contemporánea.

La novela policiaca negra en España surge como una respuesta a las particulares condiciones sociales y culturales de la época y a la problemática moral que dichas condiciones plantean; se ven reflejados en ellas los problemas más acuciantes de la sociedad contemporánea, las contradicciones del sistema y del individuo. No es casualidad que la mayoría de los autores españoles que han tratado el género con asiduidad (Vázquez Montalbán, Juan Madrid, Andreu Martín, Jorge Martínez Rever-

---

3. Para un análisis más detallado de estos problemas, véase el excelente trabajo de Robert Graham, *España, anatomía de una democracia* (Barcelona, Plaza y Janés, 1985).

te) hayan sido anteriormente periodistas, reporteros, investigadores o cronistas influenciados por el neorrealismo y el cinema-*verité*, privilegiados conocedores de los aspectos más turbios de la realidad contemporánea, que denuncian en sus obras de ficción. A pesar de no formar un grupo homogéneo con sentimiento de «escuela», podemos notar un nexo común a todos estos autores precisamente en la crítica irónica e inconformista de la sociedad española contemporánea. A través de las novelas de estos autores se intentan exponer las ocultas e íntimas relaciones entre los diferentes grupos que ostentan el poder (económico, político, legal, policial), trayendo a la luz los represibles medios utilizados para alcanzarlo y mantenerlo. En ellas se quiere cuestionar la división maniqueísta tradicional entre el Bien y el Mal, identificados de acuerdo a la defensa o transgresión de la ley y el orden, mostrándonos en su lugar un mundo en que los papeles del bueno y del malo están invertidos —aun con el riesgo de seguir las fórmulas genéricas literalmente y de adoptar posturas de signo contrario igualmente maniqueístas y simplificadoras. Así, los receptáculos del poder, quienes aparentemente más defienden la ley y el orden, aparecen precisamente como los causantes del malestar social, provocando, agrediendo y ocultamente eludiendo la ley enmascarados en la respetabilidad de su posición social. De acuerdo con los patrones marcados, quienes acaban revelándose como los auténticos criminales, grandes delincuentes profesionales, quienes están detrás del tráfico ilegal de drogas, de armas o de mano de obra barata tercermundista, los que hacen desfalcos al por mayor o dirigen redes de prostitución encubiertas son personajes pertenecientes a la alta burguesía, a los estamentos políticos, jurídicos y policiales, es decir, los grupos sustentadores del poder interesados en mantener el *status quo*. A su lado, los pequeños delincuentes —el ladrón, la prostituta, el drogadicto— frecuentemente aparecen en comparación con los poderosos, como unos meros comparsas, seres marginados, piezas de un gran juego en el que llevan el papel de víctimas. Éstos son en ocasiones dignos de lástima o de un tratamiento más compasivo, mientras la crítica dura y despiadada se reserva para los auténticos responsables, los que sustentan el poder y verdaderamente mueven los hilos de la ciudad. Se presenta, en suma, un mundo de verdugos y víctimas.

A través del proceso de encuesta novelesco se van perfilando como mayor claridad los estrechos pero invisibles lazos que relacionan directamente el mundo respetable de los grupos sustentadores del poder con el mundo del hampa, el magnate con el matón, el policía con el confidente, el financiero con el drogadicto; se van descubriendo sociedades anónimas que están envueltas en negocios sucios, prácticas clandestinas, fugas de capital y desfalcos, y que utilizan a asesinos a sueldo para mantener su posición. La relación entre ambos grupos es puesta de relieve más efectivamente por medio de la yuxtaposición de escenarios, personajes y situaciones de grandes contrastes, descubriéndose la secreta vinculación entre la riqueza descomunal y la miseria de la gran ciudad, entre el poder absoluto y la impotencia, entre la violencia brutal y el miedo. Con extraordinaria facilidad de movimiento se pasa de los ambientes más exquisitos y elegantes a los ambientes más sórdidos, de las oficinas de lujo de una inmobiliaria o una financiera a los prostíbulos, de las mansiones señoriales a los rincones urbanos más escuálidos, de los barrios residenciales al barrio chino, del despacho del juez a los sótanos de la comisaria de policía. Se estrecha así la relación entre el mundo podrido y corrupto de la alta sociedad y la escoria humana, los mundos bajos habitados por delincuentes, borrachos, drogadictos, chulos y prostitutas, matones y guardaespaldas, camellos proveedores de drogas y confidentes policiales.

En medio de esta repartición de papeles, encontramos la figura del investigador, justiciero o vengador, de acuerdo a los cánones formulados por Hammett y Chandler, casi siempre un perdedor o marginado, de ambigua moralidad, y cuestionable conducta, pero poseedor de un código de honor superior al de la corrupta sociedad, y de una integridad total con respecto a sus principios; idealista en su intento de llegar hasta el final en el descubrimiento de la verdad aun a riesgo de exponer su vida, cínico en su reconocimiento de la esterilidad de su empeño, convencido de la imposibilidad radical de cambiar el estado de cosas; su investigación resulta un progresivo proceso de descubrimiento del grado de podredumbre de la sociedad a su alrededor, tanto mayor cuanto más escarva y araña su superficie.

En este ambiente de violencia institucionalizada, de sordidez y miseria, se perfilan una serie de tipos de los bajos fondos que presentan los aspectos menos agradables de la moderna sociedad urbana, caracterizada por la degradación de los valores humanos: la falta de compasión, la opresión, la agresividad, la coacción, la amenaza, la pérdida de la individualidad y de la seguridad ciudadana. Éste es el paisaje humano y social en el que surge el desencanto.

A través de las novelas de terror urbano de Andreu Martín o las historias de sucesos de Juan Madrid se puede llegar a canalizar algo del desencanto y la frustración del tiempo presente, dirigiéndolos hacia blancos identificables —en una gran parte de manera harto esquemática—: los opresores que sustentan el poder y los verdugos que mantienen el orden. Estos modelos propuestos son apetecibles quizás en razón de que imponen un orden inteligible y provisional a un referente social excesivamente caótico; la realidad social correspondiente a los primeros años del posfranquismo no es tan clara como lo era en la época de la dictadura; ahora la realidad resulta mucho más ambigua, ya no existe un reparto de papeles entre buenos y malos tan evidente como en los años anteriores, cuando el enemigo era perfectamente identificable y se podía tener la seguridad de estar en el bando de la verdad, de la libertad, de los perseguidos. Las cosas no resultan ahora tan claras: el enemigo se enmascara de respetabilidad, de democracia, es difícil saber quién está del lado de la verdad y la justicia. Al mismo tiempo, la violencia es cada vez más irracional y obsesiva, viene de todas partes y se encuentra en la calle, en la comisaria, en la prensa y en la televisión, ocupando un lugar central en el imaginario colectivo. No es de extrañar, así pues, que se dé una visión cruda, escéptica y desencantada.

La novela policiaca negra responde a la toma de conciencia de dicha realidad, presentando una vía imaginativa para hacerle frente; obedece a la urgente necesidad de expresar una visión moral de la degradación, la falsedad y la violencia de la sociedad, para resaltar en contraste los valores esenciales humanos, tan difíciles de hallar en realidad, como el honor, la justicia, la compasión y la libertad individual. En este reparto de papeles entre buenos y malos, la fácil identificación de los impostores y el cumplimiento final de un castigo o una venganza, sin embargo, está muy lejos de ser una celebración del triunfo del orden establecido, a la manera de la novela policiaca clásica; la empresa del investigador de la serie negra, un ser característicamente individualista y marginado, se convierte en un ataque frontal a la sociedad en su totalidad, a su organización y funcionamiento, que son la causa última de la degradación de los valores humanos. Sin embargo, a pesar de su denuncia del sistema, éste al final permanece intacto en su totalidad, lo cual hace tomar conciencia al protagonista de la última futilidad de su cometido; la empresa del protagonista de la novela policiaca negra expresa simbólicamente el sentimiento colectivo de desilusión, de esperanzas rotas, de rabia y frustración del tiempo presente.

La violencia y el desencanto

No es un hecho casual que los autores españoles de novela policiaca negra coincidan en unas mismas experiencias generacionales, nacidos en la inmediata posguerra y con un pasado común de oposición vital al régimen dictatorial —en muchos casos de activa militancia política en partidos de izquierda (caso de Vázquez Montalbán, de Juan Madrid, o de Martínez Reverte)—, desde posturas ideológicas comprometidas, de crítica al sistema, denuncia de la violencia, la tortura y la represión. Estos novelistas coinciden también en un sentimiento general de decepción y vacío ante la aparente falta de viabilidad de las políticas de izquierda como verdadera alternativa de poder y las incumplidas esperanzas de cambio rupturista. Así pues, resulta fácil establecer un fuerte punto de contacto entre los autores y el público lector de estas novelas, formado mayormente por lectores de similares experiencias biográficas, cómplices del rechazo de la autoridad y del poder y de esa mezcla de odio visceral y miedo irracional a la autoridad que ni el paso del tiempo ni la razón hacen desaparecer completamente. La novela policiaca negra actúa de forma catártica para liberarse colectivamente autor y lector del fantasma de violencia del pasado, la represión política, la tortura policial, y aliviar al mismo tiempo el horror de la violencia de la vida cotidiana del presente, la corrupción, la escalante agresividad, la pérdida de la seguridad y hasta del valor de la vida humana.

Esta función catártica de la novela negra revela, sin embargo, ciertas contradicciones y ambigüedades latentes en la sociedad y en el individuo, que de alguna manera se reflejan en la misma configuración del género. El tratamiento del fenómeno de la violencia en las novelas de la serie policiaca negra, utilizando la violencia física como principio temático y estructural obsesivo, simbólico de la violencia de la sociedad a muchos otros niveles, plantea ciertas paradojas inquietantes tanto en el orden ético como en el estético.

Por una parte, desde el punto de vista moral, resulta paradójico el hecho de que en estas novelas la reacción contra la situación general de violencia sea de manera característica una respuesta de violencia todavía más intensa y brutal, produciéndose una escalada en espiral de agresividad que llega hasta el límite de lo irracional (por ejemplo, en *Nada que hacer* de Juan Madrid o *Prótesis* de Andreu Martín); esta actitud parece confirmar que la agresión sólo puede conducir a más agresión, que el mal debe ser combatido con sus propios medios y en su propio terreno; de manera harto paradójica, el protagonista se equipara de hecho al criminal que supuestamente trata de combatir, al escudarse en un relativismo moral que justifica tácitamente la utilización de la violencia para alcanzar un fin supuestamente superior. Es fácil pensar hasta qué extremos puede llegar esta actitud, bordeando la caída en la misma violencia irracional y autoritaria que precisamente se pretende combatir. Quizás ésa sea la única respuesta posible en un mundo degradado, en una sociedad deshumanizada que no deja otra opción posible; esto revela una severa contradicción entre el principio moral que anima la iniciativa del protagonista (y supuestamente la novela), el medio empleado para su realización, y en definitiva su resultado final. La empresa regeneradora del protagonista conlleva un fuerte impulso de (auto-)destrucción y de negatividad, sintomático de la desmoralización del héroe, de su nihilismo desesperanzado y de su escepticismo ante la posibilidad de regeneración de la sociedad. El espíritu de justicia deja paso al espíritu de venganza y al cinismo; la desconfianza total en la sociedad, el propósito de tomarse la justicia por su mano de manera individualista, al margen de los procesos normales, sigue el principio de devolver violencia por violencia, agresión por agresión, de manera que la lucha contra el Mal apenas acaba distinguiéndose al final del mismo Mal. Tal es el caso, como veremos más adelante, de Ges en *Si es no es* y de Julio Izquierdo en *Aprende y calla*, ambas de Andreu Martín.

Paralelamente, desde el punto de vista estético, la novela negra también presenta serios problemas en el tratamiento literario de la violencia social. El recurso estilístico de la violencia, como estrategia narrativa cuyo objetivo último es conmover al lector, corre el peligro de desbocarse y convertirse en un fin en sí mismo, perdiendo así su valor expresivo. Su utilización es justificada racionalmente debido a que la constante exposición del individuo en la sociedad contemporánea al horror de la violencia en la realidad cotidiana, en los periódicos, en el cine y en la televisión trae consigo naturalmente una progresiva desensibilización de la sociedad ante la violencia crónica; por esa razón se hace necesario que esta situación de violencia, para que pueda afectar emocionalmente al lector, sea llevada aún más lejos, todavía más exagerada en su transcripción novelística. Nuevamente la violencia llama a más violencia, la agresión exige más agresión; de ahí la escalada de la violencia desatada, multiplicada hasta el paroxismo en la novela negra; de esta manera, para conseguir esa ilusión de «realismo» se recurre a la exageración tremendista de la realidad, acumulando truculentas escenas de sangre, tiros, peleas, maldad y violencia, en cantidades desproporcionadas, como se puede ver, por ejemplo, en *El día menos pensado*, de Andreu Martín. No es difícil colegir las consecuencias que esto pueda acarrear; cabe pensar que, de manera paradójica, la acumulación mecánica de violencia y horror en la novela negra, tenga el efecto contrario del esperado en el lector; que en lugar de sacudir visceralmente al lector, como es su propósito, llegue a inmunizarlo ante el horror y acabe insensibilizándolo, produciendo el mismo efecto que la violencia de la propia realidad extraliteraria. El ejercicio de violencia entonces puede convertirse en un juego gratuito y apologético, un problema que los propios autores españoles conscientes han de afrontar, como veremos más adelante.

Si bien por lo general la novela policiaca negra busca explícitamente la identificación psicológica del lector con la víctima de la violencia, la complicidad en la postura ética en contra de la maldad y la injusticia de la sociedad, al mismo tiempo se produce en el lector quizás de manera insconsciente un cierto distanciamiento como resultado de la contemplación formal de la misma violencia descrita en la estética dura del puñetazo bien dado o encajado, de la pelea física, de la destreza y rapidez, del golpe visual. Hay una cierta carga de ambigüedad y contradicción en esa mezcla de repugnancia y deleite ante la violencia. De manera paradójica, el estremecimiento ante el horror de la violencia es acompañado, e incluso disminuido, inconscientemente por la apreciación de sus virtudes estéticas; trayendo a la memoria el planteamiento de De Quincey sobre el asesinato como un juego estético, el componente moral queda relegado así a un segundo plano para permitir el disfrute estético. El lector de novela policiaca negra conoce de antemano las convenciones del género y espera la violencia, la agresión; sabe que son partes integrales del encanto del género y disfruta con ellas, puede saborear la habilidad del escritor en la utilización del lenguaje, el ritmo narrativo, el efecto contundente, la contención y la desmesura, la crudeza; el hecho de que estas novelas están cortadas siguiendo un patrón de otras figuras ya míticas en el olimpo colectivo del cine, con el añadido del factor de la nostalgia de los años dorados del cine americano de los años treinta a los cincuenta y el enorme atractivo que poseen las figuras de halo mítico de un Humphrey Bogart o un Robert Mitchum, o Sam Spade y Philip Marlowe, solamente aumenta el placer de su lectura y disculpa acaso todo lo que de desagradable pueda en ellas encontrarse. El lector experimenta un tipo de placer, en suma, análogo al experimentado en un combate deportivo o una película de horror, en donde el conocimiento de que se trata de un juego, y la familiaridad con sus reglas, permite al espectador o lector liberarse y disfrutar del violento espectáculo, y de una manera aparentemente inofensiva canalizar así su propia agresividad.

A través de la aventura literaria de la serie negra, se le ofrece al lector la posibilidad de trascender, superar o vengarse simbólicamente de la agresión social. De la misma manera, el lector también tiene la oportunidad de pasar de víctima a espectador cómplice agresor. Esto revela una contradicción entre el componente ético-social de denuncia testimonial y el componente estético-literario de entretenimiento lúdico. La novela policiaca negra sirve simultáneamente como medio de crítica social y como válvula de escape colectiva a los conflictos y tensiones provocados por choques de intereses en la sociedad y por ambiguas posturas con respecto a ciertos valores morales particulares. De manera harto paradójica, esta novela propone una lectura crítica de la realidad social pero típicamente no crítica de su posible función escapista o reintegradora. Por esta razón, la novela policiaca negra corre el serio peligro de perder su poder incisivo, de atenuar y ver mermada su capacidad crítica; debido a la repetición sistemática, a la mecanicidad de su propia estructura formulaica, la carga corrosiva de esta novela tiende a devaluarse. Así pues, su crítica al sistema, ya inmunizado de ese virus conocido, puede acabar incorporándose de hecho al orden establecido.

A la vista de lo anteriormente expuesto es lícito preguntarse hasta qué punto estas novelas policiacas negras a la vez que critican con ferocidad la autoridad del orden establecido no colaboran a reafirmar de manera más o menos involuntaria e inconsciente otros valores igualmente cuestionables que lo sostienen; la repetida exposición cruda y sin miramientos de la agresividad, lo impulsivo, la fuerza bruta, la dialéctica de los puños, el posturismo machista, la venganza o la justicia individualista apenas deja lugar para otra respuesta más humanizada, más racional, acaso confirmando que se trata de males necesarios e irradicables. De igual manera quedan en el aire otras cuestiones latentes sin resolver envueltas en ambigüedad. La novela de la serie negra muestra un punto de vista típicamente patriarcal, que exhibe y reafirma las virtudes «masculinas» por excelencia, en el que la mujer es siempre un Otro amenazante, típicamente una «mujer fatal», en todas sus variedades desde la Eva inocente a la devoradora de hombres; en ellas la mujer casi nunca es verdadera protagonista, aparece en todos los casos de una manera tipificada, y casi siempre acaba malparada («castigada»). Cabe preguntarse en qué medida esta actitud, moldeada según los patrones del género, logra distanciarse críticamente de la reafirmación de los estereotipos sexuales, o por el contrario contribuye a su justificación. Paralelamente, se puede hallar la misma actitud ambigua en el debate entre la crítica de los males del poder y la envidia del poder mismo, entre la noble empresa de regeneración y la rencorosa venganza; entre la exposición de la desensibilización de la sociedad frente a la violencia y el abuso de la misma. Tras la aparente postura crítica de estas novelas se esconde acaso otra más conformista, ya que en ellas apenas se presenta una verdadera remodelación de la realidad. Toda la carga de crítica corre el peligro de quedarse en un impulso individual frustrado, cuyo protagonista se debate permanentemente en actitudes ambiguas entre al cinismo y el honor, la violencia y sentimentalismo, la atracción y el desprecio-miedo hacia la mujer. Irónicamente, al final nos encontramos de nuevo donde empezamos, no demasiado lejos de Selva y Plinio.

El mero planteamiento de estas cuestiones nos sugiere que estas novelas revelan más de lo que podría parecer a simple vista. En su lectura podemos descubrir deseos inconscientes colectivos, posturas no manifiestas a nivel consciente, pero latentes por debajo. Quedan reflejadas las contradicciones en la sociedad contemporánea, todavía luchando por resolver sus problemas, básicamente los múltiples conflictos entre la libertad individual y el desorden social, la atracción y el rechazo del poder, el conflicto entre las nuevas y las viejas actitudes sociales, como la relativización de la problemática moral, el desencanto con la situación de alargada crisis del país y la amarga conciencia de haberse engañado, o haberse dejado engañar, con la falsa promesa de algo mejor. En suma, la aparición de esta novela responde a la necesidad colectiva de ajustarse a la nueva realidad con todas sus ambigüedades.

Este planteamiento se ve reforzado por el hecho de que estas novelas han encontrado un definitivo eco en la sociedad española en un momento de cambio, de crisis y de desencanto. Hoy en día son efectivamente leídas por un sector relativamente amplio del público lector español, debido a que responden directamente a problemas existentes que éste puede reconocer y trascender. Este lector es partícipe consciente de la ambigua respuesta imaginativa de esta novela frente a ciertos conflictos sociales y valores particulares, lo cual refleja toda la ambigüedad y confusión de la época, así como los sentimientos encontrados de los propios lectores, plenamente conscientes de esa ambigüedad y desencanto.

Novelas y novelistas

La aparición de la novela policiaca negra en España coincide esencialmente con estos años de transición en el sentido más amplio (transición al régimen democrático, a la economía posindustrial, a la recuperación de las autonomías, a la incorporación a la Europa comunitaria) y de crisis social (problemas del desempleo, de la droga, del aumento de la criminalidad y la inseguridad ciudadana). La extensa nómina de autores nativos que se han adentrado en el género bien de modo ocasional, bien especializándose de manera exclusiva en él, junto con la existencia de una sustancial producción y de unos canales de difusión de sus obras, permite hablar de un definitivo auge de este tipo de narrativa en España, que comenzando a finales de los años setenta continúa a lo largo de los ochenta y, todo hace suponer, habrá de mantenerse en el futuro.[4]

---

4. A este respecto es especialmente significativo el año 1979 que supone la «consagración» oficial del género policiaco con la publicación de las nuevas novelas de Vázquez Montalbán (*Los mares del Sur*) y de Mendoza (*El misterio de la cripta embrujada*) —no estrictamente de serie negra— y con la aparición de la nueva colección «Círculo del Crimen», y su correspondiente premio literario, que marca la pauta de la nueva novela policiaca negra española.

Dentro de este panorama de auge se pueden diferenciar varios acercamientos distintos al género. Se encuentran, por una parte, un número reducido de autores especializados y fieles al género; por otra parte, ciertos escritores que ocasionalmente se han acercado al género como experimento narrativo o mero divertimento novelístico y, por último, otros autores cuyas obras, sin tratarse de verdaderas novelas policiacas negras, han incorporado determinados elementos del género. Estos últimos, ya que sus obras no son construidas realmente como novelas policiacas, se apartan del tema central de nuestro estudio, pero, sin embargo, demuestran la aplicabilidad de las convenciones del género al campo general de la novela sin adjetivación, así como el grado de penetración del género entre los escritores españoles contemporáneos; el uso de la intertextualidad y de elementos metaficcionales que reflexionan sobre su práctica en el género policiaco es característica propia de la práctica totalidad de ellos; este grupo de autores ha producido en los últimos años algunas obras que por su gran interés y mérito literario no hemos de pasar por alto sin hacer al menos una breve mención.

De entre los autores españoles contemporáneos no especializados que acaso mejor han aprovechado en sus obras ciertas técnicas o recursos característicos del género destaca especialmente Juan Marsé; la fuerte intriga narrativa alrededor de una temática urbana marginal y delictiva que ya conocíamos en obras suyas, como *Si te dicen que caí*, se acrecienta en otras de sus obras más recientes; tal es el caso de su novela *Un día volveré* (1982) que está ambientada, como la mayor parte de su producción novelística, en los barrios bajos barceloneses de la posguerra, habitados por personajes vencidos y marginados, en contrapunto con otros personajes poderosos y corrompidos. La novela incorpora abundantes gestos y situaciones de la novela y el cine negro, presentando el mundo sórdido y violento en que se desarrolla la venganza política y personal de un anarquista tras su largo encierro en prisión, pero en ella no se presenta una auténtica investigación como hilo narrativo central. En su siguiente novela corta, *Ronda del Guinardó* (1984), el autor presenta una trama de procedimiento policial, la ronda de un policía que una tarde persigue/acompaña por las calles del barrio de Guinardó a una muchacha que a su vez va haciendo su ronda diaria trabajando de casa en casa, instándola a identificar el cadáver de su presunto violador; la intriga en torno al caso criminal es mínima y no hay en sentido estricto una auténtica investigación policial, el ritmo es lento y apenas hay suspense, pero la novela sí tiene la dureza, el tono crudo y lenguaje directo característicos de la serie negra, en la descripción de la represión, miseria y desolación de la posguerra en los barrios pobres de Barcelona. Con la misma ambientación histórica, humana y geográfica, su cuento «Historia de detectives» (en *Teniente Bravo*, 1987) hace uso de las convenciones del género policiaco ya de manera mucho más extensa y explícita, como elementos básicos del mundo imaginativo —alimentado por mitos literarios y cinematográficos— de los jóvenes personajes que pueblan la narración; en ella la encuesta investigativa mezcla referentes reales e imaginarios en un proyecto de fantasía colectiva; el juego de persecución e investigación por parte de los protagonistas consiste en la reconstrucción de una realidad imaginaria y conflictiva de miseria, represión o pasión. El resultado de la pesquisa queda finalmente en la ambigua zona gris entre realidad y fantasía que caracteriza gran parte de la narrativa de Marsé; el resultado de la narración es altamente sugestivo e innovador, con las características de una pequeña obra maestra en la que el autor ha logrado condensar sus mejores cualidades como creador de historias.

Otro autor ya veterano, Juan Benet, emprende un cambio de rumbo consciente en su trayectoria novelística, con anterioridad profundamente ensimismada y discursiva, escribiendo una novela de asunto criminal, *El aire de un crimen* (1981), que retoma la acción argumental como polo central de la novela.[5] A pesar de que sí utiliza ciertos elementos característicos de la novela policiaca negra (la creación de una atmósfera degradada, de personajes bajos, corruptos y amorales, de crimen y misterio, con un lenguaje crudo, diálogos directos y frecuentes), la novela se aparta de los patrones del género en varios aspectos. En ella no se produce un proceso investigativo continuado y sólido; la investigación, ya mínima al comienzo, es el más débil de los varios hilos narrativos, debilitándose progresivamente a medida que avanza la novela hacia el final; el motivo del crimen se va minimizando, como la misma acción argumental, a lo largo del desarrollo de la novela; su estructura dispersa, no lineal ni conclusiva,

---

5. Juan Benet ya se había acercado al género policiaco anteriormente en algunos de sus cuentos, como «Una línea incompleta» y «Obiter dictum».

parece excesivamente discursiva para ser novela negra. Sin embargo, dentro de la obra de Benet, esta novela quizás sea su obra más asequible, narrativa y argumental, precisamente por su utilización de los mecanismos de la novela policiaca negra.[6]

De entre los autores contemporáneos que acusan la influencia de la novela policiaca negra en sus obras destaca Rosa Montero, quien en *Te trataré como a una reina* (1983) crea una atmósfera mágica de ambientes nocturnos, cabarets y prostitución, con un catálogo de personajes poderosos y marginados, y esa particular mezcla de violencia y sentimentalidad característica de la serie negra, correlato de la miseria y de la poesía de la gran urbe. La organización del material narrativo no sigue, sin embargo, las huellas del crimen y de la consiguiente investigación policial, que ocupan el último lugar en la novela.

Las novelas de Marina Mayoral *Cándida, otra vez* (1979) y *Contra muerte y amor* (1985) tienen ambas un cierto hilo investigativo y un halo de intriga alrededor de una temática criminal, y en ellas abundan las alusiones referenciales a la novela policiaca negra, pero en lugar de presentar una crítica de la sociedad urbana revelan el caciquismo local de una familia gallega, la compra-venta de intereses y voluntades y, sobre todo, la decadencia moral de la clase privilegiada, lo que acerca estas obras más a las novelas de ambiente gallego de Pardo Bazán que a las novelas del género negro.

Dentro de este primer grupo de autores cabe citar también a

---

6. La reacción general inicial por parte de la crítica frente a esta novela fue la de disasociar su relación con el género policiaco, quizás mostrando más los prejuicios de los propios críticos que las características de la novela. Más recientemente, algunos críticos han analizado la relación de la novela con el género policiaco; para Gonzalo Navajas, se trata de una novela policiaca y antipoliciaca a la vez, advirtiendo ciertas tendencias contragenéricas en la novela (desdramatización paródica de la muerte violenta, fabulación no-representacional, pérdida de focalización argumental, complejidad expresiva) que quieren romper claramente con los patrones del género («Modernismo, posmodernismo y novela policiaca: *El aire de un crimen* de Juan Benet», *Monographic Review/Revista Monográfica*, 3.1-2 [1987], 224-228). Por similares motivos, Malcom Alan Compitello prefiere definirla como novela criminal, aún reconociendo la manipulación por parte de Benet de las formas de la novela policiaca negra («Juan Benet and the Naw Spanish *Novela Negra*», *Monographic Review/Revista Monográfica*, 3.1-2 [1987], 214-216). Véase también las propias declaraciones del autor a la publicación de la novela, en las que manifestaba su deuda con el género («La esencia sigue igual», *Cambio 16*, 470 [1980], 176).

Alfonso Sastre en *El lugar del crimen, Unheimlich* (1982), tríptico que recrea en diferentes escenarios variaciones sobre una misma situación de violencia y terror, presentando una exploración de lo irracional, del horror, de la violencia y del terrorismo, con múltiples referencias metaficcionales a la novela policiaca. Sin embargo más que novela policiaca negra cabría situarla más cómodamente dentro de la categoría del género gótico de terror en su vertiente más fantástica y surrealista que el propio autor ha explorado en otras de sus obras.

Un último e interesante caso de acercamiento al género policiaco negro es el de Antonio Muñoz Molina con su novela *El invierno en Lisboa* (1987), que ha obtenido uno de los mayores éxitos de público y crítica entre los narradores españoles contemporáneos (recibió el Premio de la Crítica y el Premio Nacional en 1988). Su campo de referencia es, sin embargo, más el del cine negro que el de la novela policiaca propiamente; los personajes, los ambientes y las situaciones están tomados del cine negro clásico (*The Maltese Falcon* principalmente) e infundados de nueva vida, al igual que remiten al cine negro los juegos de luz y sombra y las referencias musicales jazzísticas. El conjunto constituye una narración fresca pero muy trabajada, en la que ningún detalle está de más; su prosa rica, imaginativa y densa trae a Borges a la memoria. El resultado final es una novela evocadora y sugestiva moldeada con maestría y con la misma dulce y etérea irrealidad de un blues perfecto. Su novela *Beltenebros* (1989), de similares características simbólicas y metafísicas y también frecuentemente asociada a la novela policiaca, está más directamente relacionada con el cine negro y la novela de espionaje que con la investigación policiaca propiamente.

En una segunda categoría cabría encuadrar a esos otros autores que en alguna ocasión aislada han escrito una obra que cabría definitivamente dentro de los parámetros de la novela policiaca negra, con la voluntad expresa de escribir una novela «de género» ya como experimento o divertimento, pero que no han desarrollado esa vía ni se han especializado en el género. Su obra policiaca supone así más bien una excepción dentro de la trayectoria del autor. Este acercamiento ocasional al género por parte de los autores españoles contemporáneos ha producido desiguales resultados desde el punto de vista literario. A pesar de que ciertamente ha habido resultados altamente positivos, la novela policiaca negra ha sido frecuentemente malentendida y tratada a la ligera, todavía vista por muchos como un género literario atractivo y entretenido pero poco serio y no digno de demasiada atención o cuidado. Así algunas de estas novelas han sido escritas como ejercicio técnico o como pasatiempo lúdico, pero con unas aspiraciones literarias distintas a las que tiene el resto de su producción, con la conciencia de escribir una obra menor en un género menor. Su interés y mérito es consecuentemente también menor.

Entre los autores contemporáneos no especializados que han tocado el género de manera ocasional destaca Fernando Savater, quien ha mostrado su interés por el tema a través de artículos y cuentos («Antonio y Cleopatra»), pero especialmente con su novela *Caronte aguarda* (1981). Es esta una historia de intriga muy ajustada al momento de convulsión política de su publicación, presentando tras el ajuste de cuentas a una militante comunista por una organización parafascista y la consiguiente investigación-venganza llevada a cabo por el hermano de la víctima, una exploración de las actividades desestabilizadoras contra el gobierno democrático por parte de los grupos ultraderechistas. A pesar de la ausencia de una gran originalidad en su desarrollo, es una novela correctamente escrita, cuya intencionalidad política es quizá excesivamente evidente.

La novela de Lourdes Ortiz *Picadura mortal* (1979), una de las primeras obras publicadas en la colección Sedmay, está escrita claramente en clave de divertimento; la acción argumental básica transcurre sobre al trasfondo de papel-cartón de las Islas Canarias y su rasgo más sobresaliente lo constituye el ser su protagonista la primera (y diríamos casi única) detective femenina en la novela policiaca española, Bárbara Arenas. Desafortunadamente, la autora desaprovecha la posibilidad que este atractivo planteamiento brindaba, no encontrándose en la novela más que un tratamiento suavemente humorístico de las actitudes de una mujer liberada española de los nuevos tiempos con el telón de fondo de una telesaga de magnates repleta de odios, rencillas y pasiones. Estamos evidentemente lejos de una novela policiaca de auténtico planteamiento feminista. Por lo demás la novela es un ejercicio literario sin gran originalidad en su ejecución, lo cual, por otra parte, no parece tampoco haber sido en ningún momento la intención de la autora.

Igualmente decepcionante resulta la más reciente tentativa de Blanca Álvarez en *La soledad del monstruo* (1992) por abordar un punto de vista femenino dentro de la novela policiaca negra. Desaprovechando la oportunidad de renovar el género alrededor de la marginalidad de la protagonista femenina, una lesbiana descontenta de su propio cuerpo, la novela no llega al planteamiento crítico de Rosa Montero o la reivindicación radical de las novelas en catalán de Maria-Antònia Oliver.

Un caso más sorprendente es el de Juan José Millás con su cuarta novela, *Papel mojado* (1983). En ella se presenta un tipo de juego más sofisticado e ingenioso. La dimensión metaficcional y autoparódica deja al lector en la perplejidad, el investigador y narrador-protagonista Manolo G. se nos presenta a sí mismo como un periodista con la vocación frustrada de escritor que trata de investigar la muerte misteriosa de su amigo Luis Mary y descubrir los negocios sucios de los supuestamente culpables. Manolo, sin embargo, acaba descubriéndose como el personaje imaginario de una novela escrita verdaderamente no por él, como sostenía, sino por el amigo cuya muerte intentaba en teoría vengar, habiéndose apropiado como falso narrador de la fantástica creación novelesca de su amigo, al cual secretamente envidiaba. La estructura circular de la novela, de la ficción dentro de la ficción, conlleva un replanteamiento final de la totalidad de la novela que obliga a releerla de nuevo al revés; en ella se hace referencia a la básica no fiabilidad de la realidad tal y como ésta se nos presenta y a la representación literaria de la misma, ya que la realidad es una ficción creada por aquel que la está viviendo. La posibilidad de crear una ficción de la realidad y una realidad de la ficción, de reescribir borrando lo previamente escrito en «papel mojado», se comprueba en la reversibilidad de la historia. Tiene a su vez reverberaciones irónicas en el descubrimiento final del nulo valor del papel (la letra impresa de la novela, el papel del billete), al revelarse de manera apropiada a la temática de la novela que el verdadero interés de los criminales era la falsificación de billetes. La novela quiere registrar ante todo la natureza falsa y engañosa de la realidad, mostrando el fingimiento en las relaciones humanas, la aparente pero falsa limpieza del mundo sucio de los negocios, y de manera autorreflexiva en la propia novela, el engaño del narrador-protagonista y consecuentemente del lector, cuestionando la propia naturaleza engañosa y manipuladora del género policiaco y de la ficción novelesca. El autor emplea un lenguaje coloquial y a la vez creativo y sorprendente, lleno de humor negro y absurdo, a veces rayando en el surrealismo, similar al que encontramos en la obra de Eduardo Mendoza. El propio narrador-protagonista tiene mucho en común con el innombrado protagonista de las novelas de Mendoza: no fiabilidad de su narración, doble personalidad, suplantación de la personalidad de otro, carácter burlón e innoble pero enternecedor y atractivo. Por su parte, el desenlace fantástico, aparentemente cerrado pero abierto a múltiples lecturas, revela una visión irónica de la realidad cercana a la «ironía cósmica» de los cuentos de Borges o la «mentira infinita» de Cortázar. En definitiva, *Papel mojado* se presenta como un original ejemplo de la novelística policiaca española por parte de un autor no especializado.

Habría que mencionar aquí también la obra de otros autores que en los últimos años se han acercado con cierta asiduidad al género policiaco. Tal es el caso del veterano Gonzalo Torrente Ballester, que ha utilizado las estrategias narrativas del género en *Quizás nos lleve el viento al infinito* (1984) y más recientemente en 1992, que resultan bastante decepcionantes en comparación al resto de su trayectoria novelística. Por otra parte, Francisco González Ledesma, un veterano escritor y periodista ha creado una pequeña serie alrededor del viejo policía del distrito V barcelonés Méndez que ha aparecido en tres novelas *Las calles de nuestros padres* (1984), *Crónica sentimental en rojo* (Premio Planeta, 1984) y *La dama de Cachemira* (1986). Escritas con conmovedora profundidad, ironía y dinamismo, constituyen un tríptico narrativo que en su carácter de crónica sentimental urbana evidencian muchos paralelos con la serie Carvalho de Vázquez Montalbán.

La relativa proliferación en estos años de autores españoles especializados de manera prácticamente exclusiva en el campo de la novela policiaca negra, es sintomática del momento de auge que viene atravesando el género en España. La percepción crítica del fenómeno ha oscilado entre el optimismo de Juan Tébar o Paco Ignacio Taibo y el escepticismo de Alejandro Gándara o Javier Coma; desde una posición de calculado cinismo Manuel Vázquez Montalbán acertaba a expresar un comedido entusiasmo ante el panorama general de la novela policiaca negra en España, opinando «que sólo la cultivan dos novelistas y que uno de los dos es Juan Madrid (si me lo preguntan en Madrid) o Andreu Martín (si me lo preguntan en Barcelona)»; a pesar de reconocer el propio autor *a posteriori* que su afirmación «sigue siendo una boutade y [...] ya es una inexactitud»

(«El hampa ya no es lo que era», 5), en el fondo refleja una idea común en que coinciden la mayor parte de los críticos, independientemente de la particular perspectiva de cada cual. Para todos ellos, Andreu Martín y Juan Madrid son los autores que mejor resumen el panorama de la novela negra en España durante los años ochenta, representativos además de los dos núcleos principales de escritores policiacos nacionales, Madrid y Barcelona respectivamente.[7] Posiblemente la obra de estos dos novelistas constituye en conjunto la más genuina adaptación de los patrones de la novela policiaca negra norteamericana adecuados a su particular visión de la realidad española contemporánea. Igualmente, estos autores, por llevar más tiempo escribiendo y tener más obras en su haber, han podido desarrollar su propio estilo individual. Ellos ejemplifican los logros y limitaciones de la novela negra en España, sus aspiraciones y sus metas.

La novela del terror urbano de Andreu Martín

Mientras otros autores españoles contemporáneos se han acercado al género de la novela policiaca con la intención expresa de estilizarlo o literaturizarlo, distanciándose al mismo tiempo de él (como hemos visto anteriormente en el caso de Vázquez Montalbán o Mendoza), Andreu Martín ha mantenido a lo largo de su trayectoria literaria una adhesión mucho más fiel a los patrones del género, aceptando sus constricciones y abrazándolo sin necesidad de justificarlo o desnaturalizarlo. El autor ha señalado reiteradamente su objetivo básico de escribir una novela «lúdica», en la que el elemento del placer de la lectura es el factor primordial y el «juego de ideas» se constituye como el motivo central; la esencia de la novela, según el autor, residiría precisa-

---

7. Entre las filas de los jóvenes autores españoles que durante estos años se han especiliazado en el género se pueden distinguir dos núcleos principales centrados alrededor de Madrid y Barcelona. En el primer grupo se encuentran Juan Madrid, Jorge Martínez Reverte y Carlos Pérez Merinero, entre otros, y en el segundo, Andreu Martín, José Luis Muñoz, Pedro Casals, Manuel Quinto y Alberto Millares. Al margen de estos dos núcleos se sitúan autores como Julián Ibáñez, cuyo marco geográfico es Santander, o Juan Antonio de Blas en el País Vasco. Cabe destacar el caso atípico de un autor como David Serafín, pseudónimo del profesor británico Ian Michaels, que ha escrito durante estos años cinco novelas policiaco-costumbristas en español, ambientadas en su mayoría en Madrid.

mente en su función gratificadora.[8] Sin embargo, no debe confundirse este principio lúdico con la falta de propósito o de ambiciones literarias. El elemento lúdico de sus novelas está muy lejos de configurarse como el inocente juego intelectual que quería ser la novela policiaca clásica. Temáticamente, sus novelas están cargadas de inquietantes complejidades, ambiguos conflictos no resueltos y sentimientos encontrados, subrayados por metáforas ambivalentes. Igualmente, Martín realiza un intento consciente por escapar a las influencias ajenas y a los patrones preestablecidos, con cuidado de no pisar sobre lo ya trillado, de evolucionar en su propia trayectoria y de encontrar siempre nuevas fórmulas y nuevos temas para su narrativa. Así, Martín «saldó cuentas» definitivamente con la novela negra de Hammett y Chandler en su segunda novela *El Señor Capone no está en casa* por medio de la parodia desaforada pero entrañable; para a continuación escribir una perfecta novela de «procedimiento policial» o *police procedural* en la tradición de Ed McBain (*A la vejez, navajazos*), pero reteniendo una típica estructura de novela policiaca clásica en la vena de Agatha Christie. De igual manera, experimenta en *Crímenes de aficionado* un tipo de novela policiaca que exige un lector interactivo que constantemente tome decisiones para resolver-descubrir el caso, efectivamente haciendo hincapié en el aspecto lúdico de la lectura.

La ya extensa narrativa policiaca de Andreu Martín se caracteriza precisamente por la gran variedad de planteamientos y la continua experimentación con distintos patrones formales y diferentes tipos de problemáticas. Así se explica que sus novelas no conformen una serie con personajes continuos como la Serie Carvalho de Vázquez Montalbán o la Serie de Tony Romano o Brigada Central de Juan Madrid. Si bien como novelas policiacas negras sus obras siempre se estructuran característicamente en torno a una investigación criminal, la organización discursiva del material narrativo varía notablemente de una a otra novela. A pesar de que en todas sus novelas se produce una exposición de las relaciones de poder, y un desvelamiento del impulso negativo del Mal en el individuo y en la sociedad, las particulares manifestaciones de estos males son muy distintas en cada una de sus obras.

---

8. Véase, por ejemplo, la entrevista con Francesc Arroyo, «La novela es un hecho lúdico. Entrevista con Andreu Martín», *El País*, Libros (24 julio 1986), 5.

Andreu Martín prefiere un término más descriptivo que el genérico de novela policiaca o novela negra para referirse al conjunto de su producción, que él denomina «de terror urbano».[9] De esta manera confiesa el autor en una entrevista:

> [...] [la maldad] en las relaciones humanas es el aspecto que más me interesa. La maldad en la medida en que produce miedo, un miedo que todos damos o padecemos. Por eso prefiero definir mis novelas, más que como novelas policiacas, como de terror urbano. El miedo es el elemento esencial. Lo que nos mueve. La maldad es el elemento generador de ese miedo, que a su vez produce agresividad y nuevas perversiones y más miedos y más agresión [Arroyo, 9].

Este término de nuevo cuño atraviesa las fronteras con que tradicionalmente se han definido y confinado estos géneros literarios al rincón de la subliteratura, apartándolos de la Literatura con letra mayúscula; al mismo tiempo esta definición permite establecer un diálogo intertextual entre diversos géneros, teorías y prácticas textuales y anclar teóricamente el proyecto novelístico de Andreu Martín como una coherente unidad.

Las amenazas a la racionalidad y a la integridad del sujeto, y en consecuencia a la seguridad y orden del sistema, presentadas en forma de agresión y de incógnita, origen del miedo, del terror, configuran la problemática central que define las novelas de Martín. Esta cuestión remite a un conflicto fundamental que encontramos en la base del género policiaco y en la obra de su legítimo fundador Edgar Allan Poe. En sus *Tales of Mistery and Imagination* Poe, unía a su capacidad como creador de relatos de terror de inspiración gótica la capacidad racionativa del relato policial. En realidad, una y otra vena creativa de Poe no constituían más que distintas manifestaciones de una misma necesidad de encontrar una explicación racional a lo inexplicable, lo incógnito, lo extraordinario, de descifrar un enigma imposible, de hallar una lógica que pudiera volver inteligible la violencia, el asesinato, todo aquello que amenaza el orden intelectual y so-

---

9. El telón de fondo de las novelas de Martín es fundamentalmente urbano; característicamente los escenarios realistas de la ciudad de Barcelona, los barrios bajos y los barrios respetables, y a veces, como contrapunto, el paisaje agreste de la Costa Brava (*Si es no es*, *La otra gota de agua*) o del interior catalán (*La camisa del revés*, *El caballo y el mono*, *Por amor al arte*).

cial; tanto el relato policiaco como el relato de horror coinciden en ese intento de racionalizar el horror, de neutralizar lo subversivo, de normalizar los impulsos hacia la transgresión, a manera de exorcismo. Su función última no es otra que promover finalmente una visión reconfortante y reconciliada de la realidad, garantizar la continuidad del orden establecido, legal e intelectual. Ésa es precisamente la función básica que habrá de asumir posteriormente la novela policiaca clásica en la tradición de Conan Doyle y Agatha Christie. Por el contrario, la novela policiaca en su variante negra o dura de Dashiell Hammett y Raymond Chandler presenta una visión cruda, cínica, y pesimista, moralmente ambigua y ciertamente nada confortable de la realidad, pero a pesar de la postura de disentimiento y desconformidad, ésta ofrece al menos una respuesta, una explicación que satisface mínimamente los imperativos racionales de la lógica. Las novelas de Martín, a caballo entre la investigación policiaca de vertiente negra y el relato de horror, contienen claras amenazas a la racionalidad y al orden, pero en lugar de ser resueltas racionalmente neutralizando su efecto negativo como ocurre en el caso de Poe, Martín las exacerba por progresión acumulativa.

La persistente irrupción de lo extraordinario, lo extraño, lo misterioso en el orden racional acaparó de manera especial la atención de Freud, que intentó dar a este fenómeno aterrador una explicación psicoanalítica (una racionalización de lo irracional) en su ensayo sobre «Das Unheimlich» (traducible aproximadamente como lo siniestro en castellano, *the uncanny* en inglés). Para Freud, lo siniestro es el efecto de proyectar deseos y miedos inconscientes hacia el exterior; Freud basa su exposición en la paradójica doble significación del término *umheimlich* que produce un ambiguo y contradictorio efecto. En primer lugar, *unheimlich* sería la negación de *heimlich*, que significa lo familiar, lo confortable, lo íntimo, lo secreto; su negación significaría entonces lo no familiar, lo desconocido, lo extraño o extraordinario, y por extensión lo que rompe la normalidad, aquello que causa desconcierto y pavor. Al mismo tiempo, una segunda acepción de *heimlich* añade otro sentido más inquietante, ya que significaría lo oculto, lo clandestino, es decir, lo reprimido (acercándose así paradójicamente al primer significado de *unheimlich*) y en su versión negada, lo que no está oculto, lo que está expuesto a la vista; así en un sólo término coinciden dos niveles de significación contrapuestos. *Umheimlich* indica la puesta al descubierto de lo que normalmente permanece tapado, y ese proceso de descubrimiento vuelve aterrador lo conocido, transforma en siniestro lo familiar. Freud sitúa lo siniestro en los procesos reprimidos sufridos en el subconsciente, que al revelarse producen un efecto de horror en el individuo. Las novelas de Martín producen esta revelación de lo siniestro, lo irracional, lo oculto, la agresión, la maldad, aquello que conforma el estremecedor lado oculto del individuo, la aterradora otra cara de lo real.

Sin embargo, el concepto de «terror urbano» que propone Andreu Martín sugiere además una dimensión social adicional que se superpone a la psicoanalítica e individual. Lo siniestro sería así también el efecto producido por aquellas fuerzas que amenazan con descomponer la tradición racionalista y burguesa que sirve de sostén al orden social existente, fuerzas que han sido deliberadamente postergadas, ocultadas y reprimidas; estas energías transgresoras reprimidas (la agresión, la violencia, los sueños, lo erótico) son tradicionalmente consideradas como una constante amenaza para el orden social.[10] Por otra parte los movimientos contrarios de estabilización, de represión violenta permanecen también ocultos, nos muestran solamente su lado familiar, confortable, es decir, la ley y el orden mantenidos, pero hay algo muy siniestro y oscuro en la manera con que estos dos principios intentan imponerse. La constante represión-manifestación de estas fuerzas subversivas en las novelas de Martín genera un acusado efecto *unheimlich*, estremecedor, de terror urbano; en ellos se exploran los siniestros impulsos psicosociales que atentan subversivamente contra el orden racional y social establecido y se expone la puesta en práctica de mecanismos de represión de aquellos impulsos. La afloración de la violencia y del terror, así pues tiene un doble origen, uno que va del sistema al sujeto, y otro que sigue el curso contrario del sujeto al sistema.

El común denominador de todas las novelas de Martín es la exploración de la maldad en las relaciones humanas en su sentido moral más amplio; la constante amenaza en forma de violencia y represión, especialmente agravadas en el mundo de la gran ciudad contemporánea, es origen del miedo y del horror irracional en el individuo. Esta amenaza irracional provoca a su vez

---

10. Es conveniente recordar que eran estos mismos elementos los que ya quedaban excluidos del campo de la representación artística en la República ideal unificada de Platón.

una reacción en cadena de más y más violencia que resulta en una escalada en espiral sin fin. La maldad y la violencia aparecen como síntomas que revelan las malsanas relaciones de poder entre los individuos, entre la sociedad y el individuo, en sus respectivos papeles de verdugos y víctimas. En las novelas de Martín se complica esta problemática al huir del maniqueísmo tradicional de buenos y malos; estos roles son frecuentemente intercambiables y simultáneos, llegando a poner al descubierto la doble faceta de opresor y oprimido de cada individuo.

Esta básica problemática moral es presentada desde múltiples perspectivas en sus novelas, explorando distintos aspectos o manifestaciones de la misma cuestión central: la problemática del poder y la marginalidad, el sistema y el individuo, el dominante y el dominado, el agresor y la víctima. Estos conflictos resultan en un choque de actitudes y de intereses entre ambos grupos y aun dentro de cada individuo. Se aúnan así el rechazo del mal, el deseo de hacer justicia y de venganza, pero también la atracción del mal, de dejarse comprar por el mejor postor, de ascender en la escala social, en la posesión del poder. Estas relaciones de poder son exploradas a través de los personajes de sus novelas en su doble faceta pública y privada, y en su múltiple manifestación social, económica, policial, política, legal, racial, familiar y sexual.

La exposición desencubierta de la maldad asociada con el ejercicio del poder, la corrupción, la injusticia y la compra-venta de voluntades, forma el común telón de fondo de toda la obra de Martín. En sus novelas, como corresponde a los patrones del género marcados por Hammett y Chandler, se descubre el origen del mal en el grupo social sustentador por naturaleza del orden establecido y poseedor o ejecutor del poder: los políticos, los sectores más acomodados de la sociedad, el estamento legal, el aparato policial. A través de la investigación novelesca se comprueba una y otra vez la corrupción que indefectiblemente acompaña siempre al ejercicio del poder, desde los más altos en la cúspide social, los políticos y los magistrados, hasta los oficiales de policía en *Barcelona Connection*. La comprobación de los medios utilizados para ejercer y mantener el dominio y el control social —la violencia, la opresión, la subyugación, sutil o brutal, pero igualmente amenazadora— trae como consecuencia la equiparación moral de estos grupos sustentadores del orden y del poder social con los grupos criminales declarados. El crimen organizado emplea básicamente los mismos medios para el mantenimiento y ejecución de su poder: la extorsión, la amenaza, la coacción y la agresión. Esto se comprueba de manera especialmente clara en *El Señor Capone no está en casa*, recreación paródica de *Red Harvest* de Dashiell Hammett.

El mundo del crimen, genéricamente referido en las novelas de Martín como «la Organización» que permanece siempre oculta entre las sombras, es de hecho un mero reflejo de la organización social del mundo capitalista de la cual es metáfora novelesca, con la misma violencia irracional, lucha desenfrenada por el poder y hostil deshumanizada competencia. Las luchas por el poder dentro del mundo del crimen organizado reflejan la propia estructura de la sociedad, ordenada sobre el principio básico de la supervivencia del más fuerte. En *El día menos pensado* ambos mundos se cruzan continuamente, situación que se ve reforzada por el extensivo uso de la técnica de contrapunto a todo lo largo de la novela; por una parte se halla una «Organización» criminal establecida y poderosa dirigida por ciudadanos respetables y, por otra parte, una banda de locos secuestradores y asesinos de ínfima calaña que les desafían; el secuestrado, un rico desligado de la contienda entre ambas organizaciones, lejos de contentarse con su situación de víctima, logra psicológicamente hacerse con el poder de la banda de asaltantes que le han secuestrado y erigirse en su jefe, cometiendo los mismos crímenes y brutalidades que sus secuestradores para salvar la piel; éste acaba pactando con la Organización superior, pasando de dominado a dominador en el proceso, lo que muestra la facilidad con que se cruza la frontera entre el bien y el mal, la sociedad respetable y la sociedad criminal. En las novelas de Martín aparece una galería de tipos humanos repetidos que ilustran esta misma relación: el industrial respetable con un ejército de matones a sueldo, el hombre de negocios cuya empresa funciona como tapadera de negocios clandestinos o el que dirige ocultamente una red de traficantes de droga, de armas o de trabajadores ilegales. Ambos grupos poseedores del poder, los «respetables» y los «criminales», oculta pero íntimamente conectados, mantienen una relación simbiótica mutuamente sustentadora hasta el punto de llegar a confundirse.

Esta relación alcanza proporciones desmesuradas con la aparición del crimen organizado sin fronteras, la propagación de redes mundiales de traficantes de droga, patrocinadas por el gran capital, que penetran sumergidamente y montan sucursales de su Imperio, con una perfecta estructura piramidal. El enorme alcance de la alianza entre el Poder y el Crimen es descrito en *Barcelona Connection* (en plena fiebre de apertura hacia Europa) desde la perspectiva marginal de un policía honesto y, de manera más interiorizada, en *El caballo y el mono* donde se contraponen el mundo cruel y todopoderoso de los traficantes y la situación miserable y desvalida de los drogadictos, ambos al margen de la ley, pero con la diferencia de que el primer grupo tiene poder, y conexiones en las altas esferas, y el segundo es totalmente desvalido y lleva todas las de perder.

La dimensión internacional del conflicto del poder y el crimen revela también un elemento racista, como se puede observar en su primera novela, *Aprende y calla*, con la explotación, en unas condiciones totalmente inhumanas y sin que a nadie le importe, de trabajadores ilegales africanos en Barcelona por parte de las sociedades constructoras catalanas; o, dentro de la misma novela, la marginación social constante de Julio Izquierdo, el protagonista investigador de esta red de tráfico humano, como gitano desarraigado que vive en Cataluña, y su continua lucha sin resultado por salir de esa situación, que lo lleva finalmente a acabar en las huestes del enemigo, aceptando el puesto de jefe de la agencia de detectives que le propone el padre de su amigo, el dirigente de la organización delictiva dedicada a la explotación de la mano de obra extranjera ilegal.

Las relaciones de poder exploradas a nivel social tienen también su manifestación a nivel privado, personal. Quizás esta dimensión individual del conflicto separa la obra de Martín de la del resto de los narradores policiacos españoles, aunque habría que recordar la mencionada saga de Vázquez Montalbán que tiene por protagonista al permanentemente contradictorio y esquizoide Pepe Carvalho. En sus novelas Martín explora el proceso de interiorización de la violencia externa, exponiendo el mundo de demonios internos, de impulsos turbios y ambiguos que resultan a su vez en la violencia irracional. La investigación criminal va casi siempre acompañada de la indagación psicológica de conductas desviados, la revelación del mundo de fantasmas interiores, de aprensiones, de debilidades superadas con la consecución y el ejercicio del poder.

Muchos conflictos normalmente no tratados abiertamente en la narrativa española, son expuestos en las novelas de Martín con pasmosa naturalidad. Una característica distintiva de su obra es precisamente la continua exploración de los conflictos psíquicos y sexuales, de lo irracional e inexplicable de la agresión, con franqueza y sin tapujos, temática poco tratada por los demás autores policiacos españoles. La naturalidad en el tratamiento de esta problemática se ve en la aparente crudeza y el atrevimiento del lenguaje. (Véase al respecto el pasaje en los urinarios públicos en *Prótesis* o de las prácticas sexuales de Alicia en *Amores que matan*.) Estos conflictos son explorados con gran amplitud en *Prótesis*, para muchos la mejor novela de Martín, publicada en 1980. En ella se relata la particular relación de enfrentamiento-atracción, de amor-odio, agresor-víctima entre el Migue, un violento delincuente juvenil, y el Gallego, un ex policía particularmente sádico. Como reza en la carátula del libro al Migue «lo arrastra una violencia que nunca buscó y que siempre le ofrecieron como única posibilidad de supervivencia»; el Gallego por su parte «echa de menos la violencia, a la que siempre vio como una manifestación suprema de la vida». El hilo argumental sigue el proceso de búsqueda del Gallego por parte del Migue, movido originalmente por el terrible deseo de venganza contra el ex policía que años antes le había quitado los dientes brutalmente en la comisaría a golpes de pistola para mantener oculta la episódica relación homosexual habida entre ambos en el pasado. Después de haber servido en la cárcel su condena y de haber pasado varios años «limpio» madurando su venganza, el Migue planea un atraco al camión blindado que el Gallego protege como guardia jurado desde que fue expulsado de la policía a raíz del incidente con aquél. Cuando el Migue se encuentra finalmente con el Gallego se queda aterrorizado, descubre que es incapaz de matarlo a sangre fría como era su intención y se escapa. El Gallego, perseguido también durante años por el miedo y el deseo de venganza (pues el Migue fue la causa de su expulsión del Cuerpo) acepta el desafío y comienza así su propia búsqueda del Migue, hasta que finalmente ambos se reencuentran en una escena de violencia y sadismo sin par; según se descubre a lo largo de la novela, sólo a través de la violencia son capaces de conseguir la satisfacción del deseo. La voluntad de dominio sobre el otro se resuelve a través de la agresión, o de la violación. La novela termina con la castración del Migue por parte del Gallego, reafirmando simbólicamente su poder perdido al despojarle de su virilidad, y la muerte del Gallego a manos de Nena, la compañera adolescente del Migue. Por debajo del motivo de venganza se deja entrever un turbio sentimiento *unheimlich* que revela la evolución de los personajes, del odio a la atracción. En una entrevista mantenida con el autor, éste reconocía la conflictiva ambigüedad de la relación entre ambos personajes:

> Los motivos de la venganza están muertos, lo que vale es la evolución del personaje; y aunque ese personaje se haya engañado a sí mismo diciendo que aquello sigue vivo en él y que debe ser limpiado, lo que de verdad vive en él es una cosa completamente distinta; es una evolución química que ha dado lugar a otra cosa, y en el momento de llevarlo a cabo se da cuenta que es distinto; hasta el punto de que Vicente Aranda (que hizo la película *Fanny pelopaja*), como muchos lectores, tradujo el odio inicial directamente por amor. Hasta tal punto puede darse la evolución de un sentimiento.[11]

Es conveniente notar el efecto normalizador que consigue la versión cinematográfica de *Prótesis* al someter el original de Martín a un particular proceso neutralizador de su carácter siniestro, sustituyendo al Migue por un personaje femenino, haciendo así la compleja y siniestra relación entre los dos protagonistas más familiar, volviéndola menos *unheimlich*.

La metáfora central de *Prótesis* y lo que le da el título a la novela es la siniestra dentadura postiza que lleva el Migue, alias El Dientes, lo cual sugiere una transformación de lo familiar en siniestro. En primer lugar, tras aquello que en apariencia se percibe como familiar (una dentadura normal) se revela algo que verdaderamente no lo es (un postizo, un elemento extraño, foráneo, siniestro) y que resulta amenazante (despierta el temor de la desmembración, el miedo a la castración). Además esta imagen conjura otras amenazas no menos siniestras y estremecedoras, la violencia de las fuerzas transgresoras y subversivas, por una parte, y la contraviolencia encargada de reprimir a aquélla, por otra. Como el mismo Martín explica a Patricia Hart:

> [...] muchos personajes dentro de la novela [...] funcionan como prótesis dentro de una sociedad enferma. La función que tienen los dientes en la boca del Migue es exactamente la función que tiene el Migue dentro de la novela y dentro de la sociedad en

---

11. Entrevista personal con Andreu Martín, Barcelona, 15 de julio de 1987.

que vive. Es un mordisco, y esto es una prótesis de la que está necesitada nuestra sociedad para despertar de una vez [...] De la misma forma [...] una prótesis es también la policía para una sociedad coja que de un momento a otro se va a caer de cabeza [*The Spanish Sleuth*, 124-125].

La doble articulación de lo siniestro (lo amenazante detrás de lo familiar), y la recíproca relación de causa-efecto de la violencia (del sujeto y del sistema) se expresan en *Prótesis* con un particular efecto estremecedor y desestabilizador. Desde la primera página se nos ofrece la siniestra clave de terror en que la novela debe ser leída. El párrafo con que se inicia la novela ya pone en pleno funcionamiento el proceso amenazante y desestabilizador:

No hay nada más siniestro que la sonrisa de una calavera. Es un rictus petrificado, frío, inexpresivo e inmutable. Dientes apretados en un mordisco feroz. Es un cepo que se cerró de golpe, clap, y nunca jamás soltará a su presa. Es una carcajada contenida y sin alegría, sonrisa de compromiso, sonrisa de dolor, amenaza de crueldad. Mueca forzada de verdugo que finge ser tu amigo antes de hacerte daño. Ahora no pasa nada divertido, no hay motivo para reír, pero dentro de poco, ya verás dentro de poco, sólo de pensarlo... Estallará la risotada cuando gimas y llores de miedo, cuando te retuerzas de dolor. La sonrisa de una calavera sugiere cuencas vacías, que son ojos que miran hacia el interior del cráneo y se regodean en la visión de pensamientos putrefactos. Sugiere corrupción, y gusanos, y huesos que se oxidan lentamente mientras esperan la hora de la revancha.

Miguel Vargas Feinoso tiene su sonrisa de calavera metida en un vaso de cristal, con agua y una pastilla de Corega Tabs [*Prótesis*, 9].

Este pasaje nos ofrece un ejemplo del efectivo uso del lenguaje de Martín, duro, estremecedor, brutal, burlón, impasible, desprovisto de sentimentalismos; un lenguaje directo y contundente, con fuertes imágenes impactantes. Demuestra su gran habilidad para transmitir el efecto siniestro, estremecedor, en progresión climática por medio de las reiteraciones obsesivas e insistentes, el uso efectista de la onomatopeya, la explotación del campo semántico de la risa y el dolor, los silencios expresivos y el golpe de ironía final, al revelarse que todo lo siniestro se esconde tras una simple dentadura: la mueca que se transforma en «carcajada contenida y sin alegría», una sonrisa que se revela tétrica amenaza, que se descubre trampa mortal, la aparente benevolencia que se transforma en maldad («el fingimiento del verdugo»), el efecto de miedo, de pánico, la transformación y la amenaza interna de lo desconocido y lo extraño al mirar hacia adentro y descubrir el mundo de demonios interiores («pensamientos putrefactos»).

Este descubrimiento del efecto siniestro del terror urbano marca toda la obra de Martín. La exploración de la irracionalidad y del horror desconocido que se esconden tras la normalidad y la manifestación de la violencia desmesurada tienen un efecto amenazante, desestabilizador, y en absoluto reconfortante. Pero la violencia y el horror en la novela de terror urbano de Andreu Martín no son gratuitos ni postizos, son el mordisco necesario para resensitivizar los sentidos adormecidos, para sacar las conciencias del letargo, para sacudir el aparente orden de normalidad y darnos cuenta de la estremecedora otra cara de lo real. La ambigüedad y el doble carácter de la realidad son también característica predominante en *Si es no es*, novela en la cual se explora el tema de la doble personalidad a través de varios personajes que poseen una personalidad dominante y otra dominada, una de agresor y otra de víctima. En ella se descubre que Luis Bermejo, el marido engañado, vilipendiado y ridiculizado por su mujer, vivía otra vida con su amante Esther y bajo el nombre de Mario Spadavecchia se dedicaba al espionaje industrial para una empresa rival, mantenía una relación homosexual con su amigo Pablo y acaba cometiendo el asesinato de su mujer. Juan Ges, el protagonista investigador encargado de encontrar al desaparecido Luis, también se revela como un homosexual latente que rechaza ese lado de su personalidad desde que su psicólogo le hizo consciente de que su crónico temperamento violento era una manifestación de la represión de sus deseos; la presentación de la ambigua y conflictiva personalidad de Ges es realizada de manera efectiva por medio de la desmembración del discurso novelístico: la confusión de los planos temporales y de los pensamientos de los personajes que interrumpen el desarrollo de la acción argumental, especialmente en el último capítulo donde se revelan sus sentimientos ocultos, durante el enfrentamiento mortal entre Ges y Pablo, el amante y asesino de Luis Bermejo. La narración de la lucha cuerpo a cuerpo entre Ges y Pablo se ve mezclada sin separación o advertencia previa con intermitentes secuencias imaginadas por Ges (frustrados devaneos amorosos con chicas), o con las rememoraciones de Pablo:

> Ges lanzó un golpe a la nariz. El cuerpo del otro se le vino encima como un fardo, incapaz de hacer otra cosa que aplastarle con su peso. Inesperadamente, Pablo rodó al suelo del coche, patas arriba. Mientras se besaban, la recepcionista tenía los brazos sobre los hombros de Ges. Estaban jugueteando con la humedad de los labios y la calidez del aliento antes de empezar a actuar con la lengua. Tratando de abalanzarse sobre su rival, Ges se golpeó una ceja contra el salpicadero y retrocedió, acomodándose sobre el asiento. A Pablo no le dio tiempo de incorporarse. Ges ya estaba encima descargando sus tacones, pisoteándole con saña [*Si es no es*, 232].

La confusa mezcla de situaciones y sentimientos de este pasaje sugiere la perversa atracción de la lucha física y de la violencia similar a la encontrada en *Prótesis*: la satisfacción del impulso sexual reprimido a través de la violencia brutal. Esta misma estrategia narrativa es empleada para presentar el otro tema recurrente en la novela: el poder castrante de la formación del individuo, el poder de subyugación de la familia, y la correspondiente rebelión contra la represión paterna, la primera forma de represión experimentada por el individuo. A este respecto es ejemplar el caso de Ges, que sufre a la vez la represión, la impotencia, la ineficiencia, la obsesión sexual, la necesidad de agredir, a causa de la opresiva autoridad de la madre; Ges, siguiendo el consejo de su psicólogo, había logrado abandonar su conducta violenta al escaparse de la tiranía materna huyendo a Barcelona. Su situación parecía haberse resuelto para bien, pero no fue duradera:

> Hasta que llegó *Mamá*... La presencia de *Mamá* había interferido en todas las operaciones amorosas que Ges había emprendido. En cuanto se encontraba con la candidata de turno, le parecía escuchar la voz de Mamá diciendo despectivamente «¿Y ésta quieres que sea tu novia?» y, a partir de entonces, se iniciaba, nacía un diálogo mental que le impedía concentrarse en lo que estaba haciendo [*Si es no es*, 158].

Ges se ve acosado por el fantasma omnipresente de la madre del investigador que se interpone simbólicamente en el funcionamiento sexual del protagonista y en los momentos de violencia en la lucha. Nuevamente, la interrupción de la acción argumental por parte de la madre revela de manera irónica su gran poder de control sobre su hijo, al intervenir como censora durante su frustrada experiencia sexual con la abogada Irene Alaina:

—Puedo invitarte a otra cosa. Aún tenemos mucho de que hablar.
«¿Pero no ves que sólo quiere seducirte?» «¡Déjame en paz, Mamá!»
—¿De qué? —dijo, sin resuello. Le pareció que cada latido de su corazón era como un martillazo en su espalda.
—De lo que *ya* sabes, de Bermejo, por ejemplo.
«Te quiere enredar. Es una ninfómana.»
«¡Vete a la mierda, Mamá!»
—Ya te lo contará él cuando venga. Buenas tardes [165].

De manera irónica Ges se refiere al poder del matriarcado al reflexionar sobre su particular situación: «el matriarcado había caído sobre él y lo había acorralado en su propio piso» (109). En sus repetidos sueños, su madre le sofoca simbólicamente con la almohada, hasta que al final en el momento de su muerte el protagonista se desquita asfixiando imaginariamente a su madre, intercambiándose así finalmente los papeles de agresor y víctima.

El otro caso de relación paterno-filial conflictiva en la novela es el protagonizado por El Rami, que forma un hilo narrativo independiente de la historia principal de la investigación de Juan Ges; El Rami también tiene una doble personalidad conflictiva, como humilde cumplidor de los groseros caprichos de su padre y como secreto violador y asesino de mujeres. Es un joven sometido a una constante humillación y degradación por parte de su viejo padre, quien continuamente ponía en ridículo su virilidad y al que servilmente debía procurar prostitutas para satisfacer sus deseos sexuales. Para compensar su degradación, el joven comete una serie de violaciones y asesinatos de mujeres para así demostrar su poder ante los demás y demostrar su virilidad ante sí mismo. Nuevamente, la víctima del poder reacciona convirtiéndose en violento agresor.

En *Amores que matan ¿Y qué?* el tema es el incesto-violación ritual de la joven Alicia desde pequeña por parte de su padre Juan Amorós, que deja a su hija psicológicamente marcada de manera permanente; el poder de la autoridad paterna y la violencia de su fuerza bruta se aúnan sobre una víctima inocente. A Alicia, la asociación del acto sexual con el poder paterno, con la violación, le impedirá totalmente el disfrute sexual. Cuando cumple la mayoría de edad la joven se escapa de casa y, en venganza contra su padre, se dedica a la prostitución, encontrando en el sexo oral la posibilidad de ejercer el poder sobre los hombres, ya que, según ella, «tienes al tío a tu disposición, a tu merced [...] Y eso hace que seas tú la que manda: [...] eres tú la que lo está violando a él, y no él a ti» (158). De esta manera, Alicia puede pasar de víctima a doblemente agresora. En su exposición de las relaciones de poder a nivel social o individual, las novelas de Martín escapan del maniqueísmo esquemático y reductor. La identificación de los agresores y las víctimas con los buenos y los malos respectivamente no se cumple nunca totalmente en su mundo novelístico, ya que todos los personajes son profundamente ambiguos, tienen algo bueno y algo malo, algo de víctimas y algo de agresores. El reparto de buenos y malos no se ordena exclusivamente según el estamento social o la condición, como es costumbre en la serie negra. El abuso, la corrupción del poder están generalizados, pero como confesaba en *Amores que matan* el delincuente y ayudante ocasional del investigador el *Titi* «en la policía, como en cualquier otra profesión, hay gente buena y mala. Y los buenos son buenos, pero los malos tienen algo que es una ventaja para ellos y una desventaja para los demás. Esto es: el Poder. El Poder que les confiere una placa. Y el miedo que la mayoría de los ciudadanos tiene a esa placa» (70). Sorprende el tratamiento casi inaudito en la narrativa española de la figura del policía como ser humano no tipificado. Martín explora la marginalidad de la figura autoritaria por excelencia, la del agente del orden. El propio autor destacaba que «la actitud social, psicológica de la policía suele ser la prepotencia, pero eso no significa que no sean unos marginados a nivel individual» («Interrogatorio», 22). En *A la vejez, navajazos* novela de patrón más parecido a una novela de intriga a la manera clásica que a una novela policiaca negra, se plantea la labor policial como una tarea asignada y cumplida al margen de cualquier clase de código ético. Sin embargo, Javier Lallana, un nuevo agente de policía, descubre las implicaciones morales y las contradicciones de su oficio, y al mismo tiempo se revela como un ser de características humanas al hacerse consciente de sus propias contradicciones y ambiguos sentimientos. Simi-

244

larmente, el protagonista de *Barcelona Connection*, el agente de policía Huertas, se presenta como el único policía honesto en contra de la corrupción general de todas las fuerzas del orden.

De todos los autores policiacos españoles, sin duda es Martín el que hace un uso más extenso de la violencia, reflejando en ella claramente esa ambigüedad de rechazo y atracción hacia la maldad, la agresión y la compleja conversión de víctimas de la violencia en violentos agresores. Es esa tendencia hacia la exploración del horror y la irracionalidad junto con el empleo de la violencia desmesurada lo que distingue a Martín del resto de narradores policiacos españoles.

La propensión hacia la exploración de lo irracional y del subconsciente (la agresividad, la perversión, la locura, la alucinación, la esquizofrenia) explica la tendencia de Martín a la narración policiaca desde el punto de vista del criminal (*Prótesis, El día menos pensado, El hombre de la navaja*), o del protagonista problemático en conflicto con la ley (*El caballo y el mono, Si es no es, Aprende y calla*). Esta experimentación con el punto de vista es constante en la narrativa de Martín —perspectiva restringida autobiográfica o multilateral—, como lo es la renovación de los esquemas —investigación, búsqueda, persecución, o venganza— y de la estructura formal en cada novela —de acción argumental lineal o zigzagueante, interrumpida o en contrapunto. Las novelas de Martín buscan continuamente nuevas formas para sorprender: no tiene protagonistas fijos y repetidos en sus obras, siendo el único autor policiaco español especializado que no ha creado una serie novelesca alrededor de un personaje central.

Tras la aparente claridad de la escritura y espontaneidad de la narrativa de Martín, se oculta una gran maestría y control en la utilización de los patrones del género. Sus novelas tienen la capacidad de despertar la curiosidad del lector y al mismo tiempo ponerlo en vilo, aterrorizarlo y excitarlo a la vez; hacerle sentir como sienten sus personajes. En sus mejores momentos Martín procede a la creación de un lenguaje nuevo, sin antecedentes directos en la literatura española, ágil, vivaz, coloquial, duro y frío, brutal y sincero, distanciado y burlón, que llega a asemejarse al lenguaje visual de Buñuel.

Igualmente calculado en las novelas de Martín es el ritmo narrativo, eminentemente cinematográfico en la secuenciación, el contrapunto, las tomas oblicuas, la utilización del ojo de la cámara como punto de mira (el principio de *Aprende y calla* cuyo motivo central es un guiño al Antonioni de *Blown Up*). El efectismo del estilo de Martín se muestra también en los juegos imaginativos con los signos de puntuación:

> —¿Luis, suicidarse? —exclamó Ana con énfasis exagerado—. ¡Ca! ¡Es demasiado fuerte para eso...!
> Los puntos suspensivos se agrandaron, se convirtieron en grandes globos que llenaron la habitación, que paralizaron los movimientos de todos por un segundo mientras una idea común los aterrorizaba a los tres [*Si es no es*, 86].

> Dejó los puntos suspensivos flotando en el aire, se agarró a ellos para ponerse de pie y, regodeándose en la cara de suspicacia que le dedicaba el policía, formuló una frase de despedida y se fue [*Amores que matan ¿Y qué?*, 110].

Una última característica del estilo de Martín es su humor, que va de lo más lúdico a lo más negro y macabro, de lo más sutil a lo más fácil. Esa utilización del humor, que lo separa del humor paródico y absurdo de las novelas de Mendoza o Juan José Millás, o de la fina ironía crítica de Vázquez Montalbán, lo acerca, sin embargo a Juan Madrid, con el que sin duda está mucho más relacionado en su planteamiento general de acercamiento al género policiaco.

La novela del hampa de Juan Madrid

Muchas de las observaciones realizadas sobre la obra de Andreu Martín pueden aplicarse igualmente a la de Juan Madrid, puesto que ambos escritores coinciden en su seguimiento fiel a los patrones de la novela policiaca negra. Los dos autores se sirven del género para realizar una reflexión crítica sobre la vida contemporánea española, revelando los aspectos menos agradables de la realidad, las relaciones de poder en la sociedad, la degradación de los valores humanos, y su traducción en forma de crimen y violencia. Igualmente, ambos novelistas emplean un lenguaje duro y crudo en consonancia con la temática de su obra, de vertiginoso ritmo y fuerte acción y con un tono profundamente amargo e irónico. Por encima de estas similitudes, la obra de cada uno de estos autores es muy singular y difícilmente confundible. La obra de Juan Madrid constituye quizás el ejemplo más químicamente puro de novela negra en España, sin distorsiones o devaneos; Andreu Martín, a pesar de ser enormemente fiel a los patrones básicos del género, frecuentemente deriva en sus novelas hacia la exploración de la irracionalidad y del horror de la vida cotidiana, con un resultado más absurdo y burlón. El apego a las fórmulas del género es mayor en Juan Madrid; su estilo, más sobrio y directo, menos sobrecargado; en sus novelas apenas hay lugar para digresiones o injertos.

El grueso de la obra policiaca de Juan Madrid lo forman dos series narrativas; una en torno a la figura del investigador Toni Romano, compuesta hasta la fecha de tres títulos, *Un beso de amigo* (1980), *Las apariencias no engañan* (1982) y *Regalo de la casa* (1986). La otra, basada en los guiones escritos para la serie televisiva *Brigada Central*, está constituida por 13 novelas individuales. Al margen de estas dos series, Madrid ha escrito una novela policiaca larga, *Nada que hacer*, una novela policiaca corta publicada en una colección juvenil, *Hotel paraíso*, y dos colecciones de cuentos negros, *Un trabajo fácil* y *Jungla*, aunque ninguno de los cuentos en ellas incluidos se puede considerar verdaderamente policiaco.

El ciclo de las novelas de Toni Romano, al igual que la serie Carvalho de Vázquez Montalbán, constituye una pequeña crónica de la época de la transición democrática española, aunque a menor escala. El propio autor confesaba durante una entrevista con él mantenida el propósito crítico e intrahistórico de su proyecto novelístico:

> Es una anti-epopeya de los discursos políticos y del canto a esta sociedad lo que pretendo, una anti-epopeya de la sociedad urbana.
> La primera novela de Toni Romano es la transición de 1977, *Las apariencias no engañan* es de Suárez, y *Regalo de la casa* es del PSOE, y ya no hay más, ya se completó la transición.[12]

Esta «anti-epopeya» de la vida urbana tiene un cierto cariz de cuadro costumbrista, en el retrato rápido y esquemático pero efectista de una época, los años de la transición político-social. Juan Madrid muestra marcada preferencia por los mundos bajos de la ciudad donde habita la miseria, los ambientes del hampa, los personajes históricamente marginados en la sociedad —y

---

12. Entrevista personal con Juan Madrid, Madrid, 7 de julio de 1987.

marginados también en la literatura—. Juan Madrid quiere dar voz precisamente a ese mundo marginal de la gran ciudad, de mendigos, locos y borrachos, prostitutas y chulos, camellos, confidentes, chorizos y espadistas —generalmente ausente de la literatura española y sólo marginalmente representado en las novelas de Baroja o de Ignacio Aldecoa—, pero alejándose conscientemente de la literatura social-realista de posguerra.

Madrid encuentra en el cine y en la novela negra norteamericana los medios adecuados para realizar su propósito, empezando por la figura clave del policía, según el autor, el vehículo ideal para retratar el mundo que le rodea e interesa. El policía es un personaje a caballo entre el mundo del Orden y el mundo del hampa, con una perspectiva dual idónea para narrar desde dentro y fuera al mismo tiempo. Así lo expresaba en otro momento de la misma entrevista:

> Yo ya partía de la idea de que el policía es el narrador perfecto del mundo contemporáneo desde hace 200 años. El policía es la invención más moderna de la sociedad burguesa; es el guardián de la ley y del orden; al mismo tiempo es corrupto, tiene todo el poder, y es el escalón más bajo del poder. Está en contacto con el nuevo fenómeno de la sociedad industrial que es el delito... Para mí, el policía es capaz de narrar mejor que nadie lo que está pasando en el mundo contemporáneo, de la misma manera que el cura en la Edad Media y el soldado en las guerras de religión.

Juan Madrid elige precisamente como narrador y protagonista de su primera saga policiaca contemporánea a Toni Romano, un ex agente policial que se había incorporado al Cuerpo como medio de escapar de la miseria del barrio, después de haber intentado salir adelante como boxeador profesional sin conseguirlo. El propio Romano se confiesa así abiertamente:

> Durante mucho tiempo pensé que [...] me había librado del destino que atenazaba a los muchachos de mi barrio y a mí de una manera especial, porque yo lo único que sabía hacer era dar puñetazos. Por eso cuando me propusieron entrar en la Escuela de Policía, acepté sin pensarlo. Yo, entonces, comenzaba a abrirme camino como boxeador profesional y ser policía, con todo lo que traía consigo, me parecía lo mejor del mundo. Podría fumar cigarrillos emboquillados, llevar pistola, vestir buenos trajes y ser respetado [*Las apariencias*, 97].

Toni Romano ejerció de policía por algún tiempo durante el régimen franquista y dimitió del Cuerpo (o fue expulsado, nunca está demasiado claro) por su enfrentamiento al orden corrupto e injusto. Desde entonces, Romano vaga sin oficio ni beneficio trabajando esporádicamente de agente de seguridad, cobrador de impagos o investigador ocasional, lo que le permite una visión directa de la realidad urbana, como puente entre el mundo del orden y los ambientes delictivos, entre los poderosos y los marginados, con conexiones dentro y fuera del Cuerpo y un conocimiento práctico del funcionamiento del sistema. Madrid acierta a dar una visión nueva y desconocida de una época particular llena de incertidumbres y cambios radicales a través de la perspectiva de Toni Romano, con su contradictoria trayectoria de muchacho de barrio a policía, símbolo vivo de los años de represión franquista, y ciudadano crítico y marginado de vuelta en el barrio. Por medio de Toni Romano, enfrentado al pasado —y a su propio pasado— e igualmente descontento con el presente, se realiza una revisión de la historia colectiva que deja traslucir la corrupción y represión de una época y permite entrever los viejos sueños de otrora, de involucración política y deseos de libertad. Romano recuerda su pasado por la policía con amargura:

> Había veces que no distinguía entre ladrones de bolsos y ladrones sentados en despachos con secretarias y cargos sindicales. Cosas que había que callarse y otras que no. Ciertas actuaciones a muchachos y muchachas cuya actividad más delictiva consistía en soñar un mundo mejor. Y quienes mandaban aplicar los correctivos eran casi siempre gente tan corrupta y manchada de sobornos que daba asco [*Un beso*, 43].

La particular postura del narrador-protagonista frente a la sociedad, totalmente incrédulo ante la posibilidad de regeneración de la misma, siempre movida por los mismos bajos e innobles motivos, otorga a la novela una perspectiva cínica y amarga. Conocedor de la represión e injusticia del pasado y desilusionado con los nuevos tiempos, Romano no está seguro de que las cosas hayan cambiado mucho con la transición. Su espíritu inconformista pone en tela de juicio el orden presente. En el caso de Toni Romano, es bien cierto que las apariencias de regeneración no engañan:

La policía, a pesar de los discursos y de las pamplinas que se escribían sobre ella, no servía para defender a los ciudadanos, sino para vigilarlos. Éramos una especie de guardia pretoriana de unos pocos, pagados por todos [...] Y los sobornos, sobornos encubiertos y sobornos claros y descarados que se efectuaban sin ningún rebozo y que se disimulaban como regalos, viajes pagados, créditos para comprar pisos y sueldos en organismos tales como las Mutualidades Laborales o los Sindicatos verticales. Sé de comisarios con cuatro sueldos, algunos de profesor, acudir a burdeles encubiertos y después condenar a prostitutas apelando a la Ley de Peligrosidad Social. A cambio de tanta corrupción, se conseguía una policía fiel y dedicada a encarcelar a melenudos gritones que pensaban que acabando con el dictador terminaría la mierda en el país. Y el que no aceptaba aquellas cosas era tratado como sospechoso o imbécil. Me han dicho que las cosas ahora han cambiado. No lo sé [*Las apariencias*, 98].

El trasfondo político-ideológico en las primeras novelas de Madrid, como se puede observar en estos pasajes, es bien explícito; en muchos diálogos de los personajes se trasluce sin apenas interferencia una crítica de la sociedad con cierto valor propagandístico, que en ocasiones puede resultar excesivamente obvio (es interesante recordar al respecto que el autor ha reconocido con cierta ironía haberse formado como novelista precisamente escribiendo panfletos de propaganda política para el Partido Comunista de España durante su ilegalidad). Madrid no busca el encanto y la fuerza de la sugestión y de la ambigüedad, del poder convincente de lo no expresado; por el contrario, el lector se encuentra con diálogos y monólogos explicativos e intencionados. Así, por ejemplo, en *Las apariencias* Santos, otro ex policía y antiguo compañero de Toni Romano ahora al servicio del poderoso Céspedes que controla y subvenciona las bandas terroristas neofascistas, se expresa sobre el tema de la doble moralidad y las falsas apariencias de la sociedad respetable:

—Son caballeros, quiero decir que visten como caballeros, pero son rufianes. A su lado, toda la ralea que he visto en mi vida de policía parecerían colegiales haciendo travesuras. Pero hay que estar con ellos. Siempre, de alguna manera, se termina bajo las órdenes de un Céspedes o un Cazzo. Y es mejor sacar tajada [77].

Después de tantos años en la policía lo que hago es boicotear huelgas, infiltrar gente en los comités sindicales y vigilar obreros que ese cabrón de Céspedes y sus esbirros consideran rojos. Y gano mucho dinero, sí mucho ¿y qué? ¿quieres decírmelo? [202].

Zacarías, el chófer de la familia del poderoso Cazzo, amante de la mujer del patrón e involucrado en el chantaje al jefe rival Céspedes, se manifiesta igualmente de manera harto obvia sobre el mismo tema al hablar con Romano:

> ¿Por qué nosotros, los servidores, entre los que te incluyo, plasta, tenemos que ser honrados? ¿Quieres decírmelo? Ellos no lo son, extorsionan, chantajean, engañan y explotan sin compasión y nosotros, por el contrario, tenemos que jugar a otro juego [...] Llevo al servicio de señores casi toda la vida y la diferencia que existe entre ellos y yo, está en las apariencias. Ellos fingen continuamente y nosotros, la gente de nuestra clase, tú y yo, plasta, no tenemos necesidad de aparentar nada. Somos lo que somos [209].

El trasfondo ético, explícito en sus primeras novelas, se hace más evocador, sugestivo, insinuante y ambiguo en las posteriores *Nada que hacer*, más innovadora técnicamente, y *Regalo de la casa*, novela excelentemente construida y acabada, de estructura circular. En ellas a pesar de que se nota un mayor distanciamiento temporal, correspondiendo a la última fase de la transición, es especialmente fuerte el peso del pasado. *Nada que hacer*, marcada por los *flashbacks* recurrentes y desordenados de Silverio Roca, es una historia de venganza anclada en el pasado y resuelta en forma de persecución muy en la línea de *Prótesis*, de Andreu Martín. *Regalo de la casa* superpone dos facetas distintas del protagonista y dos líneas argumentales que traen a la memoria *The Long Goodbye*, de Chandler: la historia de la investigación realizada por Toni Romano desinteresadamente como ajuste de cuentas con su pasado de la muerte de Luis Robles, un viejo amigo asesinado y, por otra parte, la historia de una serie de trabajos a comisión para cobrar impagos que el protagonista lleva a cabo sin compasión. La superposición de ambas historias, que convergen de manera natural al final, deja entrever de manera velada pero convincente la ambigüedad moral del protagonista.

La gran deuda con la novela negra americana (el patrón investigativo, la estética dura, el lenguaje cortante, la acción rápida, el tono amargo y pesimista, el relativismo moral), no oculta la relación de las novelas de Juan Madrid con otros géneros

afines a la tradición literaria española, tales como son la picaresca, en la presentación directa y autobiográfica del mundo delictivo más bajo, o el costumbrismo popular, en los continuos
devaneos por las calles de Madrid en la tradición de Galdós, la
presentación de un sórdido mundo urbano y el empleo de un
lenguaje escueto, sobrio y «natural» con una gran economía de
medios a la manera de Baroja, su autoconfesado maestro.

El autor recrea en sus novelas las calles y plazas del Madrid
viejo, Malasaña, La Latina, Plaza Mayor, con descripciones costumbristas de los establecimientos, bares y tugurios, llenos de color y
olor, retratos no embellecedores ni idealizadores pero sí cargados de
toda la belleza y la miseria de la gran ciudad. Sus novelas nos des-
criben ese otro Madrid de cafés de mala muerte, de bares nocturnos, de garitos y pensiones, de pubs y de salas de masaje, de discote-
cas y salas porno. Romano nos lleva por lugares nocturnos como La
Luna de Medianoche, el Club Melodías, el Gavilán, la cervecería el
Danubio, La Joya, la taberna del café Felipe, Casa Justo, el bar Torre
Dorada de su prima Dora, el bar Durán de camioneros o la Pensión
Zafiro, lugares reales o imaginarios, pero siempre retratados con la
misma mezcla de ternura y crudeza:

> El Restaurante el Diamante está en la calle del Pozo al lado de
> una vieja pastelería que hace las mejores empanadas de hojaldre y
> salmón del mundo y sirve comidas ininterrumpidamente día y
> noche. Por si usted quiere comer algo después de la una y media
> de la madrugada, debe dar la vuelta, entrar en el portal de al lado
> que huele a orines de gato y está oscuro y llamar a una puerta
> lateral que se encuentra a la izquierda según se entra [179].

Esa misma combinación de crudeza y poesía encontramos
en el tratamiento de la larga serie de tipos populares que habitan su Madrid novelesco, personajes marginales, olvidados de la
sociedad, un desfile de tipos humanos trazados a brocha gorda
pero con mano firme: confidentes e informadores como el Loco
Vergara (fascista empedernido como Bromuro, de la serie Carvalho), el Yumbo o el Chirla y su novia travesti Perita, camare-
ros como Ricardo o el Boleros, Justo (veterano de la guerra de
Marruecos), el macarra Botines, Zazá Gabor, músico de acor-
deón y su hermano el Rey Mago (ropavejero y corruptor de menores), el tabaquero Chankaichepa o el ciego Doroteo (vendedor
de lotería). De los múltiples retratos de tipos populares escoge-

mos al azar el del Dartañán, uno de los últimos *espadistas* de Madrid, ya retirado del oficio:

> Al día siguiente encontré a Ricardito Conde, alias Dartañán, a las diez de la noche en un bar pequeño de Lavapiés llamado El Escalón. Estaba con su perro Rumbo Norte y mantenía una animada charla con dos parroquianos atentos.
> Seguía siendo un tipo delgado, moreno y con un afeitado perfecto. Gastaba un fino bigote blanco y sus ojos azules le daban el aspecto juvenil que poseen todos los falsificadores y tahúres [*Regalo*, 151].

Hay un cierto componente sentimental en la plasmación de personajes y lugares cargados de recuerdos de un pasado perdido, una mezcla de nostalgia de otros tiempos acaso más sencillos y sin ambigüedades y a la vez resentimiento contra el pasado de miseria y opresión. En el retrato del Boleros, por ejemplo, se transparenta la inseguridad del presente, el desencanto con la realidad del entorno:

> Era un hombre delgado y pequeño y aunque tenía mi edad conservaba una cara de niño que acentuaba con su extraño peinado a lo Elvis Presley. De movimientos rápidos y precisos, estaba catalogado como uno de los mejores *espadistas* de Madrid, profesión de la que ya quedan pocos. El Boleros era de una época perdida, donde robar sin hacer daño y a base de habilidad, se había convertido en una estupidez [*Las apariencias*, 61].

Toni Romano se mueve a gusto por entre la gente de la calle, ese mundo de personajes marginados y olvidados. Sabe cómo conducirse por esos ambientes, conoce los códigos de conducta y la manera de relacionarse con cada uno. Sabe cuándo funciona la amenaza o la amistad, la generosidad o el soborno, las buenas maneras o el puñetazo, conoce el lenguaje apropiado en cada clase, y cómo emplear el argot del hampa cuando se dirige a una prostituta: «He dicho que dejes de llamarme jefe y vete. Pero si me has *tapujado*, vuelvo, te *amanillo* y luego te modifico la geró» (*Las apariencias*, 87).

A pesar de que Romano tiene una perspectiva global cínica de la sociedad, de que es duro e impasible con sus enemigos, los poderosos, despliega, sin embargo, una gran humanidad en su relación cotidiana a pequeña escala con los tipos más insignificantes y marginados de la gran ciudad. Demuestra comprensión y compasión hacia los derrelictos, los personajes más débiles y excluidos de la sociedad. Encuentra el valor de los sentimientos humanos en el mundo de la miseria, lo que hace a éstos todavía más valiosos. Aprecia por encima de todo valores nobles como solidaridad, fidelidad, amistad, camadería y generosidad. Es gran amigo de sus amigos, sabe perdonar con nobleza a los que le han perjudicado (el Chankaichepa o el Boleros, el chófer Zacarías). En el fondo, el héroe de Juan Madrid es un sentimental que escuda sus sentimientos en la dureza, como el Philip Marlowe de Chandler.

También en el aspecto estilístico, Juan Madrid muestra un gran aprovechamiento de la técnica narrativa de Chandler, en el uso de comparaciones inusitadas y grotescas, creando efectos visuales de gran poder evocador que ayudan a establecer una atmósfera determinada:

> El portero del Rudolf Bar vestía como un domador de leones de circo austríaco. Las luces de la puerta le caían encima como una lluvia de oro y hacían que su sonrisa refulgiera como si estuviera pintada con purpurina [*Regalo*, 69].

Los abundantes golpes visuales comunican el cinismo, el desapego, la crudeza de la vida urbana, como demuestran las siguientes imágenes impactantes llenas de ironía que sacuden al lector:

> Las balas blindadas de mi Gabilondo le habían convertido la cara en algo semejante a un plato de callos crudos [*Las apariencias*, 21].

> Su cara era gorda y grande, con una boca redonda que semejaba al desagüe del lavabo de una pensión barata [*Regalo*, 106].

> No estaba muy acostumbrado a sonreír, pero movió los labios y enseñó parte de la dentadura negra y escasa. Parecía una puñalada en un tomate podrido [...] La joroba le abultaba la chaqueta como un pecado que pugnara por salir [*Regalo*, 146].

Muchos de los golpes de efecto empleados por Madrid en sus novelas dependen directamente del contexto histórico del momento, la época de la transición democrática en España, lo que le otorga una gran inmediatez. Así las alusiones a conocidos políticos que hicieron carrera con Franco y se convirtieron en «demócratas» durante la transición:

La oscura e invisible mujer de Charli lanzó unos sollozos más falsos que la declaración de renta de Girón [*El beso*, 45].

Estaba más oscuro que las intenciones de Millán Astray en el monte Gurugú [*El beso*, 71].

Yo era el único con chaqueta y corbata. La verdad es que entonaba tanto allí como Virna Lisi en casa de López Rodó [*El beso*, 121].

La ironía y el humor están siempre presentes en la obra de Madrid, un humor amargo y negro, evidentemente, que transparenta un fuerte sentimiento de decepción ante la realidad. Lo que nos muestran las novelas de Madrid es una visión a ras de suelo de la miseria de la vida contemporánea en la ciudad, los personajes que no queremos ver, los sucesos que leemos con aprensión en las crónicas de los periódicos. Su antiepopeya de la ciudad se encarga de ofrecernos el otro lado de la realidad; poesía urbana, con una estética dura, de alcantarilla y vomitona, sangre y puñetazos. Su obra, como dice Andreu Martín refiriéndose a la última colección de cuentos de Juan Madrid (*Jungla*) «es la pincelada de poesía sobre el estiércol. Es una ojeada debajo de la alfombra, un vistazo indiscreto, imprudente, a ese rincón negro y apestoso que normalmente preferimos ignorar» (introducción, *Jungla*, 9).

La obra de Juan Madrid comprende un segundo ciclo narrativo más reciente, correspondiente a los años posteriores a la transición democrática y de plena integración europea. Este ciclo novelístico está basado en los guiones originales de Juan Madrid para la serie televisiva *Brigada Central*, e incluye 13 novelas completas e independientes unas de otras, pero interrelacionadas todas ellas formando una homogénea totalidad de personajes, acción y tratamiento narrativo. El mismo Madrid anuncia que se trata de «una única y gran novela [...] de casi dos mil páginas» (prólogo, *Flores, el gitano*, 5). La unidad narrativa se continúa de novela a novela en progresión estrictamente cronológica, lo cual refuerza la impresión general de verosimilitud, característica destacada de toda la serie. La acción sigue las investigaciones del Grupo Especial de la Brigada Central, un grupo «de elite» dentro de la policía formado por escogidos agentes de investigación criminal. El protagonista principal de todo el ciclo es el joven jefe del grupo especial, Manuel Flores, un personaje fronterizo y desclasado. De raza gitana y origen social marginal, Flores ha tenido que luchar toda su vida para salir del gueto étnico, social y económico al que la sociedad le había marginado; en su aspiración por poder gozar de una vida mejor, de llevar una vida «normal» con sus hijas y su mujer, hija de familia burguesa, Flores ha tenido que desvincularse de sus raíces, olvidar su origen en un proceso de transformación que ha dejado dolorosas cicatrices. Originalmente situado al margen de la legalidad y el orden social burgués, como gitano y desposeído, Flores se ha convertido al final precisamente en el guardián de la ley y el orden establecido. Nos encontramos así con un protagonista dual que, al igual que Toni Romano, conoce perfectamente por su experiencia biográfica ambas caras de la realidad, situado en medio de dos mundos enfrentados con un pie a cada lado. Flores, es el vehículo ideal para Juan Madrid, el ojo central que necesita para describir su mundo lleno de violencia, hipocresías, contradicciones y miserias humanas. Lejos de ser un superhombre, Flores es un personaje vulnerable, imperfecto, tremendamente humano. Entremezclados con la narrativa policial se encuentran diversos conflictos personales interrelacionados que afectan directamente a la investigación policial: las conflictivas relaciones con su padre y con el mundo gitano de sus orígenes, problemas en el matrimonio y con la familia de la mujer que nunca le han aceptado, desavenencias, corrupción, envidias y rencores en el trabajo, en la brigada y en la calle. Problemas muy reales que tienen un vínculo directo con la sociedad en que se producen. La exposición de estos temas, en la que se entremezclan lo policiaco y lo interpersonal, lo público y lo privado, el retrato de la ciudad y el de sus habitantes, ayuda a crear la impresión de un cuadro total pluridimensional, aumentando a la vez su verosimilitud.

El proyecto de Madrid se asemeja a la narrativa de procedimiento policial, presentando una visión desde dentro de la maquinaria investigadora policial de una manera realista. En estas novelas es clara la decisiva influencia del medio visual original. Cada novela está formada por múltiples pequeños fragmentos narrativos a manera de secuencias cinematográficas: descripciones ambientales, retratos, situaciones y acciones, y muy especialmente, diálogos, que constituyen la armazón esencial de todas las novelas. La continua fragmentación narrativa, sin embargo, no dificulta la lectura ya que la sucesión de secuencias sigue un lógico orden interno y una estricta progresión cronológica. El ciclo narrativo tiene una cierta estructura circular; tras dos mil páginas, cientos de horas de trabajo, sangre, sudor y lágrimas, lo único que queda es un amargo tono derrotista de «todo sigue igual». Los últimos párrafos de la novela con que se cierra el ciclo (*Turno de noche*) repiten así los sombríos párrafos iniciales de la primera novela (*Flores, el gitano*):

> La ciudad no tenía horizontes. Hasta lo que alcanzaba la vista, los edificios recortaban el cielo negro en un bosque interminable de masas oscuras, salpicadas de luces y puntitos dorados. Líneas discontinuas trazaban caminos entre la mararta de edificios comerciales de hormigón y acero, marcados por anuncios luminosos que estallaban en la noche.
>
> No se distinguían los barrios altos de los bajos, las ropas tendidas en las sórdidas ventanas, los pisos minúsculos y fríos, ni los tugurios con olor a sudor y a miedo. Tampoco las chabolas, ni el barro. Sólo se veían las luces.
>
> Detrás de esas luces, debajo de los anuncios luminosos y las ráfagas de luz, estaba la basura. Había basura en todas partes: en los grandes apartamentos, en los barrios residenciales, en los exclusivos clubs privados y en las elegantes barriadas donde se encontraban las oficinas enmoquetadas.
>
> Y nadie podría, jamás, quitar tanta basura [*Flores, el gitano*, 15].

En este pasaje se puede apreciar la íntima relación del paisaje urbano con el paisaje humano que caracteriza a todo el ciclo narrativo de Madrid; un cuadro moral de la ciudad que demuestra la maestría alcanzada por Madrid como retratista social. La aparente claridad y sencillez narrativa no oculta una cuidada expresión de trazo grueso y firme en la mejor tradición de Baroja. La descripción amarga y sombría del enjambre urbano posee el tono tremendista del Cela de *La colmena*. Sin excesivas divagaciones que retrasen innecesariamente el ritmo narrativo, el lenguaje ágil, eficaz y directo, como en el resto de la obra de Madrid, encaja perfectamente con el tono verídico y realista que quiere imprimir a toda la serie.

Este impresionante *tour de force* de Juan Madrid, la última saga policiaca española hasta la fecha y una de las más ambiciosas, pone por el momento un punto y aparte a la historia de la novela policiaca española.

CONCLUSIONES

Dada la desigual trayectoria del género policiaco en España, cuyo desarrollo se ha caracterizado por grandes altibajos, como hemos podido observar a lo largo de este estudio, resulta difícil hacer una valoración retrospectiva general sobre la «novela policiaca española». Es preciso preguntarse primeramente si los sucesivos intentos de adaptación de este género, tradicionalmente considerado extranjero y subliterario, han dado lugar a la creación de una tradición propia (y única) y, por otra parte, determinar de qué manera se ha encuadrado la novela policiaca en el contexto de la sociedad y de la novela española contemporánea.

En términos generales se podría afirmar que la novela policiaca en España ha carecido en el pasado de un arraigamiento duradero y definitivo. La evolución del género ha atravesado períodos de relativo gran auge seguidos por otros de recesión, adoleciendo de la falta de una tradición sólida y continuada. A pesar de que el género se da a conocer en España muy pronto y que desde fechas muy tempranas se empiezan a adaptar sus patrones, lo cierto es que no se llegan a fijar unos modelos independientes de los importados; los contados ejemplos originales de autores locales no tienen continuidad, no cuajan como modelos, por lo cual es difícil hablar de una escuela o tradición autóctona.

A lo largo de nuestro estudio hemos analizado una serie de

casos individuales excepcionales —Alarcón, Belda, Pardo Pazán, Lacruz, García Pavón— casos valiosos pero aislados y sin vínculos entre sí que apenas llegan a conformar una verdadera tradición nacional. De igual manera, hemos explorado la producción literaria durante ciertas épocas de gran auge del género policiaco en España —a principios de siglo y en la posguerra inmediata— aunque circunscrito generalmente al extremo popular y subliterario. Realmente no se puede hablar de una implantación firme y masiva de la novela policiaca en España hasta los últimos quince o veinte años con el auge de la novela de la serie negra. Todo lo demás han sido casos aislados, precedentes más o menos afortunados, eslabones sueltos solamente factibles de ser encadenados *a posteriori* de una manera abstracta. Se hace difícil, así pues, referirse a una supuesta «novela policiaca española» en singular, como si se tratara en efecto de una unidad, de un todo homogéneo. Sería acaso más pertinente hablar de las distintas modalidades dentro de la novela policiaca, aunque frecuentemente se encuentren entrecruzadas la serie popular, la paródica, la costumbrista-psicológica, la intelectualizada, y ya finalmente la negra.

Un fenómeno que merece reflexión es el hecho de que a lo largo de toda la historia del género policiaco en España apenas haya sido explorada seriamente por los autores nativos la novela policiaca de corte tradicional, la que sigue la línea racionalista clásica de Poe - Conan Doyle y de sus sucesores (Chesterton, Christie, Queen), sin aditamentos ni mixtificaciones o exageraciones, ateniéndose a la presentación y resolución final de un problema criminal por medios estrictamente racionales (deducción, inducción o abducción). Esta serie policiaca «clásica», o «novela-problema», ante todo defiende y demuestra confianza en el poder racionativo de ordenar la realidad. El tratamiento serio y con ciertas ambiciones artísticas de la «novela-problema» pura no ha tenido cultivadores en nuestro país. Por el contrario, ha sido abundante el tratamiento subliterario en las novelas de aventuras policiacas de las efímeras colecciones populares, por una parte, y, sobre todo, el tratamiento burlón y paródico de las fórmulas de la novela clásica, desde la irrupción del género en España a principios de siglo. Lo que no se ha producido nunca es una auténtica novela-problema con serias aspiraciones literarias y fundamentada en rigurosos principios científicos, positivistas y racionalistas, como era la intención de la novela policiaca clásica.

Debemos preguntarnos a qué se debe esta anomalía. En el orden literario, el género policiaco, como literatura «de género», siempre ha sufrido en España el estigma de lo subliterario, considerado por definición como de tono menor. A pesar del enorme atractivo intrínseco del género, éste no parecía invitar a un acercamiento serio por parte de los autores españoles, tratamiento reservado para otro tipo de literatura más «digna» y elevada. Las versiones, adaptaciones e imitaciones españolas han sido siempre cómicas, humorísticas, burlescas o paródicas, o bien simplemente copias miméticas sin intención creativa alguna, pero nunca se han acercado al género de una manera seria o rigurosa. Por otra parte, y a pesar de su gran popularidad entre el público español, la novela policiaca en España ha sido vista por lo general como algo esencialmente extranjero, un género importado, y, por lo tanto, se consideraba que todo intento local de hacerlo aquí, siempre sería necesariamente inferior, falso, ridiculizable. El epigonismo de la novela policiaca, de todas maneras, es hasta cierto punto un fenómeno de alcance universal, ya que la dependencia del molde anglosajón es general entre otras literaturas occidentales y no se circunscribe exclusivamente al caso español. Sin embargo, al contrario de Francia, que al menos sí tenía unos modelos propios a los que volver, pilares de una tradición folletinesca (Vidocq, Gaboriau, Leroux), en España los rígidos patrones de la novela policiaca clásica no llegaron a perder su acento extranjero, cargados de un halo exótico, típicamente anglosajón. Una versión española de un género eminentemente foráneo sólo podría admitir una actitud irónica, distanciada (en forma de parodias, sainetes y pastiches) o un completo mimetismo que disfrazara su condición de copia (como las reproducciones miméticas y repetitivas de las colecciones populares de la posguerra).

Por otra parte, en España no se han cumplido hasta muy recientemente ciertas condiciones socioculturales que rodearon el surgimiento de la novela policiaca clásica en otras naciones más avanzadas económica y socialmente (Inglaterra, Estados Unidos y Francia, principalmente). Estas características se resumen en un auge del positivismo y del cientifismo en el orden intelectual y el despegue de la burguesía en el orden económico que originan una sociedad capitalista avanzada, con la consecuente instauración y estabilización de un fuerte estado de derecho burgués en el orden jurídico-social. Las necesidades racionalistas de la novela policiaca clásica siempre han chocado en España con una cierta tradición antirracionalista por parte de los escritores locales. Asimismo, la falta de una base de consenso social y de unos sólidos principios democráticos universales es origen también de una cierta desconfianza hacia las instituciones sociales, que para unos se traduce en un escepticismo ante el poder moral de la autoridad represiva, y para otros en un recelo ante la igualadora justicia democrática, ambas bases indispensables para el desarrollo del género.

Esta situación de las primeras décadas del siglo continúa en los años marcados por la concienciación política de la literatura social y se acentúa en los años del realismo de posguerra. El juego policiaco parecería a los ojos de la intelectualidad de la época como algo inadecuado, cuando no frívolo e indigno. Las coordenadas socio-políticas del momento no permitían la confianza ciega en el poder y el orden, en la autoridad moral de la ley y de los encargados de hacerla cumplir, en la justicia del proceso legal, valores que la novela policiaca clásica da por sentados y afirma sin cuestionamiento alguno. De igual manera, el lector tampoco podría aceptar complacientemente unas premisas inexistentes en la realidad a su alrededor (estado de derecho, concepto jurídico burgués del crimen, sistema democrático, confianza en el proceso legal, apoyo a la policía), aunque sí pudiera admitirlas dentro de un marco referencial extranjero. En resumen, la novela policiaca clásica presupone unas condiciones de estabilidad y de avance social, de confianza en el orden intelectual, legal y moral, que por ser inexistentes en España, necesariamente no permitían el trasplante serio de ese género a la realidad española, excepto como parodia o imitación subliteraria.

Esta situación, más que revelar ciertos rasgos distintivos del «carácter español», supuestamente antirracionalista e ingobernable, como acaso se quisiera ver, no demuestra sino la estrecha relación existente entre literatura y sociedad, ya que la obra literaria necesariamente se ve condicionada por las circunstancias socioculturales en las que surge. Por el contrario insignes críticos como Montesinos y Laín Entralgo, basados en la firme convicción de que el género no concordaba con la inmanente idiosincrasia y el temperamento latinos, pronosticaban que la novela policiaca jamás se adaptaría plenamente en España. Esta predicción resultó certera con respecto al tipo de novela policiaca a la que ellos sin duda se referían sin calificarla, la serie racionalista clásica, pero se equivocó con respecto a otras tendencias de la novela policiaca más adecuadas a las particulares coordenadas sociales y culturales españolas.

En nuestro país el género policiaco habría de tener mayor fortuna durante la posguerra en su tendencia costumbrista o psicológica (Mario Lacruz, García Pavón y, en Cataluña, Rafael Tasis y Manuel de Pedrolo) que encaja con otras tradiciones literarias ya establecidas con anterioridad en España y no tiene las rígidas exigencias formales, conceptuales y sociales de la novela policiaca clásica. Esta novela policiaca costumbrista-psicológica utiliza el motivo de la investigación policial como instrumento de expresión o comentario sobre el entorno social, bien a través de la representación directa de ambientes y tipos humanos, o bien por medio de la introspección subjetiva. Se exploran así los conflictos y enfrentamientos entre la realidad interior subjetiva y la realidad exterior (el individuo como víctima de la opresión del medioambiente, las cambiantes circunstancias de la realidad social y su adaptación a ellas); la respuesta literaria varía entre la reacción nostálgica y rememorativa en el caso de García Pavón y Tasis, y la oposición crítica y disidente en el caso de Lacruz y Pedrolo.

Un punto y aparte en el desarrollo del género en España lo supone la aparición de la novela policiaca negra durante la década de los años setenta y su firme consolidación en los años de la transición democrática y siguientes. La serie negra presupone unas condiciones particulares para su surgimiento tales como la existencia de un sistema democrático pluralista, una sociedad capitalista avanzada y una demografía urbana, circunstancias todas ellas que en España sólo se cumplen precisamente en la etapa de la transición. La novela de la serie negra responde en parte a la crisis del sistema social y a los profundos cambios políticos, legales, económicos y morales por los que han atravesado la sociedad española y sus individuos a la caída del franquismo y el comienzo de la transición democrática. La alargada crisis económica, el desempleo, la drogadicción y la delincuencia de carácter ya crónico han servido de acicate y telón de fondo en la creación de una serie policiaca autóctona, adecuada a la problemática contemporánea del país, que explora los conflictos y contradicciones de una época de cambio y confusión.

Igualmente la novela de la serie negra ha sido una respuesta a la búsqueda por parte de ciertos narradores españoles contemporáneos de una nueva alternativa que viniera a paliar las agotadas vías de la narrativa social y experimental por las que había discurrido la novela española de posguerra. En la época posmodernista presente que se caracteriza por el reconocimiento consciente del desgaste y a la vez la recuperación irónica y distanciada de los viejos modelos, así como por la creativa interfecundación de géneros literarios, la novela policiaca negra vino a satisfacer las necesidades de narratividad, de placer lúdico, de público y escritores por igual sin por ello abandonar en absoluto la experimentación formal y la crítica social.

Se puede afirmar que finalmente se ha producido una implantación del género policiaco en España, perfectamente adecuado a las particulares circunstancias que forman la compleja realidad del país e incorporado plenamente al conjunto de la narrativa española contemporánea. Este arraigamiento parece cada vez más sólido y seguro, según se desprende de ciertos fenómenos significativos: la creciente nómina de autores con que cuenta el género en España hoy en día, su especialización casi exclusiva y la tendencia a la serialización en torno a un personaje central; en el aspecto público, una industria poderosa que posee circuitos de canalización de los productos, la aparición de múltiples y cuidadas colecciones especializadas y un largo catálogo de oferta editorial, el alto índice de ventas general de la mayoría de las colecciones y en ocasiones el asombroso número de ediciones y de ejemplares vendidos (caso de las novelas de García Pavón, Vázquez Montalbán o Eduardo Mendoza); la dignificación del género y el respaldo crítico (anteriormente casi siempre negado), el interés generalizado que se traduce en simposios, conferencias, artículos y tesis doctorales, tanto dentro de España como en el extranjero; y por último, la salida del rincón subliterario al que el género policiaco había estado relegado, el cruce de la literatura alta y baja, culta y popular y de diferentes géneros literarios, y la ampliación del marco de influencias, como se ve en el acercamiento al género de otros autores contemporáneos no especializados pero ya establecidos (Torrente Ballester, Juan Marsé, Rosa Montero, Juan Benet). Ante la evidencia de estos fenómenos, es difícil negar que el género policiaco en España ha cumplido finalmente la mayoría de edad.

A pesar de la falta de una tradición sólida y continua, de la diversidad de modelos narrativos, de acercamientos y de resultados, es posible distinguir ciertas características comunes a las diferentes series policiacas españolas. Se pueden determinar ciertos rasgos generales distintivos: tendencia a utilizar decorados, ambientes y personajes claramente identificables como españoles (aun cuando disfrazados, como hemos visto en los casos de Mario Lacruz o Álvarez Blázquez) con la excepción de la corriente popular que tendía a reproducir y a calcar los modelos originales en la nacionalidad de los personajes —e incluso de los pseudónimos de los autores. No caben dudas, sin embargo, respecto al casticismo de Selva, Gapy Bermúdez o Toni Romano a pesar de las enormes diferencias de clase y de época que les separan, como tampoco se puede dudar de la españolidad de Plinio, Pepe Carvalho, de los investigadores gitanos Julio Izquierdo y Manuel Flores, o del pícaro innobrado de Mendoza. Todos ellos son personajes que ostentan abiertamente rasgos típicos españoles en la caracterización de su personalidad y en su lenguaje. De igual manera, las situaciones presentadas en las novelas policiacas españolas, aunque en cierto modo universales, no dejan de corresponder directamente a unos conflictos sociales peculiares de la realidad española: la injusticia e iniquidad social en Pardo Bazán, la corrupción y opresión de la posguerra en Lacruz, la ambigüedad ante la evolución y el cambio en García Pavón, el desencanto ante la transición en Vázquez Montalbán, Mendoza, Martín y Madrid. Por otra parte, las novelas policiacas españolas apuntan hacia la configuración de un tipo bastante especifico: el protagonista se ve siempre envuelto en la ambigüedad, representa un permanente conflicto entre el individuo y la ley, es un ser marginal y con frecuencia apicarado que contempla la sociedad desde una postura crítica y amargada.

Otros elementos característicos de las diversas series policiacas españolas son la repetida utilización de la técnica del costumbrismo (descriptivo o introspectivo), la importante presencia del humor (en sus variantes de parodia, ironía, humor negro o campechano) y de la crítica social, el continuo juego y experimentación con los cánones del género a partir de la complicidad con el lector así como las múltiples referencias metaficcionales sobre el propio género policiaco desde el mismo texto novelístico, factores todos ellos que han tendido a favorecer la adaptación y aceptación del género por parte del público español.

A la luz de los fenómenos mencionados anteriormente y de hechos significativos como la oportuna reedición de las largamente olvidadas novelas policiacas de Lacruz o Pedrolo, en Cataluña, claros precedentes de la narrativa policiaca actual, parece que la incorporación de la novela policiaca al conjunto de corrientes que conforman la novelística española contemporánea es ya un hecho consumado. Esta aparente normalización del género policiaco en España ha quedado refrendada por la reciente inclusión en los programas oficiales escolares españoles de algunas de las novelas que hemos tratado en este estudio, tales como *Los mares del Sur* de Vázquez Montalbán, *Papel mojado* de Juan José Millás o *El misterio de la cripta embrujada* de Eduardo Mendoza. A pesar de que el futuro siempre es incierto y hasta cierto punto impredecible, esta normalización de la novela policiaca, más que un gesto meramente simbólico, augura unas perspectivas prometedoras para el desarrollo futuro del género policiaco dentro del marco de la narrativa española.

BIBLIOGRAFÍA

1. Teoría

1.1. Teoría literaria

AMORÓS, Andrés: *Sociología de la novela rosa*, Madrid, Taurus, 1968.
—: *Subliteraturas*, Barcelona, Ariel, 1974.
ANGENOT, Marc: *Recherches en paralittérature*, Quebec, Les Presses de l'Université du Quebec, 1975.
ASHLEY, Bob: *The Study of Popular Fiction. A Source Book*, Filadelfia, University of Pennsylvania Press, 1989.
BAKHTIN, Mikhail: *The Dialogic Imagination*, Austin, University of Texas Press, 1981.
BARTH, John: «The Literature of Exhaustion», *Atlantic Monthly* 220 (1967), 29-34.
—: «The Literature of Replenishment», *Atlantic Monthly* 245 (1980), 65-71.
BARTHES, Roland: *S/Z*, Nueva York, Hill and Wang, 1974.
—: *The Pleasure of the Text*, Nueva York, Hill and Wang, 1975.
—: *Image-Music-Text*, Nueva York, Hill and Wang, 1977.
BOTRELL, J.F. y S. SALAÚN (eds.): *Creación y público en la literatura española*, Madrid, Castalia, 1974.
BROOKS, Peter: *Reading For the Plot*, Nueva York, Knopf, 1984.
BROOKS, Van Wick: *America's Coming of Age*, Nueva York, B.W. Huebsch, 1915.
BROWNE, Ray B. (ed.): *Popular Culture and the Expanding Conciousness*, Nueva York, John Wiley and Sons, 1973.

CAWELTI, John: «The Concept of Formula in Popular Literature», en Luther Luedtke (ed.), *Popular Culture: Mirror of American Life*.

CHATMAN, Seymour: *Story and discourse: Narrative Structure in Fiction and Film*, Ithaca, Cornell University Press, 1978.

—: *Coming to Terms. The Rethoric of Narrative in Fiction and Film*, Ithaca, Cornell University Press, 1990.

CULLER, Jonathan: *The Pursuit of Signs*, Ithaca, Cornell University Press, 1981.

FOSTER, Hal (ed.): *The Anti-Aesthetic. Essays on Postmodern Culture*, Port Townsend, Bay Press, 1983.

FRYE, Northrop: *Anatomy of Criticism*, Princeton, Princeton University Press, 1971³.

GENETTE, Gerard: *Narrative Discourse: An Essay in Method*, Ithaca, Cornell University Press, 1980.

— *et al.*: *Théorie des genres*, París, Editions du Seuil, 1986.

GILLIGAN, Carol: *In a Different Voice*, Cambridge, Harvard University Press, 1982.

HERNADI, P.: *Teoría de los géneros literarios*, Barcelona, Bosch, 1978.

HUSSEYN, Andreas: *After the Great Divide. Modernism. Mass Culture. Postmodernism*, Bloomington, Indiana University Press, 1986.

HUTCHEON, Linda: *A Poetics of Postmodernism. History, Theory, Fiction*, Nueva York, Routledge, 1988.

JAMESON, Fredic: *Postmodernism or, The Cultural Logic of Late Capitalism*, Durham, Duke Univertity Press, 1991.

KENT, Thomas L.: «The Classification of Genres», *Genre* 16 (1983), 1-20.

LEAVIS, F.R., y Denys THOMPSON: *Culture and Environment*, Londres, 1933.

LEVINE, Lawrence W.: *Highbrow / Lowbrow, The Emergence of Cultural Hierarchy in America*, Cambridge, Harvard University Press, 1988.

LOWENTHAL, Leo: *Literature and Mass Culture*, New Brunswick, Transaction Books, 1968.

MACDONALD, Dwigtht: *Against the American Grain*, Nueva York, Random House, 1962.

MODLESKI, Tania (ed.): *Studies in Entertainment, Critical Approaches to Mass Culture*, Bloomington, Indiana University Press, 1906.

NYE, Russel B.: *The Unembarrassed Muse*, Nueva York, Dial Press, 1970.

PRINCE, Gerald: *Dictionary of Narratology*, Lincoln, University of Nebraska Press, 1987.

PROPP, Vladimir: *Morphology of the Folktale*, Austin, University of Texas Press, 1958.

—: *Theory and History of the Folklore*, Minneapolis, University of Minnessotta Press, 1984.

REGIC, Derin: *Culture and the Crowd*, Filadelfia, Chilton, 1968.

SMITH, Henry Nash: *Virgin Land*, Cambridge, Harvard University Press, 1950.

SONTAG, Susan: *Against Interpretation*, Nueva York, Farrar, Strauss and Giroux, 1966.

STERNBERG, Meir: *Expositional Modes and Temporol Ordering in Fiction*, Baltimore, The Johns Hopkins University Preso, 1978.

THOMPSON, Denys (ed.): *Discrimination and Popular Culture*, Londres, 1964.

TODOROV, Tzvetan: «Les catégories du récit littéraire», *Communications* 8 (1966), 125-151.

—: «Structural Analysis of Narratives», *Novel* 1.3 (1969).

—: *The Poetics of Prose*, Ithaca, Cornell Univ. Press, 1977.

—: *The Fantastic. A Structural Approach to a Literary Genre*, Cleveland, The Press of Case Western Reserve Univ., 1973.

TONO MARTÍNEZ, José: «Narrativa en la posmodernidad», *Los Cuadernos del Norte* 5.26 (1984), 60-71.

YNDURAIN, Francisco: *De lector a lector*, Madrid, Biblioteca Estudios Escelicer, 1973.

1.2. *Teoría sobre novela policiaca*

AUDEN, W.H.: «The Guilty Vicarage», en *The Dyers's Hand*, Nueva York, Random, 1948.

BARZUM, Jacques y Wendell Hertig TAYLOR: *A Catalogue of Crime*, Nueva York, Harper and Row, 1921.

BECKER, Jens Peter: «The Mean Streets of Europe: The Influence of the American "Hard-boiled School" on European Detective Fiction», en C.W.E. Bigsby (ed.), *Superculture. American Popular Culture and Europe*, Bowling Green, Bowling Green State Univ. Popular Press, 1979.

BENNETT, Donna: «The Detective Story: Towards a Definition of Genre», *PTL: A Journal for Descriptive Poetics and Theory of Literature* 4 (1979), 233-266.

BENSTOCK, Bernard: *Essays on Detective Fiction*, Londres, The Macmillan Press Ltd., 1983.

BRUNORI, Vittorio: *La grande impostura. Indagine sul romanzo popolare*, Venecia, Marsilio, 1978.

CAILLOIS, Roger: «Le roman policier», en *Puissances du roman*, Marsella, Sagittaire, 1942.

CARR, John Dickson: «The Grandest Game in the World», en Nevins (ed.), 227-247.

CAWELTI, John G.: *Adventure. Mystery. and Romance. Formula Stories as Art and Popular Culture*, Chicago, University of Chicago Press, 1976.

CHANDLER, Raymond: *The Simple Art of Murder*, Nueva York, W.W. Norton and Co., 1968.

CHARNEY, Hanna: *The Detective Novel of Manners (Hedonism, Morality and the Life of Reason)*, Londres, Associated Univ. Presses, 1981.

CHESTERTON, G.K.: «A Defence of Detective Stories», en *The Defendant*, Nueva York, Dodd, Mead and Co., 1904 (segunda impresión).

DE QUINCEY, Thomas: *Works*, Edimburgo, Adam & Charles Black, 1863.

ECO, Umberto: *Postcript to The Name of the Rose*, Orlando, Harcourt, 1984.

—: *The Sign of the Three* [trad. cast. del ingl. por E. Busquets, Barcelona, Lumen, 1989].

EDEN, Rick A.: «Detective Fiction as Satire», *Genre* 16 (1983), 279-295.

EISENZWEIG, Uri: «Chaos et Maitrise: Le discours romanesque de la méthode policiére», *Michigan Romance Studies* 2 (1982), 139-163.

—: «Presentation du genre», *Littérature* 49 (febrero 1983), 16-22.

GIDE, André: *Journal d'André Gide*, París, Gallimard, 1950.

GRELLA, George: «Murder and Manners: the Formal Detective Novel», en Larry Landrum *et al.*, 146-198.

HARPER, Ralph: *The World of the Thriller*, Cleveland, The Press of Case Western Reserve Univ., 1969.

HAYCRAFT, Howard (ed.): *Murder for Pleasure*, Nueva York, Biblo and Tannen, 1972.

—: *The Art of the Mystery Story*, Nueva York, Simon and Schuster, 1946.

HIGHSMITH, Patricia: *Plotting and Writing Suspense Fiction*, Boston, The Writer, Inc., 1972[21].

HOPPENSTAND, Gary C.: *In Search of the Paper Tiger. A Sociological Perspective of Myth Formula and the Mystery Genre in the Entertainment Print Mass Medium*, Bowling Green, Bowling Green State University Popular Press, 1987.

KLEIN, Kathleen Gregory y Joseph KELLER: «Deductive Detective Fiction: The Self-Destructive Genre», *Genre* 19 (1986), 155-172.

KNOX, Ronald A.: «A Detective Story Decalogue», en Haycraft, *The Art...*, 194-196.

LANDRUM, Larry N., *et al.*: *Dimensions of Detective Fiction*, Bowling Green, Bowling Green State Univ. Popular Press, 1976.

MADDEN, David: *Tough Guy Writers of the Thirties*, Carbondale, Southern Illinois Univ. Press, 1968,

MANDEL, Ernest: *Delightful Murder. A Social History of the Crime Story*, Londres, Pluto Press, 1984.

MOST, Glenn N. y W.W. STOWE (eds.): *The Poetics of Murder. Detective Fiction and Literary Theory*, Nueva York, Harcourt Brace Jovanovich, Publishers, 1983.

MURCH, A.E.: *The Development of the Detective Novel*, Nueva York, Philosophical Library, 1958.

NARCEJAC, Thomas: *Une machine a lire. Le roman nolicier*, París, Denoel/Gonthier, 1975.

NEVINS, Francis M. (ed.): *The Mystery Writeres Art*, Bowling Green, Bowling Green State University Popular Press, 1970.

PANEK, Leroy Lad: *An Introduction to the Detective Story*, Bowling Green, Bowling Green State University Popular Press, 1987.

PORTER, Dennis: *The Pursuit of Crime. Art and Ideology in Detective Fiction*, New Haven, Yale Univ. Press, 1981.

RUEHLMAN, William: *Saint With a Gun: The Unlawful American Private Eye*, Nueva York, Nueva York Univ. Press, 1974.

SPANOS, William V.: «The Detective and the Boundary: Some Notes on the Postmodern Literary Imagination», *Boundary* 2.1 (1972), 147-168.

STEWART, R.F.: ... *And Alwavs a Detective. Chapters on the History of Detective Fiction*, Newton Abbot, David & Charles, 1980.

SYMONS, Julian: *Historia del relato policial*, Barcelona, Bruguera, 1982.

TANI, Stefano: *The Doomed Detective. The Contribution of the Detective Novel to Postmodern American and Italian Fiction*, Carbondale, Southern Illinois University Press, 1984.

VAN DINE, S.S.: «Twenty Rules for Writing Detective Stories», en Haycraft, *The Art...*, 189-193.

WAAL, Ronald de: *The World Bibliography of Sherlock Holmes*, Hamden, Hachon Books, 1980.

WINKS, Robin W.: *Modus Operandi: An Excursion into Detective Fiction*, Boston, David R. Godine, 1982.

1.3. *Teoría sobre novela policiaca en español*

AMORÓS, Andrés: «Novela policiaca», en *Introducción a la novela contemporánea*, Madrid, Cátedra, 1976[4].

AZANCOT, Leopoldo: «Dashiell Hammett y la fundación de la novela negra».

BENITO FERNÁNDEZ, José: «La rebelión de las musas», *Los Cuadernos del Norte* 4.19 (1983), 76-79.

CABRERA INFANTE, Guillermo: «La ficción es el crimen que paga Poe», *Los Cuadernos del Norte* 4.19 (1983), 2-7.

CERNUDA, Luis: «Dashiell Hammett», en *Poesía y literatura*, Barcelona, Seix Barral, 1971.

CLAUDIN, Víctor: «A los cincuenta años (1929-1979)», *Camp de l'Arpa* 60-61 (1979), 7-12.

COMA, Javier: «Proyecciones críticas de una novela de género», *Camp de l'Arpa* 60-61 (1979), 40-45.

—: *La novela negra: Historia de la aplicación del realismo crítico a la novela policiaca norteamericana*, Barcelona, Ed. 2001, 1980.

—: «Cuando los detectives privados no juegan», *Gimlet* 13 (1982), 41-45.

—: «La novela negra», *Los Cuadernos del Norte* 4.19 (1983), 38-45.

—: *Diccionario de la novela negra norteamericana*, Barcelona, Anagrama, 1986.

—: «Disparen sobre el especialista», *Los Cuadernos del Norte* 8.41 (1987), 28-34.

—: *Diccionario del cine negro*, Barcelona, Plaza y Janés, 1990.

— *et al.*: «Novela negra y marxismo», *El Viejo Topo* 42 (1980), 48-51.

DÍAZ, César E.: *La novela policiaca*, Barcelona, Acervo, 1973.

FERNÁNDEZ CUENCA, Carlos: *El club del crimen (de Salomón a Edgar Wallace)*, Madrid, Rialto, 1943.

GIARDINELLI, Mempo: *El género negro*, 2 vols., México, Universidad Autónoma Metropolitana, 1984.

GUBERN, Román: *La novela criminal*, Barcelona, Tusquets, 1970.

—: *La novela policiaca*, Barcelona, Ediciones del Cotal, 1979.

LAÍN ENTRALGO, Pedro: «Historia y sociología de la Novela Policiaca», *El español* (18 septiembre 1943), 16 y ss.

—: «Ensayo sobre la novela policiaca», en *Vestigios: Ensayos de crítica y amistad*, Madrid, Epesa, 1948.

LASSO DE LA VEGA, Javier (ed.): *Antología de cuentos policiales*, Barcelona, Labor, 1960.

LUJÁN, Néstor: «La novela policiaca francesa», *Los Cuadernos del Norte* 4.19 (1983), 12-17.

MADRID, Juan: «El viejo placer de leer intrigas», *El País* (24 diciembre 1986), 25.

MARISTANY, Paula: «Curiosidades de las grandes series o "roman noir" en Francia», *Camp de l'Arpa* 60-61 (1979), 19-22.

MIRA, Juan José: *Biografía de la novela policiaca*, Barcelona, AHR, 1956.

MOIX, Ana María: «La vida de Raymond Chandler», *Camp de l'Arpa* 60-61 (1979), 15-18.

MONTESINOS, José F.: «Imperfect Myths. Being an Observation on Detective Stories by a Continental Reader», *Chimera* 5 (1947), 2-11.

—: «Mitos imperfectos: Observaciones de un lector continental en torno a la novela policiaca», *Revista de Occidente* 21, ser. 19.55 (1967), 1-13.

MUÑOZ SUAY, R.: «Papeles sobre Chester Hismes», *Gimlet* 1 (1981), 21-23; *Gimlet* 2 (1981), 39-41.

NOGUERAS, Luis Rogelio: *Por la novela policial*, La Habana, Editorial Arte y Literatura, 1982.

ORTIZ, Lourdes: «Personajes de novela negra, los últimos románticos», *El País Semanal* (8 febrero 1981), 19-23.

PLANS, Juan José: «Historia de la novela policiaca», *Cuadernos Hispanoamericanos* 236 (1969), 421-443; y 237 (1969), 675-699.

RODRÍGUEZ ALCALDE, Luis: «Novela policiaca de ayer, novela negra de hoy», en *Hora actual de la novela en el mundo*, Madrid, Taurus, 1959, 331-345.

RODRÍGUEZ JOULIA ST. CYR, Carlos: *La novela de intriga*, Madrid, ANABA, 1970.

—: *La novela de intriga (Diccionario de autores, obras y personales)* (ediciones en castellano), Madrid, ANABA, 1972[21].

ROSAL, Juan del: *Crimen y criminal en la novela policiaca*, Madrid, Instituto Editorial Reus, 1947.

SAVATER, Fernando: «Novela detectivesca y conciencia moral», *Los Cuadernos del Norte* 4.19 (1983), 8-12.

SORIANO, Osvaldo: «Tres maestros y una gran serie. Hammett, Chandler y Macdonald», *Camp de l'Arpa* 60-61 (1979), 26-32.

TIBERGHIEN, G.A.: «Autopsia de la novela policiaca», *Quimera* 38 (1984), 57.

VÁZQUEZ DE PARGA, Salvador: *Los mitos de la novela criminal*, Barcelona, Planeta, 1981.

—: «El origen de la novela negra», *Los Cuadernos del Norte* 8.41 (1987), 42-45.

—: «Viaje por la novela policiaca actual», *El Urogallo* 9-10 (1987), 20-25.

VECINO, D.: «Alrededor de la novela policiaca», *El Español* (27 noviembre 1943), 16.

VIDAL SANTOS, M.: «Europa: entre Sherlock Holmes y Maigret», *Camp de l'Arpa* 60-61 (1979), 33-35.

1.4. *Revistas españolas especializadas y números extraodinarios*

Destino 1.758 (12 junio, 1971), «La novela policiaca».

Archivo del crimen (1977).

Camp de l'Arpa, «La novela policiaca», 60-61 (1979).

El Viejo Topo, «Dossier Novela Negra», 42 (1980).

Gimlet. Revista Policiaca y de Misterio (Barcelona, 1981-1982).

Historia y Vida, «La lucha contra el crimen», Extra 25 (1982).

Los Cuadernos del Norte, «La novela criminal», 4.19 (1983) y 7.41 (1987).

Thriller. Cómics y cuentos negros (Barcelona, 1984).

Hard-Boiled Dicks, «Manuel Vázquez Montalbán et le Roman Noir Espagnol», 20-21 (1987).

Monographic Review / Revista Monográfica, «The Hispanic Thriller», 3.2 (1987).

El Urogallo, «Novela Policiaca», 9-10 (1987).

Quimera, «Dossier novela negra», 78-79 (1988).

Detective Story. Dick Tracy (1989-1990).

2. Novela policiaca en España

2.1. *Panorama histórico del género en España*

BÉRTOLO CADENAS, Constantino: «Apéndice» a Juan José Millás, *Papel Mojado*, Madrid, Anaya, 1983.

—: «Chronicle and Comment: Señor Sherlock Holmes», *The Bookman* 41 (1915), 118-121.

De Lancey Fergurson, John: *American Litariture in Spain*, Nueva York, Columbia University Press, 1916.

Durán, Manuel y E. Rodríguez Monegal: «Der Kriminalroman in der Weltliteratur: Spanien und Lateinamerika», *Reclams Kriminalroman-fllhrer* (ed. Armin Arnold y Josef Schmidt), Stuttgart, Reclam, 1978, 394-398.

Englekirk, John Eugene: *Edgar Allan Poe in Hispanic Literature*, Nueva York, Instituto de las Españas, 1934.

Fernández-Colmeiro, José: «Historia crítica de la novela policiaca española» (tesis doctoral), University of California, Berkeley, 1989.

González Ledesma, Francesc: «La prehistoria de la novela negra», *Los Cuadernos del Norte* 8.41 (1987), 10-14.

Hart, Patricia: *The Spanish Sleuth. The Detective in Spanish Fiction*, Rutherford, Fairleigh Dickinson University Press, 1987.

—: «An Introduction to the Spanish Sleuth», *Monographic Review/Revista Monográfica* 3.1-2 (1987), 163-181.

—: «Breve noticia de la novela-noticia», *Quimera* 78-79 (1988), 46-49.

Latorre, José María: «Prólogo para un cine policiaco español», *Gimlet* 7 (1981), 69-71.

Portuondo, José Antonio: «Whodunits in Spanish», *Americas* 6 (1954), 13 y ss.

Ramírez, Ángel E.: Introducción a *El precursor de Sherlock Holmes*, París-Buenos Aires, Casa Editorial Hispanoamericana, c. 1912.

Rogers, Paul Patrick: «Sherlock Holmes on the Spanish Stage», *The Modern Language Forum* 16.3 (1931), 88-90.

Vallés Calatrava, José R.: «Teoría de la novela criminal. La narrativa criminal española desde 1965» (tesis doctoral), Universidad de Granada, 1986.

Vázquez de Parga, Salvador: «Las grandes colecciones: la Biblioteca Oro», *Gimlet* 5 (1981), 20-21.

—: «La novela policiaca española hasta 1975», *Gimlet* 7 (1981), 61-65.

—: «La novela policiaca española», *Los Cuadernos del Norte* 4.19 (1983), 24-37.

—: «Detectando detectives», *Gimlet* 12 (1982), 80.

Vidal Santos, Miguel: «La novela policiaca española», *Camp de l'Arpa* 77-78 (1980), 53-55.

2.2. *Panorama contemporáneo (desde 1970)*

Amell, Samuel: «La novela negra y los narradores españoles actuales», *Revista de Estudios Hispánicos* 20.1 (1986), 91-102.

—: «Literatura e ideología: El caso de la novela negra en la Esparta actual», *Monographic review/Revista Monográfica* 3.1-2 (1987), 192-201.

BLAS, Juan Antonio de: «Las sagas en la novela negra española», *Los Cuadernos del Norte* 8.41 (1987), 46-51.

BRAVO, María Elena: «Literatura de la distensión: el elemento policiaco», *Ínsula* 472 (1986), 1 y ss.

CARCELEN, J.F. y G. TYRAS, «Panorama du roman noir espagnol», *Hard-Boiled Dicks* 20-21 (1987), 7-24.

CLAUDIN, Víctor: *Diario de Valencia* (1 julio 1981).

COMPITELLO, Malcom Alan: «Spain's *nueva novela negra* and the Question of Form», *Monographic review/Revista Monográfica*, 3.1-2 (1987), 182-191.

CONTE, Rafael: «Policías y ladrones o el juego que quería ser real», *El País* (5 agosto 1984), Libros, 1 y ss.

GÁNDARA, Alejandro: «Verbalmente ciegos», *Ínsula* 464-465 (1985), 12.

GUTIÉRREZ CARBAJO, Francisco: «Caracterización del personaje en la novela policiaca», *Cuadernos Hispanoamericanos* 371 (1981), 320-337.

LATORRE, José María: «Cine negro español», *Gimlet* 5 (1981), 42.

—: «Me gusta escribir novelas», *El Urogallo* 9-10 (1987), 28-29.

—: «Novelas de todos los colores», *Cambio 16* 883 (1988), 115.

MARTÍN, Andreu: «Género negro, género claro», *El Urogallo* 9-10 (1987), 27-28.

MARTINI, Juan Carlos: «Presentación. La novela negra en España», en Jaume Fuster, *El procedimiento*, Barcelona, Bruguera, 1980.

MUÑOZ SUAY, Ricardo: «La novela negra en España», *El Viejo Topo* 42 (1980), 46.

—: «Novela policiaca española. Bibliografía», *Gimlet* 7 (1981), 72.

PAREDES NÚÑEZ, Juan (ed.): *La novela española*, Granada, Universidad de Granada, 1989.

PÉREZ MERINERO, Carlos: «Contra la inmensa mayoría», *El Urogallo* 9-10 (1987), 30-31.

SCHAEFER-RODRÍGUEZ, Claudia: «On the Waterfront: Realism Meets the Postmodern in Post-Franco Spain's novela negra», *Hispanic Journal* 11.1 (1990), 133-146.

SIMON, Roger: «Gijón Caper: Picking The World's Best Mistery», *The Nueva York Times Book Review* (9 noviembre 1988), 42.

TAIBO, Paco Ignacio: «La "otra" novela policiaca», *Los Cuadernos del Norte* 8.41 (1987), 36-41.

TÉBAR, Juan: «La esforzada vocación de la novela policiaca española», *El País* (27 marzo 1983), Libros, 1 y ss.

—: «Novela criminal española de la transición», *Ínsula* 464-465 (1985), 4.

TYRAS, George: «Le Polar dans l'Espagne démocratique: un essai de bibliographie», *Hard-Boiled Dicks* 20-21 (1987), 29-40

—: «Roman Noir Espagnol: Un itineraire engagé», *813. Les amis de la littérature policière* 24 (1988), 37-41.

VÁZQUEZ DE PARGA, Salvador: «Viaje por la novela policiaca actual», *El Urogallo* 9-10 (1987), 20-25.

VIDAL SANTOS, Miguel: «Novela policiaca y transición», *Gimlet* 7 (1981), 65-72.

—: «La novela policiaca en España, 1975-1981», *Diario de Mallorca* (17 mayo 1981).

2.3. Pedro Antonio de Alarcón

2.3.1. El clavo

El clavo (causa célebre). *Eco de Ocidente* (Granada) (1853).

El clavo (causa célebre), Granada, Imprenta de Miguel de Benavides, 1854.

El clavo (causa célebre), *Semanario pintoresco español* (Madrid), 21 (1856), 23-24, 30-31, 37-39, 46-47, 54-56, 69-72.

Obras completas, 1880. Madrid, Aguilar, 1973.

2.3.2. Sobre «El clavo» de Pedro Antonio de Alarcón

CAMPOS, Jorge (ed.): Pedro Antonio de Alarcón, *El clavo y otros cuentos*, Madrid, Anaya, 1984.

CHARNON-DEUTSCH, Lou: *The Nineteenth-Century Spanish Story. Textual Strategies of a Genre in Transition*, Londres, Tamesis Books, 1985.

ESTRUCH, Joan: Introducción a Pedro Antonio de Alarcón, *El clavo y otros relatos de misterio y crimen*, Barcelona, Fontamara, 1982.

FERNÁNDEZ MONTESINOS, José: *Pedro Antonio de Alarcón*, Madrid, Castalia, 1977.

PARDO BAZÁN, Emilia: «Pedro Antonio de Alarcón», *Nuevo Teatro Crítico* 9, 10, 11 y 13 (1891-1892).

RÍOS, Laura de los: Introducción a P.A. de Alarcón, *La Comendadora y otros cuentos*, Madrid, Cátedra, 1979.

2.4. Joaquín Belda

2.4.1. Obra policiaca

¿Quién disparó? Husmeos y Pesquisas de Gapy Bernúdez, Madrid, Biblioteca Hispania, 1909.

Una mancha de sangre, Madrid, Biblioteca Hispania, 1915.

2.4.2. Crítica

HART, Patricia: «Nuevas fuentes sobre Carlos Fuentes», *Chasqui* 16.2-3 (1987), 37-49.

2.5. Emilia Pardo Bazán

2.5.1. Obra

Obras completas, 2 vol., Madrid, Aguilar, 1964.
Obras completas, vol. 3, Madrid, Aguilar, 1973.

2.5.2. Sobre la obra policiaca de Emilia Pardo Bazán

CLARKE, Anthony: «Doña Emilia Pardo Bazán y la novela policiaca», *Boletín bibliográfico Menéndez Pelayo* 49 (1973), 375-391.

CLEMMESY, Nelly: «*Selva*: una novela policiaca inédita de Emilia Pardo Bazán», Biblioteca de la Real Academia Gallega (inédito).

COLMEIRO, José F.: «Relectura de la novela policiaca: *La gota de sangre* de Pardo Bazán», *Hispanic Journal* (1989), 33-48.

LITVAK, Lily: «La sociología criminal y su influencia en los escritores españoles», *Revue de Littérature Comparée* 48 (1974), 12-32.

PAREDES NÚÑEZ, Juan: «El cuento policiaco en Pardo Bazán», *en Estudios sobre literatura y arte dedicados al profesor Emilio Orozco Díaz*, vol. 3, Granada, Universidad de Granada, 1979, 7-18.

—: «Doña Emilia y el cuento policiaco», *Los cuentos de Emilia Pardo Bazán*, Granada, Universidad de Granada, 1979, 375-391.

VARELA JÁCOME, Benito: *Estructuras novelísticas de Emilia Pardo Bazán*, Santiago, CSIC, 1973.

3. La novela policiaca española en la posguerra

3.1. Mario Lacruz

3.1.1. Obra policiaca

El inocente, 1953. Madrid, Anaya, 1984.
«Viejos amigos», *Gimlet* 13 (1982), 9-14.

3.1.2. Crítica

«Autorretrato: Mario Lacruz», *Índice de Artes y Letras* 82 (1955), 19.

BÉRTOLO CADENAS, Constantino: «Apéndice» en Mario Lacruz, *El inocente*, Madrid, Anaya, 1984, 203-230.

«Entrevista con Mario Lacruz», *La Estafeta Literaria* 85 (1957).

LUZÁN, Julia: «Interrogatorio: Siguiendo la pista de Mario Lacruz», *Gimlet* 4 (1981), 35-37.

NORA, Eugenio de: *La novela española contemporánea*, 3 vols., Madrid, Gredos [1968], 2.2, 306-309.

SALADRIGAS, Roberto: «Monólogo con Mario Lacruz», *Destino* 1.788 (enero 1972), 45-46.

3.2. *Francisco García Pavón*

3.2.1. *Obra policiaca*

«De cómo *el Quaque* mató al hermano Folión y del curioso ardid que tuvo el guardia Plinio para atraparle», *Ateneo* (1 agosto 1953), 22-23.

Los carros vacíos, Madrid, Alfaguara, 1965. Reimpreso en *Nuevas Historias de Plinio*.

«Se relata el robo de los once jamones, con la intervención del gran jefe Plinio y de su ayudante don Lotario para atrapar al ladrón», en *Los liberales*, Barcelona, Destino, 1965. Reimpreso en *Nuevas Historias de Plinio*.

Historias de Plinio. Dos casos muy científicos de la policía municipal de Tomelloso, Barcelona, Plaza y Janés, 1968. Incluye «El carnaval» y «El charco de sangre».

El reinado de Witiza, Barcelona, Destino, 1968.

El rapto de las Sabinas, Barcelona, Destino, 1969.

Las hermanas coloradas, Barcelona, Destino, 1970.

Nuevas historias de Plinio, Barcelona, Destino, 1970.

Una semana de lluvia, Barcelona, Destino, 1971.

Vendimiario de Plinio, Barcelona, Destino, 1972.

Voces en Ruidera, 1973[2]. Barcelona, Destino, 1975.

El último sábado, Barcelona, Destino, 1974.

Otra vez domingo, Madrid, Sedmay, 1978.

El caso mudo y otras historias de Plinio, Madrid, Alce, 1980.

El hospital de los dormidos, Madrid, Cátedra, 1981.

Mis páginas preferidas, Madrid, Gredos, 1983.

Cuentos de amor... vagamente, Barcelona, Destino, 1985.

3.2.2. *Crítica*

«A García Pavón le aburre la novela policiaca», *Triunfo* (18 abril 1970).

ALARCOS LLORACH, Emilio: «Un relato de García Pavón: "El último sábado"», *Archivum* 25 (1975), 41-54.

ARROYO, Julia: «Encuentro con F. García Pavón», *El libro español* 12.135 (marzo 1969), 33-34.

BENSOUSSAN, Albert: «Rencontre avec Francisco García Pavón», *Les Langues Modernes* (4 julio 1971), 377-378.

BERNADACH, Moïse: «Les múltiples passions de F.G. Pavón. Préambule à une bibliographie de l'auteur», en *Mélanges à la mémoire d'André Tou-*

cha-Ruav (Etudes litteraires), 2 vols., Aix-en-Provence, Editions de la Provence, 1978; 1, 457-477.

CLAUDIN, Víctor: «Plinio y las migas de Tomelloso», *Gimlet* 2 (1981), 19-23.

DÍAZ-PLAJA, Guillermo: «*Las hermanas coloradas*, de F. García Pavón», en*Cien libros españoles*, Madrid, Anaya, 1971.

DOMINGO, José: «F. García Pavón: Historias de Plinio y el reinado de Witiza», *Ínsula* 262 (1968), 5.

—: «F. García Pavón: *El rapto de las Sabinas*», *Ínsula* 275-276 (1969), 24-25.

GARCÍA PAVÓN, Francisco: «Breve viaje a mi obra narrativa», en *Prosa novelesca actual*, 2 vols., Santander, Universidad Internacional Menéndez Pelayo, 1968; 2, 107-116.

—: «Algunos aspectos de mi obra narrativa», en Manuel Alvar *et al.*, *Novela y novelistas. Reunión de Málaga. 1972*, Málaga, Instituto de Cultura de la Diputación provincial de Málaga, 1973, 321-328.

GÓMEZ GALÁN, Antonio: «El 'Premio Nadal' 1969», *Arbor* 75.291 (1970), 118-119.

GUINAZZO, Leonora: Reseña de *Las hermanas coloradas*, *Hispania* 54.2 (1971), 394-395.

IGLESIAS LAGUNA, Antonio: «Un Plinio más humano», *La Estafeta Literaria* 445-446.

—: «Plinio entra por uvas», *La Estafeta Literaria* 497 (1972), 1.025.

KING, Charles C.: «Intrahistory and History: García Pavón's Autobiographical Short Stories», *Hispanofila* 87 (1986), 53-68.

—: «Francisco García Pavón: una reseña bio-bibliográfica», *Crítica Hispánica* 8.2 (1986), 153-157.

—: «Poetic realism in García Pavón's Detective Novels», *Monographic Review/Revista Monográfica* 3.1-2 (1987), 238-246.

LÓPEZ MARTÍNEZ, José: Reseña de *Otra vez domingo*, *Nueva Estafeta* 7 (1979), 97-99.

LÓPEZ MOLINA, Luis: «García Pavón y sus novelas de Plinio», *Cuadernos Hispanoamericanos* 383 (1982), 405-413.

MARTÍNEZ DE TEJADA, María José: «Encuentro con F. García Pavón», *El libro español* 148 (abril 1970), 238.

NÚÑEZ, Antonio: «Encuentro con F. García Pavón», *Ínsula* 255 (1968), 4.

O'CONNOR, Patricia H.: «A Spanish Sleuth at Last: Francisco García Pavón's Plinio», *Hispanofila* 48 (1973), 47-68.

—: «Francisco García Pavón's Sexual Politics in the Plinio Novels», *Journal of Spanish Studies: Twentieth Century* 1 (1973), 65-81.

—: «Eros and Thanatos in Francisco García Pavón's *El último sábado*», *Journal of Spanish Studies* 3.3 (1975), 175-185.

OTERO SECO, Antonio: «García Pavón, prix 'Nadal' 1970», *Le Monde* 27 (junio 1970), Suplemento, vii.

PORCEL, Baltasar: «Francisco García Pavón, un manchego liberal», *Destino* (9 mayo 1970), 16-17.

STAMM, James R.: Reseña de *Nuevas Historias de Plinio*, *Hispania* 55.4 (1972), 970-971.

TOVAR, Antonio: «El detective Plinio», *Novela española e hispanoamericana*, Madrid, Alfaguara, 1972, 182-188.

—: «Evocación futura en García Pavón», *La Estafeta Literaria* 498 (1972), 13-15.

UMBRAL, Francisco: «Francisco García Pavón (Premio Nadal, 1969)», *La Estafeta Literaria* (15 enero 1970), 8-9.

—: «Con Plinio en Tomelloso», *Destino* (19 junio 1971), 18-19.

VALENCIA, Antonio: Reseña de *El caso mudo y otras historias de Plinio*, *Blanco y Negro* 3.563, 46.

VALLE, Arturo del: «El mundo popular de un novelista», *La Estafeta Literaria* (1 febrero 1971), 10-16.

VANCE, Birgitta: «The Great Clash: Feminist Criticism Meets Up With Spanish Reality», *Journal of Spanish Studies: Twentieth Century* 2.2 (1974), 109-114.

VÁZQUEZ ZAMORA, Rafael: «*El reinado de Vitiza*», *Destino* (29 junio 1968), 32-33.

—: «*El rapto de las Sabinas*, de F. García Pavón», *Destino* (12 julio 1969), 33-34.

—: «*Las hermanas coloradas*, de F. García Pavón, premio Nadal 1969», *Destino* (10 enero 1970), 28-29.

YNDURAIN, Francisco: *Francisco García Pavón*, Madrid, Ministerio de Cultura, 1982.

3.3. Otros autores

FERNÁNDEZ FLÓREZ, Wenceslao: *Los trabajos del detective Ring*, 1934, en *Obras completas*, vol. 5.

—: *La novela número 13*, 1939, en *Obras completas*, vol. 3.

JARDIEL PONCELA, Enrique: «Novísimas aventuras de Sherlock Holmes», 1937, en *Obras completas*, México, AHRMEX, 1958.

3.4. Crítica

MAINER, Juan Carlos: *Análisis de una insatisfacción: las novelas de Wenceslao Fernández Flórez*, Madrid, Castalia, 1975.

4. Manuel Vázquez Montalbán

4.1. *Obra policiaca*

Yo maté a Kennedy, 1972, Serie Carvalho 1. Barcelona, Planeta, 1987[3].
Tatuaje, 1974, Serie Carvalho 2. Barcelona, Planeta, 1987[31].
La soledad del manager, 1977, Serie Carvalho 3. Barcelona, Planeta, 1987[21].
Los Mares del Sur, 1979, Serie Carvalho 4. Barcelona, Planeta, 1987[21].
Asesinato en el comité central, 1981, Serie Carvalho 5. Barcelona, Planeta, 1986[21].
Los pájaros de Bangkok, 1983, Serie Carvalho 6. Barcelona, Planeta, 1986.
La Rosa de Alejandría, 1984, Serie Carvalho 7. Barcelona, Planeta, 1986[21].
El balneario, Serie Carvalho 13. Barcelona, Planeta, 1986.
Historias de fantasmas, Serie Carvalho 8. Barcelona, Planeta, 1987[21].
Historias de padres e hijos, Serie Carvalho 9. Barcelona, Planeta, 1987.
Tres historias de amor, Serie Carvalho 10. Barcelona, Planeta, 1987.
«El alevoso asesinato de Agatha Christie», en *Pigmalión y otros relatos*, Barcelona, Seix Barral, 1987.
Historias de política ficción, Serie Carvalho 11. Barcelona, Planeta, 1987.
Asesinato en Prado del Rey y otras historias sórdidas, Serie Carvalho 12. Barcelona, Planeta, 1987.
El delantero centro fue asesinado al atardecer, Serie Carvalho 14. Barcelona, Planeta, 1988.
Cuarteto, Barcelona, Mondadori, 1988.
Las recetas de Carvalho, Serie Carvalho 15. Barcelona, Planeta, 1989.
El laberinto griego, Serie Carvalho 16. Barcelona, Planeta, 1991.

4.2. *Ensayos*

«Literatura en la tercera fase», *Tigre* 2 (1983), 11- 30.
«Rictus de la ciudad», *El País* (15 julio 1987), «Extra: La Aventura», 9.
«No escribo novelas negras», *El Urogallo* 9-10 (1987), 26-27.
«Contra la novela policiaca», *Ínsula* 512-513 (1989), 9.
«El escriba sentado», *Revista de Occidente* 98-99 (1989), 13-28.
Con Jaume FUSTER: *Diàlegs a Barcelona*, Barcelona, Laia, 1985.

4.3. *Entrevistas*

AYALA-DIP, Ernesto: «Manuel Vázquez Montalbán», *El Urogallo* 52-53 (1990), 12-17.
BARRELL, Joan: «Le roman policier comme solution du problème du réalisme», *Quinzaine Littéraire* 352 (1981), 14-15.

BATLLÓ, José: «Conversación con Manuel Vázquez Montalbán», *Camp de l'Arpa* 4 (1972), 18-22.

CLAUDIN, Víctor: «Entrevista, Manuel Vázquez Montalbán: Un escéptico activista», *Ozono* 41 (1979), 5-8.

—: «Con Vázquez Montalbán sobre la novela policiaca española», *Camp de l'Arpa* 60-61 (1979), 36-9.

—: «Con Vázquez Montalbán, sobre su Carvalho», *Ínsula* 462 (1985), 7.

COLECTIVO LANTABA: «Vázquez Montalbán. El desencanto y la lucidez», *El Viejo Topo* 23 (1978), 48-50.

DÍAZ, Lola: «Vuelve Pepe Carvalho», *Cambio 16* (6 abril 1984), 144-149.

—: «Manuel Vázquez Montalbán, el futuro ya no es lo que era», *El País Semanal* (15 abril 1985), 108-111.

—: «La justicia me da muchísimo miedo», *Cambio 16* (15 febrero 1988), 104-108.

FERNÁNDEZ-COLMEIRO, José: «Desde el Balneario. Entrevista con Manuel Vázquez Montalbán», *Quimera* 73 (1988), 12-23.

HARGUINDEY, Ángel S.: «La importancia de vivir», *El País Semanal* (27 diciembre 1981), 11-13.

MARTÍ, Xavier: «La cultura la crean los ministros de Economía», *El Independiente* (Libros) (28 marzo 1991).

MÉRIDA, Mary: «Un país bastante decepcionante», *Reseña* 66 (1973), 53-55.

PADURCE FUENTES, Leonardo: «Reivindicación de la memoria: Entrevista con Manuel Vázquez Montalbán», *Quimera* 108 (1991), 62.

TYRAS, George: «Noir?... entretien avec M. Vázquez Montalbán», *Hard-Boiled Dicks* 20-21 (1987), 75-82.

— y Jean-François CARREZ-CORRAL: «Le polar sur ecoutes: Une entretien avec Manuel Vázquez Montalbán et Jean-Patrick Manchette», *Politis. Le citoyen* 37 (10-17 noviembre 1988), 446.

VIVAS, Ángel: «Manuel Vázquez Montalbán, un mestizo en la capilla sixtina», *Leer* 5 (1986), 97-99.

4.4. Crítica

AMELL, Samuel: «El motivo del viaje en tres novelas españolas del posfranquismo», en Juan Fernández Jiménez (ed.), *Estudios en homenaje a Enrique Ruiz Fornells*, Erie, ALDEEU, 1990, 12-17.

BELLVER, Catherine G.: Reseña de *Los mares del Sur*, *World Literature Today* 55.1 (1981), 71.

BINYON, T.J.: Reseña de *Murder in the Central Committee* (*Asesinato en el Comité Central*), *Times Literary Supplement* (20 julio 1984), 801.

BLAS, J. Antonio de: Reseña de *Los mares del Sur*, *Los Cuadernos del Norte* 1 (1980), 83-84.

—: «¡Ostras, se han cargado al Carrillo!», *Los Cuadernos del Norte* 6 (1981), 97-98.

—: «Más negra que colorada», *Los Cuadernos del Norte* 25 (1984), 92-93.

BRIEN, Alan: Reseña de *Murder in the Central Committee (Asesinato en el Comité Central)*, *New Statesman* (11 mayo 1984), 24.

CATE-ARRIES, Francie: «Lost in the Language of Culture: Manuel Vázquez Montalbán's Novel of Detection», *Revista de estudios hispánicos* 22.3 (1988), 47-56.

CAVENAS, Francisco: Reseña de *Los mares del Sur*, *Hispanic Journal* 3.1 (1981), 85-86.

CEREZALES, Manuel: Reseña de *Los Mares del Sur*, *ABC* (27 diciembre 1979), 21.

CLAUDIN, Víctor: «Vázquez Montalbán se va p'al sur», *Ozono* 50 (1979), 44.

—: «Vázquez Montalbán y la novela policiaca española», *Cuadernos Hispanoamericanos* 416 (1985), 157-166.

CODDOU, Marcelo: Reseña de *Yo maté a Kennedy*, *La Estafeta Literaria* 507 (1972), 1.186-1.189.

COLMEIRO, José F.: «La novela policiaca posmodernista de Manuel Vázquez Montalbán», *Anales de la literatura española contemporánea* 14 (1989), 11-32.

COMA, Javier: «Los cadáveres históricos», *Gimlet* 4 (1981), 23.

COMPITELLO, Malcolm Alan: «De la metanovela a la novela: Manuel Vázquez Montalbán y los límites de la vanguardia española contemporánea», en Fernando Burgos (ed.), *Prosa hispánica de vanguardia*, Madrid, Orígenes, 1986.

CONTE, Rafael: «La novela como pretexto», *El País* (25 noviembre 1979).

—: «Pepe Carvalho nunca muere», *El País* (20 noviembre 1988), 18.

COSTA, Luis F.: «La nueva novela negra española: el caso de Pepe Carvalho», *Monographic Review/Revista Monográfica* 3.1-2 (1987), 298-305.

CRESPO, Antonio: Reseña de *Los mares del Sur*, *Reseña* 124 (1980), 8-10.

FONT, Domenec: «Sobre la novela policiaca de Vázquez Montalbán: Paisaje en ruinas», *Quimera* 42 (1984), 54-55.

GAZIER, Michéle: «Le roman policier comme aventures impossibles», *Tigre* 2 (1985), 149-156.

—: «Pepe Carvalho, un détective au service de la mémoire», *Hard-Boiled Dicks* 20-21 (1987), 55-60.

GÓMEZ LÓPEZ-OGEA, Rafael: Reseña de *La soledad del manager*, *La Estafeta Literaria* 629 (1978), 3.074.

—: Reseña de *La soledad del manager*, *Blanco y Negro* 3.432 (1978), 8-14.

GRANADOS, Vicente: «Pepe Carvalho y su época», *Nueva Estafeta* 29 (1981), 70-74.

—: «Pepe Carvalho en Madrid», *Nueva Estafeta* 33-34 (1981), 107.

HEERICK, William: Reseña de *Murder in the Central Committee* (*Asesinato en el Comité Central*), *Nueva York Times Book Review* (30 junio 1985), 20-21.

MACCHI, Yves: «Pepe Carvalho: une construction dialectique», *Tigre* 2 (1985), 181-196.

MARTÍN, Mariano: «Introducción a una lógica del absurdo (Apuntes sobre el primer Vázquez Montalbán)», *Les Langues Néo-latines* 258-259 (1986), 53-68.

MELLIZO, Felipe: Reseña de *La soledad del manager*, *La Estafeta Literaria* 629 (1978), 3.074.

MOLINERO, Miguel Ángel: «Montalbán canta 'La bien pagá'», *Blanco y Negro* (24 octubre 1979), 52-53.

MUÑOZ, Diego: «Omero Antonutti será el nuevo detective creado para el cine por Vázquez Montalbán», *El País* (2 noviembre 1990), 27.

NAVAJAS, Gonzalo: «Género y contragénero policiaco en *La Rosa de Alejandría* de Manuel Vázquez Montalbán», *Monographic Review/Revista Monográfica* 3.1-2 (1987), 247-260.

PINTO, Margarita: Reseña de *Los mares del Sur*, *Revista de la Universidad de México* 9 (1980), 41-42.

PRADERA, Javier: «Pepe Cavalho cabalga de nuevo», *El País* (26 abril 1981).

PUVOGEL, Sandra: «Pepe Carvalho and Spain, A Look at Manuel Vázquez Montabán 's Detective Fiction», *Monographic Review/Revista Monográfica* 3.1-2 (1987), 261-267.

SCHLÉRET, Jean Jacques: «Filmographie de Manuel Vázquez Montabán», *Hard-Boiled Dicks* 20-21 (1987), 99-101.

SIGAL, Léon: «Carvalho privado», *Tigre* 2 (1985), 197-218.

—: «Dossier Carvalho, un fil(s) à retordre», *Hard-Boiled Dicks* 20-21 (1987), 61-75.

SUÑÉN, Luis: «Narrativa española: Manuel Vázquez Montalbán y Fernando Quiñones», *Ínsula* 398 (1980), 5.

TÉNA, Jean: «Une ville-métaphore entre désir et réalité», *Hard-Boiled Dicks* 20-21 (1987), 83-88.

TRENES, Pilar: «Manuel Vázquez Montalbán, ganador del premio Planeta», *ABC* (25 octubre 1979), 18.

TYRAS, George: «Tatuaje: les marques typologiques d'un projet romanesque», *Tigre* 2 (1985), 157-180.

—: «Eléments pour une bibliographie de Manuel Vázquez Montalbán», *Tigre* 2 (1985), 219-233.

—: «Sous le privé, la page... (Médiatisation de l'écriture chez Manuel Vázquez Montalbán)», *Média et Représentation dans le monde hispanique au XXᵉ siècle* (1987), 211-220.

VALENCIA, Antonio: Reseña de *Los mares del Sur*, *Blanco y Negro* 3.534 (1979), 47.

VARGAS LLOSA, Mario: «Un escritor numeroso: Manuel Vázquez Montalbán», *Revista de la Universidad de México* 33.12 (1979), 11-14.

VIDAL SANTOS, M.: «La crónica del posfranquismo: al borde de una frustración colectiva», *Camp de l'Arpa* 76 (1980), 57-58.

5. Eduardo Mendoza

5.1. *Obra policiaca*

La verdad sobre el caso Savolta, 1975. Barcelona, Seix Barral, 1986[69].
El misterio de la cripta embrujada, 1979. Barcelona, Seix Barral, 1986[111].
«Ensopegando en Nueva York», *Gimlet* 7 (1981), 74-79.
El laberinto de las aceitunas, 1982. Barcelona, Seix Barral, 1986[5].

5.2. *Crítica*

ALFARO, José María: «*La verdad sobre el caso Savolta* de Eduardo Mendoza», *ABC* (18 junio 1976).

ALONSO, Santos: *La verdad sobre el caso Savolta* (Guías de lectura Alhambra), Madrid, Alhambra, 1988.

BARCO, Pedro del: «La lógica de la cordura», *Nueva Estafeta* 33-34 (1979), 129.

CANTERO, Luis: «La obra-descubrimiento de Eduardo Mendoza. *La verdad sobre el caso Savolta*», *Mundo Diario* (12 septiembre 1975), 16.

COLMEIRO, José F.: «Eduardo Mendoza y los laberintos de la realidad», en *Romance Languages Annual 1989*, West Lafayette, Purdue University, 1990, 409-412.

CONTE, Rafael: «Tres actitudes frente a la crisis: Castillo Puche-Váz de Soto-Mendoza», *Ínsula* 347 (1975), 5.

—: «En busca de la novela perdida», *Ínsula* 464-465 (1985), 1 y ss.

COSTA VILA, Jordi: «El autor contra su ciudad», *Quimera* 66-67 (1987), 39-41.

DONAHUE, Francis: Reseña de *El misterio de la cripta embrujada*, *World Literature Today* 54 (1980), 258-259.

Entrevista personal, Barcelona 17 de julio 1987.

GARCÍA HORTELANO, Juan: «Una opinión sobre el caso Mendoza», *El País* (5 mayo 1976).

HICKEY, Leo: «Deviancy and Deviation in Eduardo Mendoza's Enchanged Crypt», *Anales de la literatura española contemporánea* 15.1-3 (1990), 51-64.

LIANO, Dante: «Eduardo Mendoza en Milán», *Quaderni di Letteratura Iberiche e Iberoamericani* 6 (1987), 77-82.

LUCARDA, Mario: «Robinson en una isla habitada», *Quimera* 66-67 (1987), 53-55.

MARCO, Joaquín: «*La verdad sobre el caso Savolta* de Eduardo Mendoza y las perspectivas de la novela barojiana», *La Vanguardia* (27 mayo 1976).

MARCO, José María: «El espacio de la libertad», *Quimera* 66-67 (1987), 48-52.

MARÍN, Paco: «Un constructor por libre», *Quimera* 66-67 (1987), 36-38.

MARSÁ, Ángel: «El caso Savolta, de nuevo», *El Correo Catalán* (15 mayo 1975).

MARTÍNEZ RUIZ, Florencio: «*La verdad sobre el caso Savolta* o la gran coartada del montaje», *La Estafeta Literaria* (1 mayo 1976), 2.452.

PEREDA, Rosa M.ª: «*La verdad sobre el caso Savolta*: como un torrente», *Informaciones* (28 agosto 1975), 3.

RIERA, Miguel: «El caso Mendoza: entrevista», *Quimera* 66-67 (1987), 42-47.

RODÓN, Francesc: «Recreación de la historia: *La verdad sobre el caso Savolta*», *El Correo Catalán* (1 mayo 1975).

SCHWATZ, Kessel: Reseña de *El misterio de la cripta embrujada*, *Journal of Spanish Studies: Twentieth Century* 8.3 (1980), 330-331.

SORELA, Pedro: «Un viajero sin maletas», *El País* (7 noviembre 1986), 30.

SUÑÉN, Luis: «*El misterio de la cripta embrujada* de Eduardo Mendoza», *Ínsula* 392-393 (1979), 17.

—: «Eduardo Mendoza o lo difícil que es ser uno mismo», *Ínsula* 478 (1986), 7.

TUSÓN, Vicente y Fernando LÁZARO: «Eduardo Mendoza y *La verdad sobre el caso Savolta*», en *Literatura Española*, Madrid, Anaya, 432- 448.

VIDAL SANTOS, M.: «Picaresca y pepsi-cola», *Camp de l'Arpa* 69 (1979), 39-41.

—: «Interrogatorio: Eduardo Mendoza», *Gimlet* 8 (1981), 20-21.

VILUMARA, Martín: «*La verdad sobre el caso Savolta*», *Triunfo* 666 (1975), 52.

6. La novela policiaca negra española

6.1. *Andreu Martín*

6.1.1. *Obra policiaca*

Aprende y calla, 1979. Barcelona, Plaza y Janés, 1987.

El señor Capone no está en casa, 1979. Barcelona, Plaza y Janés, 1984.

A la vejez, navajazos, Madrid, Sedmay, 1980. Reeditado bajo el título *A navajazos*, Madrid, Júcar, 1988.

Prótesis, 1980. Barcelona, Planeta, 1984.

La otra gota de agua, Barcelona, Planeta, 1981.

Por amor al arte, Barcelona, Bruguera, 1982.

Si es no es, Barcelona, Planeta, 1983.

La camisa del revés, Barcelona, Ultramar, 1983.

Sucesos, Barcelona, Alfa, 1984.

El caballo y el mono, Barcelona, Anagrama, 1984.

Amores que matan. ¿Y qué?, Barcelona, Alfa 1984.

El día menos pensado, Barcelona, Laia, 1986.

Crímenes de aficionado, Barcelona, Timun Mas, 1987.

Barcelona Connection, Barcelona, Ediciones B, 1988.
A martillazos, Madrid, Júcar, 1988.
El hombre de la navaja, Barcelona, Plaza y Janés, 1992.

6.1.2. *Crítica*

«Andreu Martín, el Dashiell Hammett catalán», *Deia* (febrero 1981).
ARROYO, Francesc: «La novela es un hecho lúdico. Entrevista con Andreu Martín», *El País* (24 julio 1986), Libros, 5.
COSTA VILA, Jordi: «Por amor al relato: Entrevista con Andreu Martín», *Quimera* 78-79 (1988), 54-61.
Entrevista personal, Barcelona 15 de julio, 1987.
HARGUINDEY, Ángel: «El lado salvaje», *El País* (24 julio 1986), Libros, 5.
IDOATE, María Luisa: «Andreu Martín: Huyendo de convertir la violencia en épica», *Diario 16* (3 noviembre 1987).
MORA, Rosa: «24 horas flotando» (reseña de *El día menos pensado*), *El País Internacional* (2 marzo 1987), Libros, 2.
PERCEVAL, J.M.: «Humor y novela negra», *Penthouse* 36 (1981).
TÉBAR, Juan: «Sonrisa de calavera española», *El País* (15 marzo 1981).
TYRAS, Georges: «Tu l'aurus voulu... Entretien avec Andreu Martín», *813. Les amis de la litterature policiere* 21 (1987), 58-64.
—: «Andreu Martín ou la paranoia bon enfant», *813. Les amis de la litterature policiere* 26 (1989), 39-42.
VÁZQUEZ MONTALBÁN, Manuel: «El hampa ya no es lo que era», en *Barcelona Connection* de Andreu Martín, Barcelona, Ediciones B, 1988.
ZAUNER, Ruth: «Interrogatorio: Andreu Martín», *Gimlet* 9 (1981), 19-22.

6.2. *Juan Madrid*

6.2.1. *Obra policiaca*

Un beso de amigo, 1980. Barcelona, Bruguera, 1983.
Las apariencias no engañan, Madrid, Noguer, 1982.
Nada que hacer, Barcelona, Seix Barral, 1984.
Un trabajo fácil, Barcelona, Laia, 1984.
«El trato, cuento corto del hampa», *Los Cuadernos del Norte* 27 (1984), 78-80.
Regalo de la casa, Madrid, Júcar, 1986.
Hotel Paraíso, Madrid, Anaya, 1987.
«Cuestión de peso», *El País Semanal* (13 septiembre 1987), Relatos de verano, 1-16.
Jungla (Cosecha roja 3), Barcelona, Ediciones B, 1988.
Flores, el gitano, Serie Brigada Central, IR. Barcelona, Ediciones Z, 1989.
Vistas al mar, Serie Brigada Central, I. Barcelona, Ediciones Z, 1989.

Último modelo, Serie Brigada Central, O. Barcelona, Ediciones Z, 1989.

Pies de plomo, Serie Brigada Central, A. Barcelona, Ediciones Z, 1989.

Asuntos de rutina, Serie Brigada Central, D. Barcelona, Ediciones Z, 1989.

Noche sin final, Serie Brigada Central, A. Barcelona, Ediciones Z, 1989.

El ángel de la muerte, Serie Brigada Central, C. Barcelona, Ediciones Z, 1989.

El cebo, Serie Brigada Central, E. Barcelona, Ediciones Z, 1989.

Antigüedades, Serie Brigada Central, N. Barcelona, Ediciones Z, 1989.

Desde el pasado, Serie Brigada Central, T. Barcelona, Ediciones Z, 1989.

Potitos, Serie Brigada Central, R. Barcelona, Ediciones Z, 1989.

El hombre del reloj, Serie Brigada Central, A. Barcelona, Ediciones Z, 1989.

Turno de noche, Serie Brigada Central, L. Barcelona, Ediciones Z, 1989.

6.2.2. *Crítica*

A.G.: «Toni Romano vuelve a la carga», *El País* (24 diciembre 1986), 25.

CAÑAS, Gabriela: «Juan Madrid y Jesús Pardo, dos periodistas que apuestan por la literatura, hablan de sus últimas novelas», *El País* (1 junio 1984), 30.

CASINO, Borja y Toni ROKA: «Un madrileño en la jungla: Juan Madrid», *La luna* (1986), 40-41.

COMA, Javier: «Novela 'negra' española a cara descubierta», *El País* (27 marzo 1983), 4.

DOMÍNGUEZ, Toni: «Juan Madrid y la novela negra», *Cartelera Turia* (27 Julio 1987), 1 y ss.

Entrevista personal, Madrid 7 de julio de 1987.

FAJARDO, José Manuel: «Un Madrid mito y aventura inventado por Juan Madrid», *Diario 16* (11 diciembre 1989), 162-166.

F.M.: «Los hampones de Madrid», *Cambio 16* 473 (1980), 34.

IZQUIERDO, José María: «A un palmo del KO», *El País Internacional* 2 (marzo 1987), Libros, 3.

MARTÍN, Andreu: Introducción a *Jungla* (Cosecha roja 3).

VIDAL SANTOS, M.: «Premio Círculo del Crimen», *Gimlet* 1 (1981), 73.

6.3. *Otros autores*

ÁLVAREZ, Blanca: *La soledad del monstruo*, Madrid, Grupo Libro 88, 1992.

BENET, Juan: *El aire de un crimen*, Barcelona, Planeta, 1980.

BLAS, Juan Antonio de: *¿Hay árboles en Guernica?*, Madrid, Júcar, 1987.

CASALS, Pedro: *El primer poder*, Barcelona, Aldama, 1981.

—: *El intermediario*, Barcelona, Plaza y Janés, 1983.

—: *Anónimos contra el banquero*, Barcelona, Plaza y Janés, 1983.

—: *¿Quién venció en febrero?*, Barcelona, Plaza y Janés, 1985.

—: *La jeringuilla*, Barcelona, Planeta, 1986.

—: *Disparando cocaína*, Barcelona, Plaza y Janés, 1986.

—: *El señor de la coca*, Barcelona, Planeta, 1987.

—: *Hagan juego*, Barcelona, Planeta, 1988.

—: *Las hogueras del rey*, Barcelona, Planeta, 1989.

GARCÍA MARTÍNEZ J.: *Gay Flower, detective muy privado*, Madrid, Sedmay, 1979.

GONZÁLEZ LEDESMA, Francisco: *Crónica sentimental en rojo*, Barcelona, Planeta, 1984.

—: *La dama de Cachemira*, Barcelona, Planeta, 1986.

—: *Las calles de nuestros padres*, Madrid, Júcar, 1989.

GUERRA GARRIDO, Raúl: *Escrito en un dólar*, Barcelona, Planeta, 1982.

IBÁÑEZ, Julián: *La triple dama*, Madrid, Sedmay, 1980.

—: *La recompensa polaca*, Barcelona, Debate, 1981.

—: *No des la espalda a la paloma*, Barcelona, Fórum, 1983.

—: *Mi nombre es Novoa*, Madrid, Júcar, 1986.

—: *Tirar al vuelo*, Madrid, Júcar, 1987.

—: *Llámala Siboney*, Madrid, Júcar, 1988.

MARSÉ, Juan: *Un día volveré*, Barcelona, Plaza y Janés, 1982.

—: *Ronda del Guinardó*, Barcelona, Seix Barral, 1984.

—: «Historia de detectives», en *Teniente Bravo*, Barcelona, Seix Barral, 1987.

MARTÍNEZ REVERTE, Jorge: *Demasiado para Gálvez*, Madrid, Debate, 1979.

—: *El mensajero*, Barcelona, Grijalbo, 1982.

—: *Gálvez en Euskadi*, Barcelona, Anagrama, 1983.

MAYORAL, Marina: *Cándida, otra vez*, Barcelona, Ámbito literario/Anthropos, 1979.

—: *Contra muerte y amor*, Madrid, Cátedra, 1985.

MILLARES, Alberto: *Una semana pintada de negro*, Barcelona, Ultramar, 1983.

MILLÁS, Juan José: *Papel mojado*, Madrid, Anaya, 1983.

MONTERO, Rosa: *Te trataré como a una reina*, Barcelona, Seix Barral, 1983.

MUÑOZ, José Luis: *El cadáver en el jardín*, Madrid, Júcar, 1987.

—: *Barcelona negra*, Madrid, Júcar, 1987.

MUÑOZ MOLINA, Antonio: *El invierno en Lisboa*, Barcelona, Seix Barral, 1987.

—: *Beltenebros*, Barcelona, Seix Barral, 1989.

ORTIZ, Lourdes: *Picadura mortal*, Madrid, Sedmay, 1979.

PÉREZ MARINERO, Carlos: *Días de guardar*, Barcelona, Bruguera, 1981.

—: *Las reglas del juego*, Madrid, Cátedra, 1982.

—: *El ángel triste*, Barcelona, Bruguera, 1983.

—: *La mano armada*, Madrid, Júcar, 1986.

—: *El papel de víctima*, Barcelona, Laia, 1988.
QUINTO, Manuel: *Cuestión de astucia*, Barcelona, Laia, 1985.
—: *El judío errante*, Barcelona, Laia, 1987.
—: *Estilo indirecto*, Madrid, Júcar, 1988.
SASTRE, Alfonso: *El lugar del crimen. Unheimlich*, Barcelona, Argos Vergara, 1982.
SAVATER, Fernando: *Caronte aguarda*, Madrid, Cátedra, 1981.
—: «Antonio y Cleopatra», *Gimlet* 10 (1981), 67-74.
TORRENTE BALLESTER, Gonzalo: *Quizá nos lleve el viento al infinito*, Barcelona, Planeta, 1984.
—: *La muerte del decano*, Barcelona, Planeta, 1992.

6.4. *Crítica*

ALONSO, Santos: Reseña de *El aire de un crimen*, *Reseña* 130 (1981), 14.
BELLVER, Catherine: Reseña de *Caronte aguarda*, *World Literature Today* 56.7 (1982), 491.
BENET, Juan: «La esencia sigue igual», *Cambio 16* 470 (1980), 176.
BLACKWELL, Frieda H.: «Spood Spies, Duped Detectives, and Elusive Reality in Torrente's *Quizás el viento nos lleve al infinito* and Benet's *El aire de un crimen*», en *LA CHISPA '87, Selected Proceedings*, Nueva Orleans, Tulane University, 1987.
COMPITELLO, Malcom Alan: «Juan Benet and the New Spanish *Novela Negra*», *Monographic Review/Revista Monográfica* 3.1-2 (1987), 212-221.
DEVLIN, John P.: «Killing the Hero: Image and Meaning in Juan Marsé's *Un día volveré*», en *Essays in Honor of Robert Brain Tate From His Colleagues and Pupils*, ed. Richard A. Cardwell, University of Nottingham, 29-37.
HARGUINDEY, Ángel S.: «El último sudista», entrevista con Juan Benet, *El País Semanal* (23 noviembre 1980), 11-13.
HERNÁNDEZ GARCÍA, Carmela: «El juego en *Historia de detectives* de Juan Marsé», *Hispanófila* 101 (1991), 49-60.
LANDABURU, Ander: «Una insólita búsqueda», reseña de *Gálvez en Euskadi*, *Cambio 16* (8 diciembre 1986).
LÓPEZ, Francisco: «Vencedores y vencidos», reseña de *Un día volveré* de Juan Marsé, *Quimera* 21-22 (1982), 66-69.
MARTÍNEZ LATRE, María Pilar: «Juan José Millás y la estrategia narrativa de *Papel mojado*», *Mester* 16.1 (1987), 3-15.
MORA, Manuel R.: «Benet, en acción», *Cambio 16* 470 (1980), 176.
MORA, Rosa: Reseña de *Tu nombre envenena mis sueños*, *El País* (Libros) (7 noviembre 1992), 13.
NAVAJAS, Gonzalo: «Modernismo, posmodernismo y novela policiaca: *El aire de un crimen*, de Juan Benet», *Monographic Review/Revista Monográfica* 3.1-2 (1987), 221-230.

SHERZER, William M.: «Textual Autobiography in *Historia de detectives* and *El fantasma del cine Roxy*», en Frieda Brown (ed.), *Rewriting the Good Fight*, East Lansing, Michigan State University Press, 1989.

SOBEJANO, Gonzalo: «Juan José Millás, narrador de la extrañeza», en *Novelistas españoles contemporáneos*, Boulder, Society of Spanish and Spanish-American Studies, 1987, 195-215.

THOMPSON, Currie K.: «Returning to the Text: Juan Marsé's *Un día volveré*», *Anales de la literatura española contemporánea* 10 (1985), 81-98.

TORRES, Augusto: «La otra cara», reseña de *Las noches contadas* de Carlos Pérez Merinero, *El País* (2 diciembre 1990), Libros, 2.

VÁZQUEZ MONTALBÁN, Manuel: «La soledad del "menstruo"», *El País* (Libros) (10 octubre 1992), 12.

ZATLIN, Phyllis: «Detective Fiction and the Novels of Mayoral», *Monographic Review/Revista Monográfica* 3.1-2 (1987), 279-287.

ÍNDICE ONOMÁSTICO

ÍNDICE CONCEPTUAL

ÍNDICE GENERAL